St. Pauli

Meine Freiheit

Sieghard Wilm

St. Pauli
Meine Freiheit

claudius

ClimatePartner°
klimaneutral

Druck | ID: 53248-1301-1001

INHALT

Einstimmung 7

Jenseits von Friedhof und Fluss 13

Dann gab es kein Amen mehr 34

Vom Elfenbeinturm in den Busch 44

Kalter Start in Hamburg 61

Schwule Liebe auf dem Kiez 70

Vom Angstraum zum Kirchgarten 94

Wunden und Wunder 109

Lampedusa auf St. Pauli 131

Regenbogenfamilie 157

Die Synode tagt 180

Trauerfeier für Florent 189

G20 – Welcome to Heaven 198

Freiheit eines Himmelskomikers 208

Danksagung 223

Für Ronald in so vielen Jahren der Liebe auf St. Pauli,
und für alle, die mit uns das Leben geteilt haben.

„Zur Freiheit hat uns Christus befreit."
Paulus, Brief an die Galater 5, 1

„St. Pauli, die Freiheit, das liegt uns so im Blut."
Hans Albers: Das Herz von St. Pauli

Einstimmung

Ich komme aus den Bergen zurück nach St. Pauli, S-Bahn Reeperbahn. Ich rieche den kalten Zigarettenrauch, die Pisse und den Männerschweiß. Wiedersehen mit meinem Kiez nach zwei Wochen Urlaub in der heilsamen Einsamkeit, die ich dringend nötig hatte. Zeit, um Abstand zu gewinnen, sodass mir das Groteske jetzt wieder auffällt, an das ich mich sonst allein aus Selbstschutz gewöhnt habe.

Freitagabend kurz nach Acht: Da raucht eine Gruppe von Jungs mit dünnen Beinen und großen Löchern in den Hosen, den Verbotsschildern zum Trotz auf dem Bahnsteig. Auf einer Bank ist ein Bärtiger in Lederjacke in sich zusammengesackt. Der wartet auf keinen Zug mehr, die S-Bahn-Wache wird ihn irgendwann wecken. Jetzt läuft ein Dutzend angetrunkener Jungs mit silberglitzernden Spaßhütchen durchs Bild, gröhlend ziehen sie auf die sündige Meile. Einer von unzähligen Junggesellenabschieden an diesem Wochenende wie an jedem. Der Spaßhütchentruppe läuft ein Crackjunkee entgegen. Der hat weit aufgerissene Augen, kann kaum auf seinen Beinen stehen und schnorrt Kleingeld zusammen für den dringend benötigten Konsum.

Willkommen zuhause! Natürlich wird die Rolltreppe wieder kaputt sein, denke ich. Sie ist tatsächlich kaputt. Hier kenne ich mich einfach aus. Und oben dann die Frauen, die falsche Fellstiefel und neonpinke Höschen tragen und dich mitnehmen wollen, wenn du zahlst.

Mich quatschen sie nicht an, mein Wanderrucksack schützt mich heute. Mit meinen Stiefeln überquere ich einen Bach von Pisse, der über Beton und Asphalt seinen Weg findet. An dieser Ecke auf meinem Nachhauseweg betrinken und beschimpfen sich gegenseitig jeden Abend die Polen: „Kurva, Kurva" ist das einzige, was ich davon verstehe. Aber viele der Männer kenne ich seit Jahren und sehe ihre roten, verschwitzten Gesichter, gezeichnet von Prügeleien.

Neben dem überquellenden Mülleimer liegt ein Mann im Schlafsack auf der Straße. Ich sehe nur seinen mit Kreuzen tätowierten Nacken unter der Mütze. Hunderte gehen an ihm vorbei. „Gott, erbarme dich!" steigt ein Stoßgebet in mir auf.

Ich wandere weiter, will nach Hause durch die Silbersackstraße. Vorbei an der Kultkneipe Silbersack. Dort gehe ich nur Sonntag, Montag oder Dienstag rein. Dann trifft sich hier das ganze Dorf. Jetzt ist Freitagabend, die Busladung Schwaben steht bis auf die Straße hinaus.

Dominik, der Chef hinter dem Tresen, sieht das so: „Mit den Touris verdiene ich das, was ich brauche um mir die Dorfkneipe zu leisten". Dominik hat den Touristengruppen verboten, das original St.-Pauli-Kneipenmillieu zu fotografieren. „Wir sind doch nicht im Menschenzoo". Oder doch? Ich weiche zerschlagenen Flaschen und verschmiertem Hundekot aus.

Ein paar Schritte weiter steht Opa Hassan, wie immer mit Bierdose in der Hand. Er trinkt nur warmes Bier und ist der Philosoph der Silbersackstraße, der bärtige Perser, der Geschichtenerzähler, dessen Geschichten kaum richtig sein können, aber doch irgendwie eine tiefere Wahrheit haben.

„Grüß dich, mein Lieber!" ruft er mir zu. „Wir sehen uns, ich muss nach Hause!" antworte ich ihm und er führt seine Hand zum Herzen. „Willst du was trinken?" Ruft er mir nach. Ich winke ab.

Jetzt noch an den Dealern vorbei. Die Jungs aus Gambia haben sich das nicht ausgesucht, in der Kälte der Nacht für 20 oder 30 Euro Gewinn hier zu stehen für ein Geschäft, das sie nicht bestimmen. Wer als Dealer auf der Straße steht, den hat die Armut hierher gebracht. Angespannte dunkle Gesichter, die Augen jagen in den Köpfen hin und her, dann ein Pfiff von irgendwo. Alle rennen. Da taucht die Sondereinheit der Polizei auf in ihren Warnwesten, gemütlich gehen sie zu Dritt. Die Jungs verteilen sich hastig in die Straßen, checken ihr Handy. Irgendjemand wird sie dirigieren, wohin sie sich sammeln sollen. Mit meinen Bergwanderstiefeln gehe ich über das Kopfsteinpflaster des Hein-Köllisch-Platz. Das ist mein Dorf. Hier ist meine Kirche und daneben wohne ich, direkt am Park Fiction, Hamburgs politischstem Park, wie es im Touristenführer heißt. Wir sind direkt an der Elbe, gegenüber liegt eine weiße Luxusjacht in Dock 11. Eigentlich bin ich ganz gerne hier. Auch wenn die Jungs unweit vor unserem Pastorat gleich auf meinen Radar kommen. Billiger Wodka wird mit Energydrink gemischt, unzählige Schalen von Sonnenblumenkernen verteilen sich um die Sitzbank, Zigaretten und Joints werden geraucht. Der schmachtende Orientrap schallt viel zu laut aus der Musikbox. Alle reden durcheinander. Einer geht hinter das futuristische Klohäuschen, das uns vor die Tür gestellt wurde, zum Pinkeln in die Hecke der Nachbarn. Aber bisher schreit und streitet sich keiner. Der Flaschensammler mit seinem Einkaufswagen schiebt die Ernte seiner Arbeit stumm und müde an den Feiernden vorbei, leuchtet mit der Taschenlampe in eine Mülltonne und fischt eine Pfandflasche raus. Für jetzt ist noch alles gut. Erst ab 2 Uhr nachts kann es gefährlich werden. Raubüberfälle häufen sich. Ich bin zuhause angekommen, in dem alten kleinen Backsteinhaus. Diesen Stadtteil mein Zuhause zu nennen, ist alles andere als selbstverständlich. Ich will erzählen, wo ich herkomme und warum ich hier in St.-Pauli-Pastor bin, jetzt schon seit 18 Jahren.

Gerade in den letzten Jahren sind viele Bücher über St. Pauli geschrieben worden. Manches kam anschließend auf die Bühne oder wurde verfilmt. St. Pauli lässt sich einfach gut erzählen und vermarkten. Dabei sind es die alten Geschichten, auf die alle besonders scharf sind. Der gute alte Kiez der 1960er-, 70er- und 80er-Jahre. Dabei weiß ich von vielen Menschen, denen ich zugehört habe, dass der gute alte Kiez nicht für alle gut war. Aber über die vergangenen Zeiten lässt sich ganz bequem in eine Abenteuerwelt hinein träumen. Da fliegen die Fäuste zwischen Fischhändlern und Matrosen in der Kneipe Silbersack. Da werden nachts um drei Uhr Champagnerrunden für alle geschmissen und die Rolex wird verpokert. Da werden professionelle Killer beauftragt, die Konkurrenz im Zuhältergeschäft auszuschalten, da tanzen die Mädchen auf den Tischen und die Jungs trinken, bis sie unter den Tischen liegen. Ja, das hat es alles gegeben und auch heute kommen jeden Tag und jede Nacht Geschichten dazu. Nur was heute passiert, hatte noch keine Zeit, als Kiezgeschichte verklärt zu werden.

Ja, Kiezgeschichten wollen die Leute lesen und hören, sie wollen es genauso sehr, wie sie auf keinen Fall wirklich jemals hätten dabei sein wollten. Wenn mich in der Sommerzeit jemand aus der Redaktion einer Zeitung anrief, dann ahnte ich bereits, was kommt: Wenn in Hamburg sonst nichts los war, dann war St. Pauli immer für eine Schlagzeile gut, die sich an den üblichen Klischees orientierte: Rotlicht und Blaulicht, leichte Mädchen und schwere Jungs. Dann sollte der Pastor mal schnell ein paar altgediente Huren zum Fototermin bewegen. „Aber schöne gepflegte Altersgesichter. Keine Versoffenen bitte", bekam ich zu hören.

Einen anderen Wunsch hörte ich von vielen Presseleuten: Sie hofften, dass ich mich als Gottesmann empöre über den Sündenpfuhl St. Pauli. Das wäre eine feine Schlagzeile! Schön zugespitzt, schön kontrastreich: Der Kiezboss und der Friedensstifter, der Gottesmann und die Sünderin, der Jesusjünger und der Totschläger.

Manche Pressewünsche gingen in eine entgegengesetzte

Richtung: Ich sollte als Pastor möglichst distanzlos mitmachen, was man so auf dem Kiez macht. Gemeinsamer Nenner ist das Saufen. Wissen wir doch alle: Der Kiez ist erst nach dem dritten Bier so richtig schön. Dann liegen sich alle, alle in den Armen: Der Gottesmann mit dem Kiezboss, mit der Sünderin, mit dem Totschläger. Das finden dann alle gut oder auch empörend. Aber eine gute Story wäre es doch allemal.

Die dritte Art der Anfragen war von der Idee getrieben, ich sei als Pastor die beste Adresse für Bekehrungen. Ich sollte Lebenswenden erzählen. Also: Der Kiezboss, der von Reue geschüttelt wird, die Sünderin, die jetzt glücklich verheiratet und stolze Mutter ist. Der Totschläger, der nach seiner Läuterung jetzt anderen schweren Jungs das Evangelium verkündet. Ach, wie schön wäre das, wie anrührend und wie unterhaltsam.

Ich gebe zu, manchmal habe ich mich auf solche Anfragen eingelassen, auch in der Hoffnung, das Klischee nicht zu bedienen, sondern zu brechen. Manchmal war ich mit dem Ergebnis zufrieden. Aber oft habe ich gemerkt, dass mir in Interviews die Sätze, die mir wirklich was bedeutet haben, weggeschnitten wurden und am Ende doch wieder das erzählt wurde, was alle vorher schon an Bildern im Kopf hatten, wenn sie St. Pauli hören. Ich erzähle hier abseits vom Klischee meine Geschichte mit Gott, die meine Geschichte der Freiheit ist.

Ich erzähle, wer ich bin und wo ich herkomme, was ich hier mache und was dieses St. Pauli mit mir gemacht hat. Ich erzähle über die Menschen, die mein St. Pauli sind. Und ich teile meine Fragen, die mich wachhalten. Ich halte sie für wichtiger als alle Antworten, deren Richtigkeit mich einschläfert.

Ich halte mich für keinen irgendwie besonderen Typen, nur weil ich St.-Pauli-Pastor bin. So wurde ich nicht erzogen, mich für etwas Besonderes zu halten. Ich finde, dass die Pastorinnen in Billstedt, in Wilhelmsburg oder Steilshoop mindestens genauso viele interessante Geschichten erzählen können. Sie haben es auch verdient, dass ihnen zugehört wird. Aber für mich ist es jetzt nach 18 Jahren dran, meine Geschichte aufzuschreiben. Schreiben heißt für mich, hineinzuhören in mein Leben. Es ist ein Aufräumen und Sortieren, es ist ein Aufspüren von Zusammenhängen. Das kostet Kraft, wenn alter Schmerz wach wird und manchmal ist es auch wunderbar schön und befreiend für mich.

Jenseits von Friedhof und Fluss

Von dem Bauerndorf an der Bundesstraße nach Hamburg trennten uns der Friedhof und der Fluss. Östlich der Brücke über den Fluss lagen die Siedlungen. Hier wohnten die Flüchtlinge und ihre Kinder. Heimatvertriebene aus den deutschen Ostgebieten, die seit 1945 in Schleswig-Holstein hängen geblieben waren – so wie die Familien meiner Eltern. 1969 bauten sie ein Haus auf einem sandigen Hügel, billiges Kirchenland oberhalb einer nassen Wiese. Irgendwie hatten sie die 5000 Mark Mindestkapital zusammengekratzt, um sich an diesem sozialen Siedlungsbauprojekt zu beteiligen. Was an Geld fehlte, wurde mit Eigenleistung wettgemacht. Die Nachbarn waren ja ebenfalls Flüchtlinge und alle hielten zusammen. Mein Vater war nach Feierabend im Sommer immer auf dem Bau, sonnengebräunt im Unterhemd, mal bei den Nachbarhäusern, mal auf unserer Baustelle. Ein Haus nach dem anderen wurde so in Gemeinschaftsarbeit hochgezogen. Bescheidene Häuser, aber für eine ganze Generation von sogenannten „Siedlern", wie man im Dorf sagte, waren sie das Symbol für ein besseres Leben.

Wir Kinder mussten die Erwachsenen auf der Straße als erstes grüßen, wenn wir uns nicht den Schimpf von Mutter anhören wollten, dass ihr zu Ohren gekommen war: „Ihre Kinder grüßen ja gar nicht!" Wer in der Siedlung lebte, musste sich besonders gut benehmen, weil zu beweisen war, dass diejenigen, die sich nicht zu den Alteingesessenen zählen dürfen, etwas taugen.

Damals war ich vier Jahre alt und mächtig stolz auf unser Haus. Um den Westwind auf dem Sandhügel zu bremsen, pflanzte mein Vater ein Fichtenwäldchen aus Setzlingen, die groß waren wie seine Hand. Ich durfte die Jahre meiner Kindheit zusehen, wie die Bäume wuchsen, bis man den Friedhof auf der anderen Seite des Flusses nicht mehr sah. Dort lagen meine Großeltern und meine Urgroßmutter in einer Erde, die sie nicht ihre Heimat nannten. Ich habe schwache Erinnerungen an meine väterlichen Großeltern, die sich 1970 in derselben Woche von der Erde verabschiedeten. Opa roch nach Jägermeister und Juno-Zigaretten und stand mit seiner schwarzen Arbeitermütze stolz an der Bundesstraße, die er mitgebaut hatte. Oma trank mit rasselnder Lunge ihren Hustensaft aus der Flasche und hatte noch den Geruch von Brathering mit Zwiebeln in der Strickjacke.

Großgeworden bin ich unter Menschen, die den Krieg und die Flucht als Erwachsene oder als Kinder erlebt hatten. „Ihr wisst ja gar nicht, wie gut es ihr habt" – wie oft habe ich das gehört, so auch aus dem Mund meines Vaters. Als mein Bruder, meine Schwester und ich nur das weiße Fleisch des Hühnchens essen wollten, nicht aber den Knorpel und die fette Haut, übernahm er unsere Reste und brach auch noch die Knochen des Vogels auseinander, um das Mark auszusaugen. Das Kinn meines Vaters glänzte vor Fett. In diesen Momenten war mein Vater wieder der neunjährige Junge Kurt, 1936 in einer Danziger Arbeiterfamilie geboren, der Kartoffeln und Eier beim Bauern klaute, um zu überleben. Der im Sommer barfuß die vier Kilometer zur Schule lief und sich im frostigen Winter an eine Kuh anschmiegte, um sich aufzuwärmen. Die Familie meines Vaters lebte nach der Flucht zunächst in einem Kuhstall. Dafür mussten der Neunjährige und seine Brüder auf den Bauernhöfen arbeiten: Die Wiese mit der Sense mähen, mit Pferdegespann den steinigen Acker pflügen. Sieben Jahre hat mein Vater diese harte Arbeit nach dem Unterricht in der Volksschule gemacht. Dafür zahlte der Bauer den Anzug zur Konfirmation. Mit den

Flüchtlingen gingen die Bauern mal besser, mal schlechter um. Billige Arbeitskräfte waren die jungen Männer, die sich nach der Feldarbeit abends auf die Bratkartoffeln stürzten. Aber der feine Schinken blieb für den Bauern und seine Familie, erzählte mein Vater. Eigentlich wollte Kurt weiter zur Schule gehen und studieren. Doch dafür fehlte das Geld.

In den 1950er-Jahren gab es zu wenig Ausbildungsplätze. Da mein Vater mit Pferden gut konnte und sie zu beruhigen wusste, wenn der Schmied die glühenden Eisen auf die Hufe schlug, überlegte er, Schmied zu werden. Aber die Pferde wurden durch Maschinen ersetzt und weil es nichts anderes gab, wurde mein Vater Lehrling bei einem Tankwart. In den 50ern war das ein Ausbildungsberuf, die Bezahlung war mies.

Während Kurts ältere Brüder sich einen Ruf im Dorf erarbeiteten – Wer kann am meisten Eier essen oder eine Flasche Oldesloer Doppelkorn am schnellsten trinken – entschied sich mein Vater für einen anderen Weg. Als junger Mann fand er eine Art Ersatzfamilie im Nachbardorf, deren Bedeutung ich erst viel später verstanden habe. Sein bester Freund war der Sohn des Hauses – fromme Ostpreußen, die den jungen Mann Ende der 50er wie einen Sohn aufnahmen. Bei ihnen hatte mein Vater gelernt, was Familie bedeutet. Da gab es gutes Essen auf dem Tisch. Aber genauso wichtig war das Gebet. Eine Nähe und Warmherzigkeit und ein Glaube, der das Leben „umbetet", so wie ein Gemüseacker umgegraben wird, mit Geduld und Hoffnung. Diese Ostpreußen wollten Seelen retten. Und mein Vater wollte sein haltloses Leben retten lassen. Dass er dabei meine Mutter kennenlernte, ist die Gründungslegende unserer Familie. Es geschah durch einen schrecklichen Unfall. Mein Vater hatte mir als Kind die Narbe in der Rinde eines Baumstamms an der Landstraße gezeigt, wo es passiert ist. Damals, Anfang der 60er, fuhr er gerne Motorrad und genoss die Geschwindigkeit in der baumgesäumten Allee. Mit einem der Bäume hatte er einen Frontalzusammenstoß. Das kostete ihn seine vier Schneidezähne und mehrere Knochenbrüche. Im Krankenhaus hatte Kurt Besuch von seinem besten Freund. Dessen Schwester war dort Krankenschwester, und deren Mitschwester und Freundin wiederum war Gismara. Was für ein ungewöhnlicher Name! Ich frage mich, was meine Mutter an diesem Mann fand, dem die vier Schneidezähne fehlten. Vielleicht hatte Gismara erkannt, dass es Kurt genauso ging wie ihr. Beide hatten in ihren kaputten Familien nichts zu lachen.

Meine Mutter hatte ihren Vater niemals kennengelernt. Nach ihrer Geburt 1942 erreichte meine Oma Martha die Nachricht, dass der deutsche Besatzungssoldat, den sie im polnischen Lodz kennengelernt hatte, gefallen war. Nun stand sie alleine mit zwei Kindern, Gisela und Gismara. Gisela wurde ihr von den Nazis weggenommen und zur Adoption freigegeben. Gismara wurde bei Verwandten in Berlin untergebracht. Oma wurde 1915 noch im russischen Zarenreich in Bialystok geboren. Zeitlebens sprach sie ein merkwürdiges Deutsch mit ihrer eigenen osteuropäischen Grammatik. Wir Enkelkinder fanden das komisch und machten uns darüber lustig. Polnisch sprach Oma mit den alten Tanten bei unseren Familientreffen, wenn wir Jungen es nicht verstehen sollten. Die heranwachsende Generation wollte man nicht mit den finsteren Geschichten belasten. Ich war der einzige Enkel, der mehr wissen wollte über diese Zeit, aber Oma wollte meine Fragen nicht beantworten. Dass sie mit dem Berliner Opa nie verheiratet war und dass sie für die Deutschen Handgranaten zusammenbauen musste, war lange ihr großes Geheimnis. So sehe ich sie vor mir, Kartoffeln schälend. Eine gebrochene kranke Frau, kaum 1,50 groß mit einem verkürzten Bein als Folge von Kinderlähmung, das niemals heilen wollte. Oma war immer wieder wochenlang nicht erreichbar, in sich versunken und gefangen in ihrer Gedankenwelt irgendwo zwischen Bialystok, Warschau und Lodz unterwegs in den 1930er- und 40er-Jahren.

Meine Mutter erzählte mir, als ich erwachsen genug war, dass ihre Mutter nicht gut für sie sorgen konnte. Die kleine Gismara musste sich selbst durchs Leben kämpfen. Sie erzählte, wie sie nur ein Kleid hatte und die Schule schwänzen musste, wenn dieses Kleid gewaschen wurde. Solche Erfahrungen aus den Tagen des Mangels hatte sie mit meinem Vater gemeinsam. Ich habe Eltern, die selbst keine Geborgenheit in Familien erlebt haben, wie es Kindern zu wünschen wäre. Kurt und Gismara wollten eine Familie gründen und das miteinander verwirklichen, was sie selbst nicht kannten.

Beide wurden von Kurts ostpreußischer Ersatzfamilie aufgenommen, die eine stabile Frömmigkeit hatten und ihre Mission als Seelenretter ernst nahmen. Meine Eltern übergaben „dem Herrn Jesus ihr Leben", wie es im frommen Sprachgebrauch heißt. Statt mit der Dorfjugend zu saufen und sich zu prügeln, lernte mein Vater Gitarre spielen und fromme Lieder singen. Meine Eltern gingen gemeinsam zur Stunde. Das war ein Gottesdienst in einer Hauskirche der sogenannten Altpfingstler, einer Glaubensgemeinschaft, die dem Wirken des Heiligen Geistes viel zutraut.

Oma Martha verweigerte vor Gismaras Volljährigkeit mit 21 die Zustimmung zur Heirat ihrer Tochter mit dem Tankwart. Er war ihr wohl nicht gut genug als Schwiegersohn. Aber das half nichts. 1963 heirateten meine Eltern mit bescheidenen Mitteln. 1964 wurde mein Bruder Burkhard geboren, 1965 kam ich zur Welt und 1968 meine Schwester Susanne. Meine Mutter war kaum 26 Jahre alt und hatte drei Kindern das Leben geschenkt. Als sich meine Eltern kennenlernten, so erzählten sie später, hatten sie zwölf Kinder haben wollen. Nachdem das erste Kind geboren wurde, reduzierten sie auf sechs. Und nach dem Dritten sagten sie: Es reicht.

Als Fünfjähriger wurde ich dann in die Hausstunden mitgenommen, bei denen ein Prediger vor kaum zwanzig meist älteren Damen stand. Es roch nach Mottenkugeln und nach Kölnisch Wasser. Wir mussten stillsitzen, der strenge Blick meiner Mutter ließ uns erstarren. Die sogenannte „Stunde" dauerte viel länger als eine Stunde. Während sich die Predigt in die Länge zog, beeindruckte mich das Doppelkinn und die Nickelbrille des Predigers oder mein Blick betrachtete das Bild vom guten Hirten an der Wand. In seinem langen weißen Gewand unterließ der Heiland nichts, um ein verirrtes Schaf aus dem Dornengestrüpp zu retten. Die Gebete der alten Frauen beeindruckten mich tief. Jesus war der wichtigste Mann in ihrem Leben. Sorgen machte mir nur, wenn die in Ehren ergrauten Kriegerwitwen von der Heimat sprachen. Entweder war damit Ostpreußen gemeint – oder die himmlische Heimat, in die sie Jesus Christus abholen würde. Auf keinen Fall aber das irdische Leben in der Gegenwart, denn hier waren wir ja nur unstete Pilger. Als kleiner Junge machte mich das immer etwas traurig, die Alten so reden zu hören, war ich doch gerade erst auf dieser Erde angekommen und fand es hier manchmal ganz schön. Nach der „Stunde" gab es Schokolade als Belohnung. Und für die Damen gab es Kaffee und Kuchen und manchmal einen Eierlikör oder einen Kirsch. Dann war das Leben doch für einen Moment irgendwie gut auf dieser Erde.

Meine Eltern müssen wohl gemerkt haben, dass die Stunden nicht gerade kindgerecht waren. Die Landeskirche war meinen Eltern zunächst nicht fromm genug. Aber 1970 kam ein junger Pastor ins Dorf, dessen baptistische Frau den Kindergottesdienst hielt. Das Ergebnis war, dass wir sonntags jetzt vormittags Kindergottesdienst und nachmittags „Stunde" hatten. Unvergesslich sind mir die Fleißkärtchen des Kindergottesdienstes, wie große Briefmarken, mit gezähnten Rändern. Biblische Szenen waren altmodisch dargestellt. Den guten Hirten kannte ich ja schon. Nun wuchs mit jedem Besuch des Kindergottesdienstes meine fromme Bilderwelt: Arche Noah, Opferung Isaaks, Davids Sieg über Goliath, Daniel im Feuerofen, Jesus wandelt über das Wasser. Das waren meine Helden, während andere Jungs Comicfiguren wie Lucky Luke – der damals noch rauchen durfte – oder Superman verehrten. Nach ein paar Jahren Kindergottesdienst hatte ich alle Fleißkärtchen doppelt.

Schon früh war ich ein guter Sammler. Was mich viel mehr als Fleißkärtchen interessierte, waren Steine, besonders Fossilien. Ich hatte als Kind meinen Blick immer zu Boden gerichtet. Ich suchte, aber ich fand auch immer irgendetwas, dass zumindest ich interessant fand. Meine Mutter zischte nur: „Was wühlst du im Dreck. Schmeiß das weg!" Aber ich versteckte meine Schätze und baute mir ein Museum daraus, dessen Direktor und einziger Besucher ich war.

Es war die Zeit der großbemusterten Tapeten und der Prilblumen, als ich 1971 eingeschult werden sollte. Um meine Schulreife zu beweisen, sollte ich ein Bild malen, während sich eine Lehrerin mit meiner Mutter unterhielt. Ich konnte immer schon gut malen und überreichte stolz mein Blatt. Es zeigte ein Haus mit freundlichen Gesichtern, die aus den Fenstern schauten, der Schornstein rauchte.

Das einzige, was die Lehrerin zu mir sagte, war: „Das war leider das falsche Händchen." Ich hatte das Bild mit links gemalt. Linkshänder konnte man nicht dulden. Ich wurde nicht eingeschult. Meiner Mutter wurde der Auftrag gegeben, mich umzuerziehen. Als ich der Lehrerin zum Abschied das richtige Händchen entgegenstreckte, war aus mir ein trotziger Junge geworden. Ein Jahr später kam ich dann in die Schule. 1972 wehte auch in der holsteinischen Dorfschule ein anderer Wind. Junge Lehrer kamen mit weiten Schlaghosen und Lehrerinnen mit kurzen Röcken. Und ich durfte mit links schreiben und malen. Ich habe aber diese Demütigung der Einschulung nie vergessen. Für mich war seit dieser Zeit klar, dass ich denen, die viel zu sagen haben, nicht immer vertrauen werde. Meine linke Hand hat mich ungewollt zum „linken Systemkritiker" werden lassen.

Anfang der 1970er-Jahre begann meine Mutter zu arbeiten. Neben unserer Haustür wurde ein weißes Emailleschild mit einem rotem Kreuz angebracht. Hier war jetzt eine Sozialstation. Meine Mutter, examinierte Krankenschwester, hatte extra den Führerschein machen müssen, um mit einem weißen VW Käfer über Land zu fahren und in den zwölf Dörfern, die ihr zugeteilt worden waren, Alte und Kranke zu besuchen, Beine zu wickeln, Blutdruck zu messen, Blutegel anzulegen oder Menschen zu waschen, die dies lange schon nicht mehr selbst getan hatten. Mutter konnte immer Geschichten erzählen, wenn sie von ihren Touren nach Hause kam! Niemand hat die Schattenseiten des Landlebens so hautnah erlebt wie sie. Als Kinder waren wir es gewohnt, wenn sie von durchgelegenen wunden Rücken erzählte, eingekoteten Greisen oder künstlichen Darmausgängen. Wir aßen zu Mittag, hörten unserer Mutter zu und lernten fürs Leben: Auf den Bauernhöfen entledigte man sich der unliebsamen, bettlägerigen Eltern manchmal dadurch, dass in einer kalten Winternacht die Fenster weit aufgerissen wurden. Am kommenden Morgen war der Körper kalt. Mir lief ein Schauer über den Rücken, wenn Mutter sowas erzählte. Aber ich bewunderte sie auch dafür, dass sie es aushielt mit dem körperlichen Gestank und dem Dreck, die sie ertrug, weil sie das Menschliche liebte. Ich war stolz auf meine Mutter, weil sie alltäglich getan hat, was sie glaubte. Nicht viel reden, sondern tun – das war meine Mutter.

Bald waren wir Kinder in der Sozialstation häusliche Sekretäre. Unsere Haustür war nicht mal abgeschlossen und es passierte, dass eine muffig riechende Alte in Kittelschürze plötzlich im Hausflur stand und meine Mutter sprechen wollte, die gerade auf den Dörfern unterwegs war. Dann habe ich einen Sessel angeboten, Getränke gereicht und ein höfliches Gespräch gesucht – und gehofft, dass meine Mutter bald wiederkommt.

Meine Eltern haben sich geliebt. Meine Mutter hat sonntags meinem Vater immer die Kleidung bereitgelegt. Er wäre gar nicht in der Lage gewesen, sich eine passende Krawatte zum Anzug auszusuchen. Aber ich habe meinen Vater niemals im

Haushalt helfen sehen. Einige Male hat er Bratkartoffeln mit Zwiebeln und Eiern gemacht. Sonst kam er abends müde und nach Benzin riechend von der Arbeit nach Hause und erwartete, bedient zu werden. Meine Mutter hat die Hausarbeit und das Kochen niemals gerne gemacht. Dabei war sie oft übellaunig. Sie fand ihre Erfüllung in ihrem Beruf als Krankenschwester.

Meine Eltern wollten eine Familie schaffen, die sie sich selbst als Kinder gewünscht hätten. Der eigene Erwartungsdruck muss für meine Mutter ganz besonders hoch gewesen sein. Ich erlebte sie als Kind meistens als eine starke, selbstbeherrschte Frau, die stolz war, alles im Griff zu haben und zwar immer zack zack. Dann aber konnte es passieren, dass sie ausbrach wie ein Vulkan. Sie konnte sich in einem Moment komplett vergessen und von einem Anfall von Jähzorn gepackt werden. Als Kind erlebte ich, dass diese Wutanfälle nicht meinen älteren Bruder, nicht meine jüngere Schwester trafen – sie trafen mich. Ich habe später viel darüber nachgedacht, warum ich es war. Was an mir falsch war. Ich konnte meinen Fehler nicht finden und das machte mich ohnmächtig. Aus nichtigem Anlass – ein nicht aufgegessenes Leberwurstbrot, in dem mich die Fettstücke ekelten – rastete meine Mutter aus. Sie schlug mich mit dem Teppichklopfer, mit dem Gürtel, mit den bloßen Fäusten auf Arsch und Rücken. Sie auf mir, ich unter ihrer Körpermasse. Ich weiß noch genau, dass in diesem Moment etwas an Vertrauen kaputtging, was niemals wieder gut wurde. Mein Gesicht soll ihr am ähnlichsten sein. Wir sind uns nahe und doch fremd.

Vater hat uns nie geschlagen. Heute denke ich: Vielleicht war das auch bequem für ihn, unserer Mutter das Erziehungsgeschäft weitgehend zu überlassen. Ich erinnere ihn als müden Mann, nach Benzin und Schweiß stinkend, noch in der roten Arbeitskleidung, eingeschlafen auf dem Sofa.

Neben den kirchlichen Aktivitäten war mein Vater nach Feierabend ein leidenschaftlicher Gärtner. Mutter herrschte im Haus, Vater hatte sein Gartenreich. Neben Salat, Gurken und

Kürbissen gelangen ihm die Tomaten am besten. Er liebte es, uns Kindern eine frische Tomate vom Busch zu pflücken und uns zuzusehen, wie wir die Frucht genossen. Dann lachten seine Augen. Wir Kinder bekamen jeweils wenige Quadratmeter Gartenland zugewiesen, um uns dort mit Gemüseanbau auszuprobieren. Aber nach ein paar Wochen hatten mein Bruder und meine Schwester ihre Parzellen bereits an mich verkauft. Kräuter habe ich gezogen. Salbei, Thymian, Rosmarin. Sie sind immer noch meine Lieblinge im kleinen Pastorengarten auf St. Pauli. Bei der Gartenarbeit denke ich oft an meinem Vater, besonders, wenn ich eine frische Tomate ernte und genieße.

Die Liebe zu den Pflanzen, die Begeisterung an ihrem Wachstum und die Geduld dazu habe ich von meinem Vater. Auch Bäume habe ich als Kind geliebt und hatte meine Lieblinge, knorrige Knickeichen zwischen den Feldern, die ich gerne besuchte. Ihre raue Borke zu spüren, ihr Laub im Wind zu hören gab mir eine tiefe Kraft, ein Gefühl von Verstandenwerden und Einssein. Auch bestimmte Plätze waren mir heilig. Dort war ich gerne alleine und fühlte mich zugehörig. Als ich zwölf war, bin ich eines Abends mit dem Fahrrad wenige Kilometer den sandigen Feldweg in einen kleinen Wald gefahren. Dort stieg ich die grobe Leiter hoch zu einem Jagdstand. Fern des Dorfes genoss ich die Stille und lauschte dem Knarren der Äste, den Vogelstimmen und dem Rascheln und Grunzen der Wildschweine. Das war meine ganz eigene Religion, die keine Heiligen Schriften kannte. Das wichtigste, was ich damals von den Bäumen gelernt habe, war ein Gebet, das nicht Reden war, sondern Schweigen und Hören.

Mein Vater konnte auch streng sein. Einmal hatten mein Bruder und ich von irgendwoher ein Kartenspiel. Wir waren damals 14 oder 15 Jahre alt. Heimlich spielten wir Mau Mau. Als das mein Vater sah, hielt er uns eine Moralpredigt: Die Karten seien vom Teufel. Haus und Hof hätten Männer schon verspielt beim Kartenspiel, das nur einen Gewinner kennen würde – Satan höchstpersönlich. Damals hatten wir einen Holzofen, den mein Vater nun mit dem Kartenspiel befeuerte, während mein Bruder und ich kleine Münder und große Augen machten.

Mein Vater war sonst ein herzenswarmer Mann, offen und aufmerksam gegenüber jedem. So kannten ihn seine Kunden an der Tankstelle in der Kreisstadt. Diese Tankstelle hatte er aufgebaut, sie war sein Stolz. Mit einer Zapfsäule fing es an, die zuerst nur den Betriebsfahrzeugen eines Möbelgeschäfts zugedacht war. Dann wollten Kunden billig tanken und das Unternehmen wuchs über 20 Jahre. Mein Vater wurde Chef von 30 Mitarbeitern. Sein Stolz war es, die günstigste freie Tankstelle Norddeutschlands zu betreiben. Sollte ihm zu Ohren gekommen sein, dass der Liter Super, Diesel oder Benzin irgendwo einen Zehntel Pfennig günstiger war als auf seiner Tanke, dann unterbrach er sogar den Sonntagsfrieden, fuhr zum Betrieb und steckte die Preistafeln um. Die Konkurrenz wurde immer unterboten.

Mein Vater machte sich einen Spaß daraus, sich einen Tankwart und einen Dankwart zu nennen. Sonntags schrubbte er seine breiten Hände, die sonst immer nach Benzin rochen und kratzte den Dreck der Woche unter seinen Fingernägeln hervor. Er ging nicht nur regelmäßig in den Gottesdienst und sang im Kirchenchor mit, sondern er war auch ehrenamtlicher Prediger bei der altpfingstlerischen Stundengemeinde, eine kleine Freikirche, in der sich vor allem ostpreußische Erweckungsfrömmigkeit bewahrte. Ich war immer stolz, ihn dort vorne so schick angezogen stehen zu sehen. Mutter hatte ihm eine schöne Krawatte ausgesucht und gebunden.

Aber auch in der Landeskirche durfte der Tankwart zum Dankwart werden und als Lektor den Gottesdienst halten, wenn der Pastor mal Vertretung brauchte. Das gab im Dorf natürlich etwas Gerede: „Ist das nicht der Kurt Wilm, der Tankwart? Wusste gar nicht, dass der auch Pastor ist. Darf der das überhaupt?"

Schlichte Sätze waren das, die mein Vater fand. Ruhig und

sanft waren seine Worte. Interessant wurde es, wenn er Erfahrungen von der Tankstelle anbrachte, dann hörten die Leute richtig zu. Auf keinen Fall war er ein Schwätzer. Er erzählte frei von seinem Glauben, das überzeugte die Leute.

Auch auf der Tankstelle bot er neben Scheibenwischen und Luftdruckmessen dazu noch Lebenshilfe an. Er konnte den Kunden gut zuhören und entdeckte missionarische Chancen zwischen Zapfsäule und Ölwechsel. Als Tankwart war er immer ein Dankwart. Und als Prediger versteckte er nicht den Tankwart. Das machte ihn glaubwürdig für mich.

In der Grundschule war ich mit vielen Kindern in der Klasse noch befreundet. Das sollte sich dann mit dem Wechsel aufs Gymnasium in der Kreisstadt ändern. Ich hatte als Grundschüler sogar eine eigene Freundin. Unser Abenteuerort war ein kleines Wäldchen. Unbesorgte Stunden verbrachten wir dort und im Sommer schwammen wir über den See, der modrig roch, wenn er in voller Algenblüte stand.

Spielten wir anfangs noch mit den anderen Kindern in der Siedlung, so änderte sich das bald. Zunehmend trafen wir uns nur noch mit den „Gläubigen" im Dorf. Kinderfasching durften wir nicht mitmachen, das war Heidenkram. Die Gemeindeveranstaltungen banden alle Freizeitaktivitäten. Sonntags traf sich die Dorfjugend zum Fußballspiel, während wir in der Kirche saßen. Bald hatten wir den Ruf, die Frommen zu sein. Die Fremdheit zum übrigen Dorf wuchs.

Mit dem Pastor und seiner Frau wuchsen wir wie mit zweiten Eltern auf. Das kinderlose Paar hatte zwei Dutzend Jugendliche um sich versammelt. Bald wurde neben unserem Gemeindehaus ein Volleyballplatz angelegt. Nachdem wir uns dort ausgetobt hatten, hieß es wieder Singen, Beten, Bibel lesen. Meine Eltern fanden uns in dieser Gemeinschaft gut aufgehoben. Die Gemeinde würde uns wenigstens vor den Dorfdiskos mit ihren Besäufnissen und Schlägereien schützen, dachten sie. Aber es war eine enge Frömmigkeit, in der wir erzogen wurden.

Die Welt wurde aufgeteilt in Wiedergeborene, Nennchristen
– ein böserer Ausdruck war „Karteileichen" – und den anderen,
die es noch so auf der Welt gab: Katholiken, Atheisten, Muslime
und alle anderen Angehörigen von Religionen, die alle leider
in die Hölle kommen würden. Ja, die Hölle war merkwürdig
geräumig in den Lehren, die ich als Heranwachsender zu hören
bekam. Und der Himmel war ein sehr kleiner Ort. Dafür mit
goldenen Straßen und Toren von Perlen, wie es die Offenbarung
des Johannes beschreibt. Und alle werden Gott ein ewiges Lob
singen. Mir kam das als Pubertierendem ziemlich dumm vor,
zumal ich gerade im Stimmbruch war. Ich wollte nicht immer
singen müssen. Das wäre doch die Hölle.

Um in den Himmel zu kommen, musste man sich bekehren –
so haben wir das damals gelernt. Oder anders ausgedrückt: Sein
Leben dem Herrn Jesus übergeben. Ich hatte es schon erlebt,
wie Menschen sich schluchzend unter Tränen bekehrten, bereit
zur Buße und öffentlichem Bekenntnis vor der Gemeinde. Aber
was hatte ich als Heranwachsender schon zu bieten? Für so viele
Sünden war doch noch keine Zeit.

Mit Unbekehrten sollte man besser keine Gemeinschaft haben – so wurde es uns geraten. Ich fand das immer etwas hart.
War ich mal bei Schulfreunden zu Besuch und vergaß mich einen
Moment im kindlichen Spiel, dann tauchte diese Warnung in mir
auf: Das sind unbekehrte Weltkinder. Und ich wurde für einen
Moment traurig durch ein Wissen, das ich nicht mit den anderen teilen konnte: Diese Kinder, die mich so fröhlich anlachen,
gehen ewiglich verloren!

„Was habt ihr gemein mit der Welt?" Das war so ein hartes
Bibelwort, von denen es viele gab. Mit Weltkindern war kein
Umgang angeraten. Es sei denn, um sie zur Bekehrung zu führen. Die „Ungläubigen" mussten so werden wie wir. Wer andere
zur Bekehrung brachte, der hatte bei Gott etwas gut. Aber je
älter ich wurde, umso peinlicher fand ich es, die anderen bekehren zu müssen.

Mein ein Jahr älterer Bruder war mir immer in allem ein Stück voraus. Mathematik war seine Stärke, ich habe dieses Fach immer gehasst. Er kam aufs Gymnasium, für mich hatte man die Realschule vorgesehen. Unsere Eltern hatten beide nur den Hauptschulabschluss gemacht, auf der weiterführenden Schule konnten sie uns nicht mehr bei den Hausaufgaben helfen. Was mein Bruder bekam, wollte ich auch bekommen. Die brüderliche Konkurrenz brachte mich dazu, alle meine Kräfte zu sammeln und meine schulischen Leistungen so zu verbessern, dass es für das Gymnasium in der Kreisstadt reichte. Man wollte es mit mir zumindest versuchen.

Im Religionsunterricht sollten wir einmal malen, wie wir uns Gott vorstellen würden. Die ganze Stunde saß ich vor dem weißen Blatt Papier und starrte es an. Bei den anderen Schülern sah ich schon bärtige Greise auf Wolken sitzen, als der Lehrer mich fragte, warum ich denn mit meiner Aufgabe nicht anfangen würde. Da nahm ich all meinen Bekennermut zusammen und sagte: „Du sollst dir kein Bildnis machen!" Der Lehrer war unzufrieden mit mir, die Mitschüler grinsten ihr Dorfdeppengrinsen.

Schnell wurde ich zu einem Außenseiter. Ich habe es gehasst, von den grinsenden Rudeln der Jungen in meiner Klasse gedemütigt zu werden. Nicht dazu zu gehören, das war die Hölle. Ich hielt durch, aber in der siebten Klasse konnte ich nicht mehr.

Es war Sommer, wir Jungs fuhren die zwölf Kilometer Schulweg in die Kreisstadt mit dem Fahrrad. Unterwegs traf ich auf drei Mitschüler, die mir grinsend und feixend den Weg versperrten, mich anfuhren und schubsten. Ich weiß nur noch, dass ich nach vorne über den Lenker gestürzt bin. Als ich aufwachte, tasteten meine Hände instinktiv mein Gesicht ab und spürten das klebrige Blut. Ich muss auf eine Betonkante geflogen sein, auf der linken Wange war eine vier Zentimeter lange Schnittwunde, die genäht werden musste. Zwei Vorderzähne saßen locker. Ich sah als 13-Jähriger in den Spiegel, sah mein geschwollenes Gesicht und mir kamen die Tränen. „Niemals wieder werde ich heil und schön aussehen" – das war mein erster Gedanke. Hass stieg in mir auf. Jesus hatte gesagt, dass wir nicht hassen sollen. „Lass dich nicht vom Bösen überwinden, sondern überwinde das Böse mit Gutem", so hatte ich es auswendig gelernt. Aber jetzt spürte ich vielleicht das erste Mal den Hass – eine starke Kraft, die mir bis dahin unbekannt war. Ich musste, während mir die Tränen runterliefen, an die dummen grinsenden Jungengesichter denken, die den Unfall provoziert hatten. Und ich tat etwas sehr Böses: Ich nutzte meine guten Kontakte zu Gott und stieß einen Fluch aus. Jahre später, als ich schon vor dem Abitur stand, erfuhr ich, dass einer von den Dreien gestorben war, kaum volljährig geworden. Ich erschrak und bereute meinen Fluch. Als ein weiterer nach einer Dorfdisco schwer zusammengeschlagen worden war, betete ich nun darum, dass er es überleben möge. Er überlebte. Der Dritte hatte, wie ich Jahre später erfuhr, einen Laden aufgemacht und ging schließlich hochverschuldet damit pleite. Nie wieder würde ich jemanden verfluchen. Die Narbe in meinem Gesicht erinnert mich bei jedem Blick in den Spiegel daran.

Nachdem ich in der siebten Klasse sitzengeblieben war, hieß mich meine neue Schulklasse herzlich willkommen. Ich fühlte mich wohl und wurde nach einem Jahr sogar zum Klassensprecher gewählt. Der Direktor der Schule gehörte zu meinen Vorbildern. Er unterrichtete Religion in meiner Klasse. Ich spürte bei ihm immer einen Respekt vor dem Glauben, auch vor meinem Glauben. Deshalb vertraute ich ihm und hatte den Mut, ihm gedanklich zu folgen. Seine Spezialität war der interreligiöse Vergleich: Das Lamm bei der Pessach-Feier der Juden, das Osterlamm der Christen, das Lamm, das die Muslime zum Opferfest schlachten. Mir gefiel diese Verwegenheit, über den Horizont der eigenen Religion hinauszuschauen.

Biologie war eigentlich eines meiner starken Fächer. Aber mir grauste davor, als der Lehrplan die Evolutionslehre vorsah. „An sechs Tagen erschuf Gott, der HERR, die Erde. Am siebenten Tag ruhte er." Damit war ich in meiner Gemeinde erzogen worden. Und jetzt sollte ich an den Urknall glauben, an den Zufall, an den Affen als unseren Verwandten? Im Unterricht war ich dauerempört und unfähig, irgendetwas von dieser Irrlehre aufzunehmen. Ich brauchte meine ganze Energie, mich einem Märtyrer gleich, dem System zu verweigern. „Stellt euch nicht dieser Welt gleich" – das hatten wir gelernt. Und in der Gemeinde hatten sie uns oft erzählt, dass es uns nicht wundern soll, wenn die Welt uns hassen wird. Als der Biologietest geschrieben wurde, erklärte ich dem Lehrer, warum die Evolutionstheorie eine Irrlehre war und was die Bibel lehrt. Ich bekam eine schlechte Note, aber Biologie blieb mein Lieblingsfach.

Mein Lateinlehrer war für mich der größte Gegner am Gymnasium. Wenn er von Cäsar im Gallischen Krieg sprach, dann wechselte er öfter zu General Rommel in Nordafrika. Mit dem hatte mein Lateinlehrer seine besten Jugendjahre verbracht und erzählte von dieser Zeit wie von einem Pfadfinderausflug. Vielleicht lag mir Latein einfach nicht, aber die entscheidende Blockade setzte dadurch ein, dass ich einmal dran kam und keine Übersetzung liefern konnte. Mein Lehrer wusste zu kommentieren: „Der Apfel fällt nicht weit vom Stamm." Ich frage noch einmal nach, wie er es meinte, weil ich das so unfassbar verächtlich fand. Ja, ich hatte richtig gehört. Er meinte es so. Mein Vater bediente ihn an der billigsten Tanke Norddeutschlands, was hatte sein Sohn dann im Lateinunterricht zu verlieren?

Ich war tatsächlich das einzige Kind eines Arbeiters in meiner Klasse. Als mir das bewusst wurde, wollte ich mich erst recht nicht beugen. Vermutlich habe ich an diesem Lehrer den Großteil meiner pubertierenden Opposition abreagiert. Meine Eltern haben mich dann eher als still und verträumt erlebt. Als einen, der froh ist, in Ruhe gelassen zu werden.

Latein konnte man als Fach nicht abwählen. Ich hatte null Punkte und war dazu übergegangen, den Unterricht abzusitzen und dabei Karikaturen von meinem verhassten Lateinlehrer anzufertigen. In der Oberstufe musste bei jeder Zeugniskonferenz extra beschlossen werden, dass ich versetzt werde. Ich hatte anscheinend genug Lehrer auf meiner Seite. Meinem Lateinlehrer wollte ich es aber richtig zeigen. Er sollte nicht denken dürfen, ich sei dumm oder faul. Also fing ich an, Griechisch zu lernen. Unser Pastor und seine Frau hatten mit einigen Familien und einem Dutzend Jugendlicher Ende der 70er eine Griechenlandreise organisiert. In den 1980er-Jahren sollten weitere Gemeindereisen folgen. Das war Motivation genug. Neugriechisch wurde in der Volkshochschule unterrichtet. Und ich war mit vollem Eifer dabei, gemeinsam mit dem Pastor und seiner Frau. Meine Griechischlehrerin war eine imposante Erscheinung und rauchte während des Unterrichts eine Zigarette nach der anderen. Ich konnte meinen Blick nicht von ihren rotlackierten Fingernägeln und ihrem rotgeschminkten Mund lassen. Zu meinem Erstaunen reagierte das Pastorenpaar, die immer mehr zu meinen zweiten Eltern wurden, ganz gelassen auf diese „sündige Erscheinung". Schminke war in unserer Gemeinde verpönt, in der Mädchen allenfalls einen Hosenrock tragen durften, aber keine Hose. Es wurde sogar diskutiert, ob Frauen beim Gebet ein züchtiges Kopftuch tragen sollten. Und Rauchen? Unvorstellbar. Jetzt schienen andere Maßstäbe zu gelten. So eng unsere fromme Gemeinde auch war, mit den insgesamt drei Griechenlandreisen öffnete sich für mich eine neue Welt und mein Griechisch wurde mit jeder Reise besser. Griechenland war immer noch wild, als ich es kennenlernte. Wir holperten über steinige Pisten, auf denen uns Maulesel und Schafherden begegneten und standen plötzlich vor einem zweitausend Jahre alten Tempel. Wir übernachteten in Zelten und billigen Hotels. Wir besuchten Museen mit griechischen Gottheiten, Klöster und Kirchen, die mit Ikonen geschmückt waren. Weihrauch und Gesänge, die meine Seele tief berührten und eine Lebensfreude, die mich ansteckte. Ich hatte Griechenland mit der Seele gefunden.

Später sprach ich mit meinem Bruder darüber, welchen Sinn

es denn eigentlich machen würde, das Abitur zu bestehen. In der Gemeinde hatten wir ja gelernt, die Zeichen der Zeit zu deuten. Und eins war klar: Es gab Krieg und Kriegsgeschrei, und das Ende der Herrschaft dieser Welt war nahe. Der Kalte Krieg, der uns zunehmend bewusst wurde, und die atomare Aufrüstung passten einfach gut mit der Apokalypse des Johannes zusammen, in der davon die Rede war, dass das siebente Siegel gebrochen und die Schalen des Zorns ausgeschüttet würden. Wozu dann noch Abitur? Ich rechnete damals nicht damit, älter als dreißig zu werden. Zu finster war es, was sich in der Welt zusammenbraute.

Bibelfest waren wir ja. Mit uns konnten es nur wenige Pastoren aufnehmen. Wir strahlten eine gewisse Überheblichkeit aus, die wir für Frömmigkeit hielten. Bibelverse lernten wir auswendig und auch ganze Psalmen. Ein frommer Sport bestand darin, Bibelverse möglichst schnell aufzuschlagen. Wer den Vers gefunden hatte, durfte ihn stolz aufsagen. Als ich in der Oberstufe war, beteiligte ich mich an einer Pausenandacht in unserer Schule, die man uns Frommen zugestanden hatte. Mache Schüler hatten einfach keine Lust, nach draußen zu gehen. Der Schulhof war ein Territorium anstrengender sozialer Kontakte, die Pausenandacht war ein bequemer Zufluchtsort. Die verlorenen Seelen stellten uns Frommen manchmal Fragen, die mich aus der Fassung brachten. Was ich denn dazu sagen würde, wenn zwei Männer sich lieben? Ich druckste herum, bis mir einige Bibelverse einfielen. Ich murmelte irgendetwas von „… ist dem HERRN ein Gräuel …" – war aber wie angefasst. „Wenn zwei Männer beieinander liegen wie bei einem Weibe." Das hatte ich irgendwo in der Heiligen Schrift gelesen, aber überhaupt nicht damit gerechnet, dass es so etwas wirklich gibt. Weit entfernt davon, meine eigene Homosexualität zu erkennen, erinnere ich aber bis heute, wie mich das damals getroffen hatte. Es war nicht so, dass Homosexualität ein spezielles Tabu in unserer Gemeinde war. Sexualität war generell ein Tabu.

Eigentlich hätte es auffallen können, dass ich von Mädchen umgeben war, während die anderen Jungs mit Händen in den Hosentaschen von einem Bein auf das andere traten und zu uns herüber schauten. Ich war unbefangen. Ich war naiv, ich war fromm. Ich war blind.

Ich erinnere mich daran, wie ein Mädchen vor mir stand und plötzlich anfing zu weinen. Sie hatte sich offensichtlich in mich verliebt – und ich war kalt zu ihr, weil mein Empfang auf eine andere Frequenz eingestellt war. Ich schaute den Jungs hinterher. Als ich 16 Jahre alt war, hatte sich mein bester Schulfreund in ein Mädchen verliebt. Die beiden gehörten zu den ersten Paaren und waren sichtlich stolz aufeinander. Als ich sie sah, wie sie in einer Ecke des Pausenhofes innig ineinander verschlungen knutschten, bis die Klingel zum Unterricht schellte und sie nicht zu Ende kommen konnten – da spürte ich einen Stich im Herzen. Heute ist mir klar, dass ich damals in meinen Schulfreund verliebt war. Ich habe es ihm niemals sagen können.

In der Gemeinde hatte das sexuelle Erwachen der Jugendlichen keinen Raum. Sexualität hatte seinen Platz ausschließlich in der Ehe. Dort diente sie der Zeugung von Kindern. Traute sich mal jemand eine Frage zu stellen, dann hieß es oft, dafür seien wir noch zu jung. Als sich der beste Freund meines Bruders, der genauso Gemeindegänger war wie wir, in ein Mädchen aus dem Jugendkreis verliebte, wurden beide beim Händchen halten von unserem Pastor erwischt. Der Gottesmann und seine Frau – ihr Wort war für uns Gesetz – untersagten jeglichen weiteren Kontakt zwischen den Liebenden. Während die Dorfjugend kein wichtigeres Thema kannte als die Frage, wer mit wem was laufen hatte oder wer mit wem warum Schluss gemacht hatte, lasen wir weiter unsere Bibel.

Wenn am Samstag die Dorfdisko lief, zu der die Jugend auf ihren frisierten Mopeds knatterte, dann saßen wir im Gebetskreis mit 20 oder 30 jungen und älteren Menschen zusammen und beteten laut in der Runde. Jeder war der Reihe nach dran. Da wurde um die Bekehrung der Schwester oder der Eltern gebetet, aber auch für die Missionare in Afrika. Und immer wieder war der Gebetsruf zu hören: „Maranatha, komm, Herr Jesus, komm bald!" Hatte jemand zu Ende gebetet und schloss mit Amen, bekräftigten alle im Chor mit Amen. So ging der Gebetskreis oft zwei Stunden lang.

Als ich endlich mein Abiturzeugnis in Händen hielt und der anschließende Sektempfang im Pausenhof alle auflockern sollte, verabschiedeten sich meine Eltern schnell. Statt auf der Abifete zu tanzen, saß ich abends in einem klassischen Konzert. Auf dem offiziellen Abiturfoto wird man mich vergeblich suchen. Es war eine kleine Welt mit einem engen Horizont, in der ich als 20-Jähriger lebte. Wenn jemand mich damals fragte, hatte ich altklug auf alles eine Antwort. Heute erkenne ich, dass diese fromme Arroganz nichts anderes war als eine Frucht meiner Angst und Isolation.

Die Hamburger Stadtgrenze war von unserem Dorf kaum 40 Kilometer entfernt. Aber die Großstadt war eine Welt, die mich als Dorfkind überforderte. Hatten wir doch gelernt, dass die Kinder die Erwachsenen auf der Straße zuerst grüßen müssen, so ist es höflich. Dabei den Kopf nicken. Ich sehe mich jetzt noch in der Mönckebergstraße vor den großen Kaufhäusern stehen und jeden Passanten grüßen. Aber ich kam einfach nicht mit. Mein Kopf tat schon vom vielen Nicken weh. Die Vorbeieilenden hatten kaum geantwortet. Einige starrten mich fragend an. Ich grüßte weiter. Weil sich das so gehörte.

Zurück aus Hamburg fiel ich sofort ins Bett vor Erschöpfung und wurde von unruhigen Träumen geplagt.

Ein anderes Hamburg-Erlebnis war der Fischmarkt, den ich als Zwölfjähriger besuchte. Draußen war es noch dunkel, als meine Eltern uns Kinder weckten, um nach Hamburg zu fahren. Was für ein Abenteuer! Damals landeten die Kutter noch direkt am Fischmarkt an und verkauften ihre fangfrische Ware. Mein Vater lud den ganzen Kofferraum voll mit Schollen; Flundern nannte der Danziger Junge die platten Fische, die uns unglücklich anschauten und nach Luft schnappten. Zuhause wurden die schleimigen Körper mit einem harten Schlag erledigt und ausgenommen. Dann hatten wir für ein halbes Jahr genug Fisch in der Tiefkühltruhe. Bei einem unserer Besuche auf dem Fischmarkt nahmen wir uns Zeit, durch einige Straßen St. Paulis zu bummeln. An Harrys Hamburger Hafenbasar konnte ich nicht vorbeigehen und schaffte es irgendwie, meine Eltern von einem Besuch in diesem Kuriositätenkabinett zu überzeugen. Harry Rosenberg saß mit langem Bart geheimnisvoll inmitten geschnitzter Masken aus Java und Nagelfetischen aus Westafrika, getrockneten Kugelfischen und barbusigen Galionsfiguren. Seeleute aus der ganzen Welt waren die Zulieferer von Harry. Es roch süßwürzig nach tropischem Holz und scharf nach Rattenpisse und modrig nach den schimmeligen Kellern. Besonders spannend fand ich aber die beiden Schrumpfköpfe, die Harry auf langes Bitten hin zeigte. Er hielt die Köpfe an ihren langen Haarschöpfen, ihre Münder waren zugenäht. Mich gruselte und gleichzeitig bekam ich Lust auf das Fremde.

St. Pauli sah ich Jahre später, als ich meinen Zivildienst leistete. Aus der Lüneburger Heide kommend hatte mein Zug bei Heimfahrten Zwischenstopp in Hamburg. Ich fuhr ein paar Züge später und machte meine Entdeckungstouren. Auf St. Pauli sah ich die besetzten Häuser der Hafenstraße. Barrikaden waren errichtet. Verwegene Typen schauten mich schmalen Dorfjungen an. Ich war viel zu schüchtern, um in dieser anderen Welt irgendwelche Kontakte zu knüpfen. Es roch verbrannt und gefährlich. Dieses St. Pauli hat mich abgestoßen und zugleich angezogen.

Dann gab es kein Amen mehr

Wie sollte es nach dem Abitur weitergehen? Viele Jugendliche aus meiner Gemeinde gingen auf Bibelschulen und wollten ihr Leben ganz in den missionarischen Dienst für die Sache Gottes stellen. Ich wollte den Wald retten. Das Waldsterben war in den 1980er-Jahren das wichtigste ökologische Thema. Aus Sicht der frommen Kreise, in denen ich aufwuchs, musste das allerdings eine vergebliche Mühe sein. Diese Erde werde untergehen, so stand es doch in der Apokalypse des Johannes.

Für mich aber war der Wald mein Freund, die Natur mein Zufluchtsort. Meine Einsamkeit, die ich als einer unter Vielen in der Gruppe schmerzhaft spürte, fand bei Waldwanderungen ihren Frieden. Ich habe mir damals eine Lodenjacke gekauft. Hoch aufgeschossen und schmal, wie ich war, muss ich in meinem grünen Mäntelchen eine merkwürdige Erscheinung gewesen sein.

Während mein Bruder seinen Wehrdienst leistete und Panzerketten schmierte, hatte ich schon mit 16 meine Verweigerung handschriftlich eingereicht. Damals musste man noch vor ein Komitee Uniformierter treten und die Beweggründe für die Verweigerung persönlich darlegen. Ich berief mich auf die Bergpredigt Jesu und das Wort „Selig sind die Friedensstifter". Von meiner Gemeinde gab es keine Unterstützung für die Kriegsdienstverweigerung. Während sich andere Pastoren und Gemeinden gerade in den 70er- und 80er-Jahren ganz deutlich mit pazifistischen Haltungen zeigten, wurde bei uns nach dem Römerbrief des Paulus, 13. Kapitel, gelehrt, man solle der Obrigkeit untertan sein. Zudem verteidigte ja die Bundeswehr unser Land gegen den Überfall des Kommunismus, dem großen Feindbild der konservativen Christen. Aber wer den Dienst mit der Waffe verweigerte, der galt in meiner Gemeinde als Drückeberger. Einer, der keinen Mut hatte, einer, der den bequemsten Weg wählte.

Meinen Zivildienst leistete ich nach dem Abitur im Geistlichen Rüstzentrum Krelingen. Dieser Name muss alle, die nicht zu den inneren Zirkeln der Frommen gehören, vor den Kopf stoßen. Ein Zivildienstleistender im Rüstzentrum. Gemeint war natürlich die geistliche Rüstung nach Epheser 6,11: „Ziehet die volle Waffenrüstung Gottes an, damit ihr gegen die listigen Anläufe des Teufels zu bestehen vermögt."

Das Rüstzentrum verstand sich als Glaubenswerk. Den über 20 Zivis wurde klar gemacht, dass es hier nicht um Dienst nach Vorschrift geht, sondern sich alle mit Herz und Seele einsetzten in einem Dienst für Gott. Das bedeutete 24 Stunden einsatzbereit, alle sechs Wochen ein freies Wochenende mit Familienheimfahrt.

Ich arbeitete mit psychisch Kranken und Drogenabhängigen in Therapiegruppen zusammen. Eine Baumschule gab den Rahmen. Rehabilitanden setzten Stecklinge mit zitternden Händen. Heulende Männer, Hippies aus den 70ern, die deutlich älter waren als ich oder auch Gleichaltrige, die schon viel durchgemacht hatten. Für sie da zu sein, sie zu lieben wie Gott uns in Jesus Christus liebt, das war meine Aufgabe. Ihre Verrücktheiten zu ertragen, ihre Launen, das war mein Alltag. Immer noch besser als Panzerketten schmieren, dachte ich. Und ich war auch stolz darauf, es für Gott zu tun. Für die Stabilen unter den Therapierten bildeten eine Putenfarm und ein Tischlereibetrieb den Rahmen. Die ersten Nachrichten von AIDS erreichten uns, der Virus tötete viele. Die Infizierten zu kasernieren und zu isolieren war politisch im Gespräch, als Forderung der Bauern auch in dem benachbarten Heidedorf. Unsere Einrichtung widersprach dieser Hysterie. Das fand ich stark. Mich bedrückte allerdings, dass der Virus als Schwulenseuche bezeichnet wurde und als Strafe Gottes. Heute verstehe ich, dass ich damals von vielen schwulen Männern umgeben war. Aber alles war tabuisiert. Der Einsatzleiter der Zivildienstleistenden war ein Mann, der sieben Jahre in russischer Kriegsgefangenschaft in Sibirien zugebracht hatte. Ich habe gesehen, wie er den Ratten im Kartoffelkeller mit der Hand das Genick gebrochen hat. Dann hielt er das Tier wie eine Trophäe hoch und zeigte unter dem Applaus des Küchenpersonals grinsend sein Goldzahnsortiment. Zivis waren für ihn, den ehemaligen Wehrmachtssoldaten, alle zu verachtende Weicheier. Als wir im Winter eine Straße pflastern mussten, viel zu dünn angezogen bei Minusgraden und ohne Arbeitshandschuhe, ich schlotterte am ganzen Körper, meine Finger waren ohne jedes Gefühl, da passierte es: Ein befreundeter Zivi aus dem frommen Schwabenland schaute mir lange in mein trauriges Gesicht und gab mir schließlich einen Kuss auf den Mund. Mitten am Tag, während die Schneeflocken aus dem Himmel fielen, jede Flocke wie ein Gruß von ganz oben. Mich verwirrte das alles. Vielleicht habe ich das verdrängt, aber ich habe es nie vergessen. Einmal vertraute ich mich einem Seelsorger an und sprach ihm gegenüber unter Tränen und zitternd meine Befürchtung aus, ich könne schwul sein. Er beruhigte mich: ich solle nur eifrig beten, das sei eine Phase, die vorüberginge.

Später hatte ich mich verliebt in einen anderen Zivildienstleistenden. Ich hatte noch keine Sprache für diese Liebe zu einem Mann. Ich hielt das für tiefe hingebungsvolle Freundschaft. Mein Angehimmelter war in seiner Entwicklung deutlich weiter als ich und hatte einen Mann seiner Liebe, der war als Volontär in Taizé. In dieser ökumenischen Kommunität, vor der uns unser Pastorenpaar gewarnt hatte. Evangelisch und Katholisch – das ging doch nicht zusammen. Taizé sollte wichtig für mich werden.

Als Zivildienstleistender hatte ich 24 Stunden Dienst. Wenn einer der Bewohner eine Krise hatte, es waren psychisch Kranke mit Drogenerfahrungen, dann kamen sie über Nacht auf das Zimmer eines Zivis, damit die Betreuer ihre Ruhe hatten. Oft war ich ratlos überfordert. Die Ausbrüche, die Krämpfe, die stundenlangen Gespräche unter Tränen. Übermüdet musste ich den kommenden Morgen wieder funktionsfähig sein. Beten und arbeiten. Es gab kaum etwas, was man Freizeit nennen konnte. In seltenen Momenten lief ich kilometerweit in den Wald. Schwitzend und meine Lungen spürend, fragte ich mich selbst und betete es in den Himmel: Welchen Sinn macht das alles und wohin soll ich?

Erst langsam und zaghaft kam mir der Gedanke, ich könnte Theologie studieren.

In der Einrichtung gab es die Sprachschüler, die ein sogenanntes Vorstudium absolvierten. Das war eigentlich dazu gedacht, alle angehenden Pastoren so in ihrer Frömmigkeit zu festigen, dass sie ihren Glauben nicht an der Uni verlieren würden. Die Universität galt den Frommen als Hort des Unglaubens, manche nannten es den Herrschaftsbereich Satans.

Zu dem Studienjahr gehörte es, das Hebraicum und das Graecum zu erwerben, obligatorisch für ein Theologiestudium. Ich verabredete mit mir: Sollte es mir trotz meiner schlechten Erfahrungen mit Latein gelingen, diese zwei anderen antiken Sprachen zu lernen, würde ich den Mut für ein Theologiestudium aufbringen. Denn die angehenden Theologiestudierenden fand ich sympathisch. Sie teilten in nächtlichen Gesprächen bis zum Morgengrauen meine Fragen und meine Suche nach dem Sinn des Lebens. Ihr Mut und ihr frischer Geist taten mir gut. Noch mit Erde unter den Fingernägeln nach einem langen Tag in der Arbeitstherapie hatte ich bald Vokabelkarten in der Hand und lernte Hebräisch.

Jeden Moment, morgens als erstes, auch auf der Toilette, abends im Bett, bis mir die Augen zufielen und die Lernkarten aus der Hand. Und dann kam der Tag der Prüfung. Als Externer war ich zugelassen und ich machte es gut.

Dann lernte ich Altgriechisch. Mein während der Schulzeit ertrotztes Neugriechisch half mir, aber es war dennoch hart für mich, auf das Niveau von Platons Schriften zu kommen. Ich war am Limit. Ausgerechnet da verliebte ich mich in einen hellblonden, bebrillten Jungen, der sowohl Frauen als auch Männer liebte und das ganz offen zugab.

Eines Abends wollte ich ihn spontan besuchen – Mobiltelefone gab es ja noch nicht –, ging einfach zu ihm und sah in das Fenster seines Zimmers. Was ich sah, entsetze mich. Er tauschte Zärtlichkeiten mit einer Frau aus, einer Schönheit aus dem Dorf. Ich konnte es nicht ertragen. Ich hatte doch gelernt, dass das Sünde sei, was ich dort sah. Aber ich war auch einfach eifersüchtig. Verwirrt lief ich zu meinem Studienleiter, vor ihm stammelnd, was ich dort gesehen hatte. Dass war eine unruhige Nacht. Über die Konsequenzen war ich mir gar nicht bewusst. Mein Freund wurde rausgeschmissen, und ich hatte ihn verraten. Als ich ihn später an seinem Studienort besuchte, war er mir gar nicht böse. Das sei das Beste gewesen, was ihm hätte passieren können, meinte er. Diese fromme Enge sei für ihn ohnehin nicht zum Aushalten gewesen, und dann lachten wir und spürten unsere Freiheit.

Täglich arbeiteten wir Zivis mit den Männern, die schon Psychiatrien und Entziehungskuren hinter sich hatten. Mit manchen freundete ich mich an. Manche Jungs waren ja kaum älter als ich, hatten aber schon harte Sachen mit Drogen erlebt. Jens war im dritten Lehrjahr in der Tischlerei. Als er bei einer Heimfahrt nach Bremen einen Rückfall mit Heroin hatte und zurück in der Einrichtung einen „Affen schob", also alle Entzugserscheinungen von Krämpfen, Schlaflosigkeit und Übelkeit durchmachte und ich ihm beistand, da hatte der Hausvater kein Verständnis. Er habe seine Chance gehabt, sie aber nicht genutzt. Jens wurde rausgeschmissen. Der Hausvater gab ihm zwei Plastiktüten, mehr brauchte er nicht für seine Sachen. Ich fand das unglaublich hart und ungerecht. Wo sollte der Junge denn hin? Von niemandem konnte er sich verabschieden. Ich habe dann herausgefunden, dass er bei Bekannten im Nachbarort untergekommen war, dort besuchte ich ihn auch. Dann war er wegen Gelbfieber im Krankenhaus, auch dort besuchte ich Jens. Wenige Wochen später kam die Nachricht, dass er sich aus Verzweiflung einen Goldenen Schuss gesetzt hatte. Da war Jens schon unter der Erde. Man hatte uns nicht über den Termin für seine Trauerfeier informiert. Mit Jens Tod hatte die ganze fromme Einrichtung für mich ihre Glaubwürdigkeit verloren. Ja, der Schnitt ging noch tiefer. Diese ganze Frömmigkeit empfand ich nun als verlogen. Von der Liebe Gottes reden und dann jemanden wie einen Hund davonjagen. Ich konnte mir selbst kaum zuhören, wenn ich betete. Meine frommen Worte klangen hohl. Ich war hungrig nach Wahrheit und fand sie nicht mehr bei den Frommen, mit denen ich doch aufgewachsen war.

Als ich eine freie Woche im Februar hatte, ergab sich eine spontane Mitfahrgelegenheit nach Taizé, eine ökumenische Kommunität, in der sich Jugendliche aus ganz Europa trafen. Mitten in der Nacht wurde ich an einer Autobahnraststätte rausgelassen, keine 20 Kilometer entfernt sollte dieses Dorf Taizé sein. So wanderte ich die ganze Nacht durch den Regen, der auf die burgundischen Weinberge fiel, mich auf den Beinen haltend mit Gebeten. Am nächsten Morgen kam ich in Taizé an, völlig erschöpft, aber glücklich.

In den kalten Februartagen waren wenige Dutzend junge Menschen dort, während sich im Sommer Tausende in diesem kleinen burgundischen Dorf versammeln. Ich traf den Peter, der mit meinem Stefan zusammen war. Die sehr einfachen Unterkünfte waren unheizbar, aber die Wärme der herzlichen Gastfreundschaft machte alles wett. Ich saß in den Andachten, sang die einfachen Gesänge mit und Tränen lösten sich. Die Lieder von Taizé wurden meine Gebete. Eine ganz andere Gebetssprache als die, die ich kannte. Ich erlebte das wie eine Befreiung von der Geschwätzigkeit. Einfache Worte, die genug Raum lassen für das Hören. Denn das ist es doch, das Beten: Nicht Reden, sondern Hören. Eines Abends hatte der Prior der Kommunität die wenigen jungen Gäste zum Kakaotrinken eingeladen. Das sei eine besondere Ehre, wurde uns von den Volontären vermittelt. Frère Roger, damals schon ein alter Mann mit einem gütigen Gesicht, nahm sich tatsächlich Zeit für jeden. Wir wechselten ein paar Worte, ich weiß nicht mehr, was ich gesagt habe. Aber es war ein Moment miteinander schweigen und sich nahe sein. Dann zeichnete der weise Mann ein Kreuz in meine Handfläche. Diesen Segen spüre ich bis heute bei mir.

So sehr für mich die alte Frömmigkeit, mit der ich aufgewachsen war, zerbrochen war, fand ich jetzt Neues, und die Angst wich. Nachdem ich Hebräisch und Griechisch absolviert hatte, war der Weg frei zum Theologiestudium. Ich reiste einigen Studenten nach, mit denen ich mich angefreundet hatte. Ehrlich eingestanden: Es war besonders einer, in den ich mich verliebt hatte. Heidelberg war unser Studienort, ideal für alle verliebten Romantiker und Geisteswissenschaftler. Weit genug weg von meinem Dorf und der Enge, der ich entkommen war. In meiner Gemeinde wurde ja allen jungen Menschen angeraten, zur Bibelschule zu gehen. Das taten auch viele. Ich war der einzige aus dem Kreis, der evangelische Theologie an einer Universität studierte. Das wurde nicht gerne gesehen. Meine Eltern haben mir nicht besonders vermittelt, dass sie dahinter stehen würden. Waren sie stolz, dass beide Söhne jetzt Akademiker wurden? Meine Mutter hielt mehr von zupackenden Handwerkern. Schon über die Ärzte spottete sie als Krankenschwester. Die würden zwar meinen, alles besser zu wissen, hätten aber keine Ahnung. Hätten ihre Söhne nicht besser Klempner oder Tischler werden können? Mutter nahm kein Blatt vor den Mund. Mein Vater aber sah in unserem Weg das verwirklicht, was ihm als jungem wissbegierigen Mann verwehrt blieb. Die Weite der Bildung. Wie meine Eltern es geschafft haben, uns beide finanziell im Studium zu unterstützen, das weiß ich immer noch nicht. Aber ich bin sehr dankbar. Mein Bruder wurde Lehrer, ich wurde Pastor. Es war nicht ihr Stil, uns zu loben. Dann hätten sich ihre Söhne noch dem Stolz hingegeben und gemeint, etwas Besseres zu sein. Meine Schwester machte aus Sicht meiner Mutter wenigstens etwas Anständiges, sie wurde Krankenschwester, wie es meine Mutter war.

In Heidelberg hatte ich nur wenig Geld für eine Studentenbude. Mein erstes Zimmer war in einem Keller in Ziegelhausen. Ich hatte einige Plakate aufgehängt, doch der Raum war so feucht, dass diese sich nicht an den Wänden halten konnten. Als die Seiten der Bücher und Hefte sich vor Feuchtigkeit wellten, zog ich aus. Meine nächste Behausung war in Schlierhausen in einer Wassermühle. Das Klo war die halbe Treppe runter, zum Duschen musste ich ins Schwimmbad. Ein Ölofen erwärmte den Raum unzureichend.

Ich liebte die weiten Wälder in den Hügeln des Neckartals. Stundenlang lief ich bergauf, bergab. Dort fühlte ich mich frei und Gott nahe.

Einer meiner ersten Freunde in Heidelberg war Christian, ein Student aus Togo. Er war sicherlich der erste, der mich in Verbindung mit dem afrikanischen Christentum brachte, mit dem ich aber auch tiefe philosophische Gespräche führte. Einmal waren wir fein essen, nahmen aber beim Blick auf die Preise das bescheidenste Gericht.

Wie mussten wir lachen, wir armen Studenten beim Anblick von drei hausgemachten Ravioli. Unsere Wege sollten sich immer wieder kreuzen, auch später in Hamburg. Suchte ich zuerst noch Anschluss an einen Hauskreis im Stil meiner frommen Herkunft, so war mir das bald zu eng. In der Studierendengemeinde im Karl-Jaspers-Haus fand ich den freien Geist, den ich brauchte. Die ersten Semester habe ich jeden Morgen gebetet, dass mir die Vorlesungen und Seminare nicht den Glauben rauben mögen. Es hat einige Semester gebraucht, bis ich diese Angst überwunden hatte.

Meine Wohnsituation verbesserte sich, als ich in die Pfaffengasse 4 einzog. Ein kleines Zimmer in einem alten schiefen Haus mit knarzenden Dielen. Aber mitten in der Altstadt am Neckar gelegen. Hier war das Paradies meines Studentenlebens. Das Theologische Seminar befand sich nur ein paar Straßenzüge entfernt, und schon beim Brötchenholen traf ich andere Geisteswissenschaftler und hatte schon die ersten Diskussionen. Ich war so gierig nach Bildung. Warum habe ich eigentlich Theologie studiert? Um den Dingen auf den Grund zu gehen. Es stand alles auf dem Spiel. Entweder finde ich ein Gottvertrauen, das mich trägt, oder ich werde Atheist. Meine Frömmigkeit war ja erschüttert. In diese Enge des Glaubens gab es kein Zurück. Fast peinlich war mir, mit wie viel Naivität im Bibellesen ich aufgewachsen war, erst langsam ging mir auf, wie eng und ängstlich mein Weltbild war. Ich habe nicht vielen davon erzählt und auch jetzt fällt es mir noch schwer, davon zu schreiben. Gleichzeitig weiß ich, dass es heute noch viele gibt, die in dieser engen Frömmigkeit leben. Ich will sie nicht verachten und nicht beleidigen. Aber ich danke Gott, dass er mich von frommer Überheblichkeit bekehrt hat und von Angst befreit. Aber das war kein einfacher Weg.

Einmal kam ich einen Samstagabend wieder mit in die Gebetsstunde meiner alten Heimat. Da saßen wir 20 Leute im Kreis und beteten reihum. Wer mit Amen endete, dessen Gebet wurde von den anderen mit einem kräftigen Amen bestätigt. Als ich dran war und Worte suchte und auch fand – aber es waren andere Worte, als sie in der Gebetssprache der Gemeinde üblich waren – da endete ich mit Amen. Und nur mein Bruder bestätigte mit Amen, er war der einzige. Die anderen schwiegen. Da gab es kein Amen mehr. Sie ließen mich spüren, dass ich nicht richtig lag. Ich gehörte nicht mehr dazu. Das war ein eiskalter Ausschluss aus der Gemeinde, mit dem ich lange zu kämpfen hatte.

Später hatte ich noch einmal versucht, mit meinem Pastor zu sprechen. Ich brauchte ein Empfehlungsschreiben für die Liste der Theologiestudierenden meiner Landeskirche. Schließlich hatte ich meine ganze Jugend über ehrenamtlich im Kindergottesdienst, in der Jungschar und bei den sommerlichen Zeltmissionen auf den Campingplätzen mitgearbeitet. Mein Pastor redet freundlich im Gespräch, fängt an, in eigenen Erinnerungen aus seiner Studienzeit zu schwelgen, so als wäre er mir und meiner Erfahrungswelt ganz nahe. Am Tag darauf halte ich das Empfehlungsschreiben in meinen Händen. Es ist in einem neutralen Umschlag. Ich soll ihn weiterleiten an das Landeskirchenamt. Nun bin ich einfach zu gespannt und öffne das Dokument, um zu lesen, welche empfehlenden Worte der Mann findet, der meine geistliche Autorität in der Kindheit war. Die Zeilen enttäuschen mich. Ich kann es gar nicht fassen. Das ist keine Empfehlung. Das ist eine Absage. Da steht „für den Gemeindedienst nicht geeignet". Allenfalls eine wissenschaftliche Laufbahn traut mir der Seelsorger zu, der mich und meine Familie so gut kennt. Das trifft mich hart.

Vom Elfenbeinturm in den Busch

Zurück in Heidelberg stürze ich mich in die Welt des Wissens. Neues Testament bei Klaus Berger, dessen trockenen Humor ich geliebt habe, besonders bei seinen Nikolausvorlesungen. Sozialgeschichte des Neuen Testaments bei Gerd Theißen, dessen Buch „Im Schatten des Galiläers" mir die Welt von Jesus geöffnet hat. Altes Testament bei Rolf Rendtorff. Ihm verdanke ich auch, schließlich als Gasthörer an der Hochschule für jüdische Studien eingeschrieben zu sein, wo ich wunderbare Dozenten hatte. Kirchengeschichte bei Ritschel und Ritter. Konfessionskunde hatte ich bei dem alten Friedrich Heyer, mit dem ich eine unvergessliche Exkursion 1989 zu den orthodoxen Klöstern des Balkans machte.

In Siebenbürgen sahen wir, wie Menschen in langen Warteschlangen um Lebensmittel anstanden, nicht wissend, auf welches Produkt. Stundenlang. Man war zufrieden, war es Seife, war es Brot. In Rumänien waren wir umgeben von Geheimpolizei, die Stimmung war nervös. Auf den Campingplätzen trafen wir ausreisewillige DDR-Bürger, die über Ungarn weiter wollten, um die Grenze nach Österreich zu überqueren.

Meinen 24. Geburtstag feierte ich am 9. September 1989 in Sofia, einen roten Anstecker am weißen Hemd. Es war bulgarischer Nationalfeiertag, und eine Waffenparade marschierte durch die Hauptstadt. Wenige Wochen später sollte der Ostblock aus den Fugen geraten.

Der Höhepunkt unserer Reise war die autonome Mönchs-republik Athos im Norden Griechenlands. Wild und urtümlich war der Athos damals. Ich war ja damit groß geworden, dass wir die Frommen sind und die anderen die Ungläubigen. Jetzt erlebte ich, dass wir in einigen Klöstern zu spüren bekamen, dass wir Protestanten als Häretiker angesehen wurden. Mit strengen Blicken wiesen uns Mönche den Vorraum der Kirche zu, um der göttlichen Liturgie beizuwohnen.

Das serbische Kloster Chilandar hat uns freundlich aufge-nommen. Nächtliche Stunden habe ich im Flackern der Bienen-wachskerzen und im Weihrauchduft vor der uralten Christus-ikone verbracht. Eine fremde Glaubenswelt, in der ich doch Tiefe und Vertrauen finden konnte. Bis heute zeichne ich das Kreuz in der Weise der Ostkirche auf meinen Körper. Von oben nach unten. Von rechts nach links. Und dann bleibt meine Hand auf meinem Herzen ruhen. Wenn die Orthodoxie doch nicht so konservativ und nationalistisch wäre!

Unvergesslich ist mir das klösterliche Anwesen Megali Jo-vannitsa, das der deutsche Mönch Vater Panteleimon mit schwä-bischer Gründlichkeit wiederaufgebaut hatte. Wir halfen ihm im Olivengarten. Von diesem Gottessucher, der aus der Hektik ausgestiegen war, erlernte ich das Herzensgebet, eine uralte Ge-betstechnik der Mönche, die mit dem Atmen arbeitet.

In Jugoslawien sahen wir, wie die Menschen ihre Geldscheine in die Brunnen warfen. Eine Hyperinflation hatte den Dinar abstürzen lassen. Wir ahnten nicht, dass auch dieser Staat in den Folgejahren auseinanderbrechen würde.

Zurück in Heidelberg: Als am 9. November 1989 die ersten Nachrichten vom Mauerfall zu hören waren, konnten wir es kaum glauben. Unsere litauischen Nachbarn brachen in Ju-bel aus und feierten in der kleinen Pfaffengasse. Bald zogen Hunderte zum Bismarckplatz, wo eine jubelnde Spontandemo stattfand. Mich hat der Erfolg der friedlichen Revolution tief beeindruckt. Waren es doch mutige Menschen, die von der Stasi bespitzelt wurden und sich nicht haben einschüchtern lassen. Es waren Kirchen, in denen sich zuerst Menschen zu Montagsandachten versammelten und deren Mut wuchs, anschließend Lichter auf die Straßen zu tragen. Schweigend. „Meine Kraft ist in den Schwachen mächtig" (2. Korinther 12,9). An dieses Bibelwort muss ich denken. Das gefällt mir: Kirchen als widerstandsfähige Orte, als Orte des Vertrauens, wo Menschen träumen und hoffen dürfen, und dann das befreiende Handeln so selbstverständlich daraus wächst.

Unsere Familie war durch die innerdeutsche Grenze zerrissen. Die Schwester meiner Mutter war meiner Großmutter von den Nazis entzogen worden und ist als Zwangsadoptierte in der DDR aufgewachsen. Mein Cousin diente bei der NVA, mein Bruder bei der Bundeswehr. Zwei feindliche Lager, die sich im Kalten Krieg gegenüberstanden. Es macht mich dankbar, dass ich diesen historischen Moment erleben durfte. Auch wenn später mit der deutschen Wiedervereinigung nicht alles gut lief, und wir heute mit Erschrecken sehen, wie sich Nationalismus in Ost und West breit macht. Und wie viele neue Mauern und Grenzen zwischen Menschen und in den Köpfen errichtet werden. Damals spürten wir den Wind der Freiheit, der durch die Geschichte wehte.

Nachdem ich einige Bücher von Martin Buber gelesen hatte, knüpfte ich Kontakte zum Martin-Buber-Haus in Heppenheim an der Bergstraße, nicht weit von Heidelberg entfernt. 1923 hatte Buber dort seine philosophische Hauptschrift „Ich und Du" verfasst.

Mich faszinierte das Dialogische Prinzip Bubers, der einmal schrieb, „ich habe keine Lehre, aber ich führe ein Gespräch". In der Begegnung von Ich und Du trifft sich das Ewige Du, Gott selbst. Buber war Dialogiker und hatte verstanden, dass die Menschen Gott viele Namen gegeben hatten, es aber um das eine Prinzip ging: Ein Gott, der von keinem in Besitz genommen werden kann, sondern der sich ereignet. Ein Gott, der nicht gedacht werden kann abseits des Zwischenmenschlichen. Das fand ich überzeugend.

Wir gründeten einen Lesekreis an der Studierendengemeinde, um den jüdischen Religionsphilosophen gemeinsam zu lesen. Durch die Seminare an der Hochschule für Jüdische Studien entdeckte ich den reichen Schatz jüdischer Kultur und Geisteswissenschaft. Von einem Studienjahr in Israel hatte ich gehört, Freunde bereiteten sich darauf vor. Und bald saß ich fleißig mit ihnen zusammen und lernte Neuhebräisch.

In den Semesterferien wollte ich endlich nach Israel und den Sohn Martin Bubers, den 90-jährigen Rafael Buber besuchen. Ich hatte kein Geld für einen Flug. Also kam ich per Bahn nach Athen und lief über den Hafen von Piräus nach Haifa aus. Geschlafen habe ich an Deck. Israel war aufregend. Sengende Hitze und alles war so laut und aggressiv in meinen europäischen Ohren. Ich war unglaublich fasziniert und gleichzeitig abgestoßen von Jerusalem. Der Geruch von arabischem Kaffee und Gewürzen im Basar. Dieses Stimmengewirr auf der Via Dolorosa an einem Freitag, wenn die christlichen Pilgergruppen mit Holzkreuzen die Stationen des Leidenswegs von Jesus begehen, die orthodoxen Juden an die Westmauer eilten und die muslimischen Araber zum Freitagsgebet an der Al-Aqsa Moschee auf dem Tempelberg. Alle drei Glaubensrichtungen sehen sich als Kinder Abrahams und laufen doch aneinander vorbei. So viel ernsthafte Gottessucher, Freidenker und Individualisten. Andererseits so viel religiöse Rechthaberei und Selbstbehauptung. Auch die Christen mit ihren Streitigkeiten untereinander um Privilegien in der Grabeskirche gaben für mich kein gutes Beispiel. Heilige Steine und heilige Orte, um die erbittert gekämpft wird. Das kann für mich nicht im Sinne Gottes sein.

In Jerusalem ging mein Wunsch in Erfüllung: Rafael Buber, der den philosophischen Nachlass seines Vaters hütete, empfing mich. Zwei Stunden habe ich diesem beeindruckenden Mann zuhören dürfen, der als junger Zionist in den 1920er-Jahren einen Kibbuz gegründet hatte, während sein Vater noch lange an die deutsch-jüdische Symbiose glaubte und erst 1938 in das britische Mandatsgebiet Palästina auswanderte.

In diesen heißen Sommertagen in Israel kam die Nachricht, dass Saddam Husseins Irak das benachbarte Kuwait besetzte. Bald wurden Skud-Raketen auf Israel abgefeuert und Saddam drohte, die Juden mit Giftgas zu töten. Zurück in Deutschland sah ich, wie Gasmasken an die Bevölkerung Israels verteilt wurden. Da entschied ich mich mit schwerem Herzen gegen ein Studienjahr in Israel und habe das später bereut. Immer wieder habe ich dieses Land besucht und dort wunderbare Menschen kennengelernt, Juden, Christen und Muslime, Israelis und Palästinenser. Die meisten meiner Gesprächspartner hatten eine tiefe Sehnsucht nach Frieden und Zukunft. Als Deutscher ist es besonders gut, zuzuhören. Es braucht Geduld, die Widersprüche auszuhalten. Mich hat immer enttäuscht, wenn ich Deutsche gehört habe, die den Besserwisser gaben und schnelle Urteile über Israel sprachen. Ich denke, wir sollten gerade wegen der deutschen Geschichte eine besondere Verantwortung tragen.

1989 gärte es in Südafrika, das menschenverachtende System der Rassentrennung sollte bald zusammenbrechen. Nelson Mandela wurde nach Jahrzehnten im Gefängnis 1990 endlich frei gelassen. Mit ein paar Freunden, Christian Ayivi war dabei, gründeten wir ein autonomes Seminar Afrikanische Theologie. Wir wollten afrikanische Stimmen hören. Wir wollten wissen, wie die Menschen in Afrika glauben und wie sie die Bibel lesen. In meiner Gemeinde war Afrika allenfalls der finstere Kontinent, der von uns Europäern missioniert werden muss. Im Geistlichen Rüstzentrum wurde sogar die Meinung vertreten, dass die Rassentrennung gottgewollt sei. Mir wurde immer klarer, dass diese Frömmigkeit, in der ich großgeworden war und die immer gegen die Politisierung der Kirche anwetterte, selbst politisch war und zwar fest im konservativen Lager. Nun stand ich auf der anderen Seite.

Eine Welle der Hoffnung ging bis zu uns, dass sich Gerechtigkeit doch gegen übermächtige Gewalt durchsetzen kann. Das Christentum gehört doch nicht den Europäern, davon waren wir überzeugt. Es gab einen Professor, der seine Türen weit für uns öffnete: Theo Sundermeier, Religions- und Missionswissenschaftler, der lange in Südafrika und Namibia gelebt und gelehrt hatte. Ich verstand mehr und mehr, dass man mich völlig eurozentrisch erzogen hat. Als würde das Christentum alleine den Europäern gehören. Eine ganze Entwicklung der Theologien Afrikas, aber auch Lateinamerikas hatte man mir in der Gemeinde vorenthalten. Aber auch die Bürgerrechtsbewegung in den USA der 1960er-Jahre mit einem Martin Luther King an der Spitze hatte nie Erwähnung gefunden im Mund meines Pastors. Meinen heimatlichen frommen Kreisen war das alles viel zu links. Theologen, die die Machtfrage stellen und den Systemwechsel wollen – sind das nicht Kommunisten?

Theo Sundermeier verstand meine inneren Erschütterungen und mein Erwachen genau, weil er in seiner Jugend selbst ähnlich geprägt worden war und sich auch freikämpfen musste.

Seit den 60er-Jahren hatte sich eine Befreiungstheologie zuerst in der Katholischen Kirche, dann auch unter Protestanten entwickelt, die sich an die Seite der Armen stellte. Was die alten Propheten Israels und Jesus von Nazareth über Machtmissbrauch und Unterdrückung sagte, das wurde für die Befreiungstheologen zur Quelle der Interpretation der unterdrückerischen Machtverhältnisse in der Gegenwart. Befreiung aus unfreien Verhältnissen war der rote Faden, den die Befreiungstheologen in der Bibel fanden.

Gott selbst stellt sich an die Seite der Armen. Mich hat das als Student inspiriert zu einer Zeit, als in den Seminaren und Vorlesungen die feministische Theologie hoch im Kurs stand. Befreiung war das Lebensgefühl und unsere Generation war fest entschlossen, die Zukunft mitzubestimmen.

Gott steht an der Seite der Armen und Unterdrückten, diesen Grundsatz vertrat auch die Black Theology in Südafrika. Ihre Impulsschrift war das Kairos-Dokument, das 1985 von afrikanischen Theologen in Soweto herausgegeben wurde. Die Bibel wurde für die Gegenwart gelesen. Hatten wir das nicht auch getan in unseren frommen Kreisen? Ja, aber es blieb eben immer bei persönlichen Themen, alles hatte sich um das Sündenbewusstsein und die Heilsgewissheit des Einzelnen vor Gott gedreht. Gesellschaftliche Fragen kamen nicht vor. Und jetzt zu erleben, wie mit der Bibel die gesellschaftlichen Machtverhältnisse in Frage gestellt wurden – das fand ich faszinierend.

Es waren die mutigen Theologen Lateinamerikas und Afrikas, die das Christentum entkolonialisierten, indem sie der eigenen kulturellen Perspektive auf die Texte vertrauten. Was von den Missionaren noch verteufelt wurde, die afrikanischen Kulturen, ihre Wertvorstellungen und Mythen, das haben diese Theologen seit den 60er-Jahren mit zunehmendem Selbstbewusstsein wiederentdeckt. Davon wollte ich mehr wissen und ich wollte die Fremdheit schmecken. Warum nicht ein Studium in Afrika?

1990 wurde ich von Theo Sundermeier als wissenschaftliche Hilfskraft in seinem Seminar angestellt. Das entspannte nicht nur meine wirtschaftliche Situation, sondern ich fühlte mich auch zum universitären Betrieb zugehörig. Mein Professor nahm mich auf Konferenzen mit und zu den internen Zirkeln der Geisteswissenschaftler. Das habe ich genossen, aber das hat mich vielleicht auch in einen Elfenbeinturm gebracht. Es war jetzt nichts anderes vorstellbar, als dass ich Wissenschaftler werde. Ich habe mir meinen Teller immer etwas zu voll aufgetan im Studium. Neue Wissensfelder zu durchmessen wurde zu meiner Lebensform. Interdisziplinär musste es sein. Kaum hatte ich das Grundstudium der Evangelischen Theologie bewältigt, da habe ich mich zusätzlich für Ethnologie eingeschrieben. Mich hat fasziniert, wie viele Kulturen es gab, wie viele Sichtweisen auf das Leben möglich waren. Die Annäherung an das Fremde war dabei ebenso spannend wie die Demontage des eigenen, kulturell vertrauten.

Australische Aborigines und ihre Traumpfade, die Yanomami-Indianer des Amazonas, die Opferrituale für die Ahnen in Afrika, Zen-Buddhismus mit einem japanischen Meister, ein balinesischer Künstler, der Jesus wie einen tanzenden Krishna ganz in Blau malte, ich wollte nichts auslassen, alles sehen, erleben und verstehen.

Ich muss wie ein vergeistigter Student gewirkt haben, der kaum Zeit zum Schlafen findet. Mit meinen damals hennarotgefärbten Haaren sah ich vielleicht auch wie ein Paradiesvogel aus. Vielleicht fanden mich manche interessant. Natürlich war die Liebe mächtig am Wirken in Heidelberg. Paare kamen zusammen, trennten sich. Das ging oft schnell. Irgendjemand hatte mich mal gefragt, ob ich eigentlich schwul sei. Ich fand das unverschämt, konnte damit nichts anfangen. Aber es gab einen Mann, zu dem ich mich sehr hingezogen fühlte: Seine Stimme, seine Augen, seine Lippen. Das habe ich damals als tiefe Freundschaft gewertet, es war aber viel mehr. Ich wurde abgewiesen. Unerwiderte Liebe kann in diesem Alter so hart sein. Ich wollte doch normal sein, warum hatte ich keine Freundin? Alle anderen kamen doch zusammen. Das musste sich ändern. Panik erfasste mich. Ist es denn wirklich so schwer? Ich erklärte mir meine Gehemmtheit mit meiner frommen Erziehung. Und dann passierte es, weil ich es darauf ankommen ließ: Ich lernte Antje kennen. Diese Küsse und diese körperliche Nähe taten so gut. Wir führten also eine Kuschelliebe, die uns beiden gutgetan hat. Und wir hatten tiefe ernsthafte Gespräche, in denen ich mich wertgeschätzt und verstanden fühlte. Wir konnten aber auch verschiedener Meinung sein. Und manchmal trafen sich zwei Dickköpfe.

Sie wohnte in einem katholischen Studentenheim, in dem Herrenbesuche verboten waren. Eines späten Abends nach einer gemeinsam geleerten Weinflasche, verstießen wir gegen die Hausordnung und landeten im Bett. Sie hatte Lust auf mich und ich fühlte mich wie ein Versager, weil es einfach nicht ging. Dass sie mich damit versuchte zu trösten, das sei doch alles nicht so schlimm, machte es nicht besser für mich. Was war mit mir los? Für das Ethnologiestudium war ein Feldforschungsaufenthalt vorgeschrieben. Ich sah eine gute Gelegenheit, alles miteinander zu verbinden. Ich schloss mich also der Gruppe der fleißigen Schwaben an, um anschließend in Ghana zu bleiben und mich dort an der University of Ghana einzuschreiben und Feldforschung zu machen. Kwesi Dickson war damals dort Professor, ein Pionier der African Theology, einer selbstbewussten afrikanischen Perspektive auf die Bibel und den Glauben, die sich der Dominanz der westlichen akademischen Welt selbstbewusst entgegenstellte. Wie das in Ghana alles genau werden würde, war von Deutschland aus nicht zu erkunden. Ich suchte das Abenteuer.

Als die Flugzeugtür in Accra aufging, wurden wir von würzigschwerer Luft begrüßt. Im Gewimmel riss mir irgendjemand den Koffer aus der Hand und balancierte ihn auf dem Kopf. Später verstand ich, dass der Lastenträger auf diese Weise sein Geld verdiente.

Die Straßen der Hauptstadt Ghanas waren voller überladener Fahrzeuge und gesäumt von Menschen, die mit Gummilatschen an den Füßen schwere Lasten auf den Köpfen trugen. Außerhalb Accras wechselten sich Dörfer, Felder und Buschland ab. In Abokobi begegneten wir einer Empfangsgruppe junger Leute aus Ghana. Sie alle trugen die gleichen handgebatikten T-Shirts wie wir und los ging die Arbeit und die interkulturelle Verständigung. Was mir später über die Gruppe erst klar wurde: Man hatte unter den Ghanaern junge Menschen aus den wohlhabenderen Familien ausgesucht, die auch einen Bildungsgrad mitbrachten. Die gemeinsame Arbeit brachte uns zusammen, aber wir waren auch sehr verschieden. Die deutschen Studierenden hatten hohe Ideale und wollten immer diskutieren, für die deutschen Handwerker war am Wichtigsten, dass es abends gekühltes Bier gab und die Ghanaer waren immer lächelnd um Harmonie bemüht. Singen konnten sie viel besser als wir.

Wie oft sagte uns jemand „I want to be your friend". Wenn wir erklärten, dass auch in Deutschland nicht alles gut sei, verstanden sie das nicht. Europa und die USA waren die Ziele der jungen Generation.

Nachts schliefen wir auf Matten auf dem Boden. Bei dem Neonlicht konnte ich nicht einschlafen und wollte wissen, warum wir das Licht nicht einfach ausschalten. Die Ghanaer fühlten sich viel sicherer damit: Das würde die Schlangen vertreiben.

Der Abschied von Antje war schwer gewesen. Es waren auch Tränen geflossen. Aber wir schrieben uns Briefe, die liebevoll sehnsüchtig waren. In der Ferne verklärte sich unsere Liebe und wir hatten wohl unsere beste und tiefste Zeit, als wir über Tausende Kilometer getrennt waren. Ich schrieb mich an der University of Ghana ein für African Studies und Religious Studies.

Das Campusgelände war als großzügige Parkanlage gestaltet mit weißen Gebäuden und roten Dächern. Doch der Schein trog: Ich hatte irgendwie gehofft, dort in einem der Studentenwohnheime unterzukommen. Doch die waren in einem heruntergekommenen Zustand. Viele Zimmer waren völlig überbelegt. Vielleicht wollten die Studenten so Kosten sparen. Für die Europäer war ein abgesonderter Bereich vorgesehen. Dort wohnten Thomas und Ralf, zwei Hamburger Theologiestudenten, mit denen ich mich sofort verstand. Ich zog bei ihnen ein, unsere Nachbarn waren ein niederländisches Ethnologenpaar. Besser konnte es doch nicht kommen! Wir hatten viel Spaß miteinander. Eigentlich wollte ich ja die Afrikaner besser kennenlernen, wenn ich schon mal hier war. Ich merkte, dass ich langsam in die Szene der „Expatriates" reinkam. Schnell kannten wir die Treffpunkte, wo sich Botschaftsangehörige und Entwicklungshelfer aus ganz Europa trafen. Die meisten waren nur ein paar Jahre hier und schimpften zynisch über die Einheimischen.

Da saß ich also mit Thomas und Ralf als Obruni – so wurden die Weißen genannt – im Seminarraum, der einen Ventilator vermissen ließ, und uns lief das Wasser den Rücken runter. Die ghanaischen Kommilitonen waren nicht so offen, wie ich es mir erhofft hatte. Das lag auch am großen Altersunterschied. Hier hatten bewährte Pastoren von ihren Kirchen Stipendien erhalten, um ihren Master of Theology zu machen. Viele waren schon Familienväter. Sie sprachen außerhalb des Unterrichts, der auf Englisch war, ihre lokalen Sprachen, machten Witze, lachten viel und wir Weißen war außen vor. Das Niveau des Unterrichts war niedrig. Eine freie Diskussion war nicht vorgesehen. Irgendwann fragte ich mich in meiner Überheblichkeit, ob sich afrikanische Theologie und Kultur besser in Deutschland studieren ließe als hier?

Ich hatte einen wunderbar geduldigen Sprachlehrer, der mir die wichtigste der über hundert Sprachen Ghanas beibrachte: Twi. Einerseits war das grammatikalisch eine einfache Sprache: „A nko nda" heißt „Wer nicht geht, der nicht schläft". Aber es kam auf die richtige Betonung und Tonhöhe in fünf verschiedenen Lagen an. Und auf den tieferen Sinn der Worte.

„Wer nicht geht, der nicht schläft" heißt: Wenn du nicht flüchtest, wirst du keine Ruhe finden. Ein Satz, der an die Zeit der Sklavenfänger im 18. Jahrhundert anspielt.

Nach ein paar Wochen erfuhr die Universitätsverwaltung irgendwie, dass ich unangemeldet bei den Hamburger Freunden einquartiert war. Das gab richtig Ärger. Ich musste viele Dollar nachzahlen und sollte dennoch ausziehen.

Nach dem Arbeitseinsatz in dem Frauenzentrum von Abokobi hatte ich den Kontakt gehalten und fragte die Leiterin Gertrud Beller wegen der Wohnsituation um Rat. Sie unterstützte einen jungen Mann, Nana Yao, bei der Ausbildung zum Reiseverkehrskaufmann. Ihn kannte ich schon von dem

Arbeitseinsatz und wir waren uns sympatisch. Nana Yao lebte in den Akuapembergen, nördlich von Accra. Dort herrschte ein angenehmeres Klima als in der stickigen Küstenebene. Mein Freund bot mir an, zu ihm nach Amanokrom zu ziehen. Er würde jeden Morgen die über einstündige Fahrt runter nach Accra machen, ebenso könnte ich mit einem der völlig überladenen Minibusse zu meinem Seminar kommen. Die Ortschaften in den Bergen waren Kerngebiet der Basler Mission im 19. Jahrhundert. Dort fand man Häuser wie auf der schwäbischen Alb, von Männern gebaut, die den Afrikanern den christlichen Glauben bringen wollten und dort die ersten Gemeinden gründeten, wenn sie die Malaria nicht vorher dahingerafft hatte. In den Bergen wurde auch die Bibel ins Twi übersetzt. Nach den beiden Übersetzungspionieren nannte sich das Zentrum dort in Akropong „Akrofi-Christaller Memorial Center". Deren erster Direktor war Kwame Bediako. Ein wahrhafter Intellektueller, der einige Jahre auch mal Atheist gewesen war. Er wurde mein Mentor, mein intellektueller Halt in dieser Fremde.

In die Universität fuhr ich immer seltener. Das Dorf war jetzt mein Hörsaal und mein Seminar. Nana Yaos Onkel war der Häuptling von Amanokrom, Nana Akotua II. Von diesem Ehrenamt konnte keiner leben. Nana arbeitete in Accra als Barkeeper, wo er den Weißen Rum und Whiskey nachschenkte. Damit bestritt er das prestigeträchtige, aber auch herausfordernde und kostenintensive Ehrenamt eines Häuptlings. Der Clan, an dessen Spitze er gestellt war, hatte einige tausend Mitglieder. Ich hatte die große Chance, das Hofzeremoniell kennenzulernen. Schon wie die Leute begrüßt werden, hatte seine genaue Ordnung. Ein Nana darf niemals direkt angesprochen werden, sondern nur über seinen Okyeame, den Sprecher, der ihm nicht von der Seite weicht. Ein Nana geht niemals alleine, er hatte immer Vertraute um sich. Und bald gehörte ich zu seiner Gefolgschaft, trug die traditionelle Toga über die linke Schulter geworfen. Einen Weißen dabei zu haben, brachte dem Nana immer einen Unterhaltungswert und einen gewissen Prestigegewinn ein. Bald nannte er mich seinen „Ankobea", seinen Gefolgsmann. Ein Ehrentitel, der wörtlich übersetzt heißt: Der, der nicht weggeht, der nicht von der Seite weicht. Mit Nana Akotua II. saß ich in den Versammlungen der Ältesten und hörte über Stunden zu, wenn Streitigkeiten bereinigt oder eine Hochzeit ausgehandelt wurde. Das wichtigste waren aber Trauerfeiern. Sie gingen drei Tage und drei Nächte lang. Jedes Wochenende gab es irgendwo eine Trauerfeier. Mit Diskomusik, Tanz und viel Alkohol. Man ließ den Toten hochleben. Junge Leute verabredeten sich zu Trauerfeiern. Auch wenn es nur ein sehr entfernter Verwandter war – die Jungs und Mädchen gingen hin, um die ganze Nacht hindurch bei Highlifemusik miteinander zu tanzen.

Bei den unabhängigen afrikanischen Kirchen in ihren unverputzten Gotteshäusern ging es munter zu. Mit meist völlig übersteuerten Lautsprechern tanzte sich die Gemeinde stundenlang auf dem Lehmfussboden in Extase. Mit gurgelnden Stimmen, völlig in sich versunken, weissagten meistens Frauen, selten Männer. Die Zuhörenden fächelten den Medien mit weißen Tüchern Luft zu, um die Hitze des Heiligen Geistes zu kühlen.

So verschieden diese Kirchen auch waren: Alle sprachen über Gottes Übermacht gegen die Werke des Teufels. Und für alle war klar, mit wem der Teufel im Bunde ist, nämlich mit den Göttern und Geistern der Väter und Mütter, die auf den Bergen, im Wald, in den Flüssen und im Meer leben.

Die Missionare hatten im 19. Jahrhundert den bekehrten Christenkindern einfach neue Dörfer gebaut, die Bethel oder Salem hießen. Dort waren sie von ihren Familien und deren Göttern und Geistern getrennt. Doch damit waren sie auch von ihren kulturellen Wurzeln abgeschnitten. Aber wenn die Not zu groß war, bei Krankheit oder Tod, suchten viele Christenkinder doch ihren Halt in den alten Ritualen und traditionellen Medizinen.

Durch meinen Nana erfuhr ich den Gründungsmythos seines Clans, der Kuntun Abusua. Der Ur-Ahn Kuntun hatte bei seinen Jagdzügen in den Bergen an einem Flusslauf eine Erscheinung. Die Wassergöttin Senyane zeigte sich ihm. Sie meinte es gut mit dem Jäger und wies ihm die Richtung zu den Antilopen. Aus Dankbarkeit opferte Kuntun fortan Senyane und wurde zum Gründer des Dorfes Amanokrom. Der Clan hatte also eine Hausgöttin und diese wurde von einer Priesterin vertreten, einer Okomfo. Das Priesteramt wird bei den Akanvölkern traditionell von einer Frau ausgeübt. Ich wohnte schon monatelang in dem Bergdorf, als ich diese Priesterin das erste Mal zu Gesicht bekam.

Da ich ja auf dem Ticket des Christlichen gekommen war, hatten sich alle lange bemüht, mir diesen Teil ihrer heidnischen Welt zu verbergen, der gerade am interessantesten für mich war. Nur durch hartnäckiges Nachfragen kam ich endlich in den Tempel der Flussgöttin zur Priesterin, der Senyane Komfo, von allen Tante Ama genannt. Ich lernte, dass man zu einer Priesterin niemals mit leeren Händen geht. Eine Flasche Schiedam Schnaps, ein Karton Eier, eine große Yamsknolle, ein Opferhuhn, rotes Palmöl und etwas Geld waren da schon angebracht.

Über meine Gaben freute sich die alte Priesterin in ihrem weißen Gewand.

Viele Besuche im Senyane-Tempel und in anderen Tempeln der traditionellen afrikanischen Religion folgten. Es ging bei den Ritualen immer um Heilung im umfassenden Sinn, der Wiederherstellung von Balance.

Als Kind hatte ich zahlreichen Missionaren gelauscht, die Gruselgeschichten über den Voodoo-Kult erzählten. Jetzt mußte ich mir eingestehen, dass ich die stundenlangen Gottesdienste in den zahlreichen Kirchen langweilig fand, mich aber die nächtlichen Trommeln des verteufelten Heidentums anlockten. Bis in die Morgenstunden nahm ich an Trancetänzen teil, bei denen die Gottheiten in die Menschen fuhren. Davon konnte ich gar nicht genug bekommen.

In einem völlig vollgestopften Bus fuhr ich in den Norden Ghanas. Unter meinen Beinen war eine stinkende Ziege und Hühner untergebracht, die bei jedem Schlagloch aufflatterten. Es war nach Sonnenuntergang, als sich die Stimme eines Predigers erhob, der die Fahrt zu einer ausführlichen Missionspredigt nutzte.

Als der Morgen graute, hielt der Busfahrer an, damit die Muslime ihr Morgengebet sprechen können. Das fand ich schön: Die Muslime hatten nichts gegen die christliche Predigt, die Christen warteten geduldig, bis ihre muslimischen Brüder zu Ende gebetet hatten.

Eine uralte Lehmmoschee war das erste islamische Gotteshaus, das ich jemals betreten habe. Die freundlichen Männer, denen ich dort begegnete, fanden es in Ordnung, dass auch ich mein Gebet dort sprach. Im Norden des Landes wechselten Moscheen, Kirchen und traditionelle Schreine einander ab. In einem Dorf, das ganz bei den alten Göttern der Väter und Mütter geblieben war, erzählte mir jemand einen Witz: Wenn jemand nicht auf Alkohol verzichten möchte, so werde er Christ. Wenn jemand mehr als eine Frau heiraten wolle, werde er eben Moslem. Und wenn jemand krank werde, egal ob Christ oder Moslem, dann komme er zu den Schreinen der alten Götter.

Überall war Religion. Wenn ich den Ghanaern erzählte, dass in meinem Land viele Menschen nicht an Gott glauben, dann schüttelten sie den Kopf und fragten „Why?"

In den äußersten Nordosten des Landes, nahe der Stadt Bawku, hatte es einen Cousin meiner ghanaischen Wahlfamilie verschlagen. Alle Abiturienten mussten nach dem abgeschlossenen Schulbesuch als Lehrer in entlegene Provinzen gehen. Für die Menschen aus dem Süden des Landes waren die „Northener" so etwas wie Wilde. Mit einem Sack Bohnen und einem Sack Reis war Frank bei dem Häuptling der Kusasi einquartiert worden. Nach wochenlanger strapaziöser Reise hatte ich mich bis zu dem 18-Jährigen durchgefragt, auf dem nun als „Lehrer aus dem Süden" alle Erwartungen des Dorfes nach Bildung lagen.

In der abgelegenen Savanne kam es oft vor, dass Kinder entsetzt schrien oder davonliefen, wenn ich auftauchte. Manche hatten noch nie einen Weißen gesehen.

Die Familie des Häuptlings, der mit mehreren Frauen fast zwei Dutzend Kinder hatte, wohnte in Rundhütten. Es gab keinen rechten Winkel in den Lehmgebäuden. Wenn Bedarf war, wurde einfach eine neue Rundhütte an die bestehenden Gebäude angebaut.

Hier war also das Afrika, das ich klischeehaft aus irgendeinem Kinderbuch kannte.

Was mich faszinierte: Fast alles war aus Naturmaterialien. Wenige Metallgegenstände und noch weniger Plastikteile waren zu finden. Was von dieser nachhaltigen Kultur heute wohl übrig geblieben ist?

Mit Frank teilte ich einige Wochen Bohnen und Reis. Sein Einsatz als Lehrer stand vor großen Herausforderungen. Ein Schulgebäude gab es nicht. Im Schatten eines riesigen Baobab-Baums versammelten sich die Schüler aller Altersgruppen. Der Abiturient war der erste und einzige Lehrer. Jede Familie schickte nur ein Kind, die anderen waren bei der Feldarbeit unabkömmlich. Eine Tafel und Kreide waren von der Regierung lange versprochen worden. Aber leider war die Lieferung aus dem entwickelten Süden noch nicht im strukturschwachen Norden angekommen. Geschrieben wurde im Staub. Ein Windstoß löschte das Geschriebene aus. Gerechnet wurde mit Hilfe von Bohnen.

Mit dem Häuptling der Kusasi hatte ich keine Sprache gemeinsam, aber ich las eine in sich ruhende Würde und Freundlichkeit von seinem Gesicht ab.

Eines Tages brachte der Häuptling einen hinkenden Jungen zu mir. Eine Wunde an der Ferse war vereitert. Frank war gerade nicht da, konnte mir nicht beim Übersetzen helfen. Aber ich verstand, was ich zuerst nicht verstehen wollte: Es wurde von mir erwartet, dass ich diese Wunde heile. Weil ich ein Weißer bin? Weil ich Desinfektionsmittel und eine Rasierklinge besitze? Ich habe schließlich von vielen Augen begleitet die Wunde saubergeschnitten, desinfiziert und verbunden. Ich habe dabei gebetet. Als einige Tage später der Junge nicht mehr hinkte, war ich erleichtert.

Aus der Savanne des Nordens zurück bei meiner Wahlfamilie im Süden fühle ich mich wieder zuhause auf den Akuapem-Bergen. Bei der sich über Tage hinziehenden Trauerfeier für den örtlichen Posaunenwart, Onkel Fred Mante, ergab sich ein rituelles Problem: Als Kirchenmann musste er unbedingt auf den Friedhof der Presbyterianer. Als Mitglied der königlichen Familie erwartete man aber, dass er zu den Ahnen eingeht, in den heiligen Wald. Die Lösung? Der Körper wird christlich bestattet. Zu den Ahnen wurden Fingernägel und Haare gebracht, die für die ganze Person stehen. Dieser Pragmatismus zwischen zwei religiösen Systemen gefällt mir.

Ich bin Ankobea Yao Mante, ein integrierter Weißer in der afrikanischen Gesellschaft. Wenn ich einen Fehler mache, lachen alle. Mit der rechten Hand zu essen, ist nicht so leicht für mich. Die rote Soße läuft mir immer bis zum Ellenbogen runter. Ich habe Unterhaltungswert. Ich bin der Fremde, der Obruni. Alle wollen mit mir sprechen und mit mir lachen.

Heute denke ich manchmal an diese Zeit und die Menschen in meinem Dorf zurück. Ich wünsche mir ihre Großzügigkeit und Freundlichkeit Fremden gegenüber auch für uns in Deutschland.

Kalter Start in Hamburg

Hamburg begrüßte mich im Januar 1992 nass und kalt. Nach 8 Monaten im tropischen Westafrika fror ich ständig, war ziemlich abgemagert und hatte alle 48 Stunden Fieberschübe. Eine verschleppte Malaria als Souvenir aus den Tropen.

Meine Antje war schon nach Hamburg zum Studium gewechselt und nahm mich in Empfang. Während sie sich in der Stadt schon gut eingerichtet hatte, fühlte ich mich fremd. Die Heidelberger Altstadt war ein übersichtliches Dorf gewesen, wo ich schon morgens beim Bäcker andere Studenten traf, die denselben Elfenbeinturm bewohnten wie ich. Und in Ghana hatte ich bei meiner Wahlfamilie in dem Bergdorf gelebt und es wimmelte immer von Menschen um mich herum.

In Hamburg lebte Antje in einer gemütlichen Frauen-Wohngemeinschaft in Eimsbüttel. Und ich saß im abgelegenen Hamburg-Lohbrügge in einem Kellerzimmer mitten in einem Industriegebiet. Mein Vater hatte über einen Kunden an der Tankstelle diese Wohngelegenheit kostenfrei zugesagt bekommen. Mir war das peinlich, aber ich hatte keine andere Wahl. Die Hoteliersfamilie kaufte sich gerade ein Immobilienimperium in den neuen Bundesländern zusammen und war selten zuhause. Ich sollte die Villa im Industriegebiet bewachen. Im Keller befand sich ein Schwimmbad. Daneben wohnte ich absurderweise in der Damenumkleidekabine, in der es nach Chlor roch und die Heizungsrohre ständig rauschten. Besonders nachts war die Villa unheimlich. Bis zur Universität brauchte ich von der Peripherie an der Grenze zu Schleswig-Holstein über eine Stunde mit Bus und S-Bahn.

In Heidelberg war das universitäre Leben der Herzschlag der Stadt. Über 800 Jahre Geschichte hatte unsere Uni aufzuweisen. Der akademische Stolz der Alma Mater übertrug sich auf merkwürdige Weise auf uns junge Studierende – ungeachtet der Proteste gegen alles Etablierte. Am Neckar hatten die Geisteswissenschaften einen hohen Stellenwert, es wimmelte von Studierenden der Theologie, Altphilologie und Philosophie. Ganz anders in Hamburg: An der Elbe war das Wirtschaftsleben das Herz der Stadt. Der Containerhafen schlief nie und auch das Nachtleben kannte keine Sperrstunde wie in Heidelberg. Die meisten Studierenden arbeiteten irgendwo, um über die Runden zu kommen. Und sie gingen feiern, um sich zu belohnen. Am nächsten Tag saßen sie müde in den Hörsälen und Seminaren.

In der Hansestadt war die Theologie in einem hässlichen Zweckbau untergebracht, der keinen Gedanken daran zuließ, man wäre an etwas Großem beteiligt. Hier sollte ich mich auf mein kirchliches Examen vorbereiten. Meine Eltern fragten immer wieder mit Ungeduld, wie lange es denn noch dauern würde, bis ich fertig sei. Eigentlich wollte ich noch lange nicht aufhören mit dem Studium und träumte von einer akademischen Karriere. Mein Ethnologiestudium brachte mich in Seminarräume des kolossalen Völkerkundemuseums, einer Schatzkammer des Exotischen, die ich schon als Kind geliebt habe. Ein zusammengekaufter und zusammengeklauter Hort des Deutschen Kolonialreichs. Bei den Ethnologen galt ich etwas, weil ich schon „im Feld" war. Dort konnte ich von den Tempeln und Gottheiten des Voodoo erzählen.

Bei den Theologen wollte niemand meine Erfahrungen aus Ghana hören. Alle bewegten sich in den Welten der Bücher.

Antje hatte viel Geduld mit mir. Manchmal redete sie vor anderen, als müsse sie mich entschuldigen: „Seine Seele ist noch nicht aus Afrika zurückgekommen." Anfang 1993 beschlossen Antje und ich, uns im Laufe des Jahres zu verloben und zusammenzuziehen. Unsere Eltern hatten sich schon gegenseitig besucht. Doch ich spürte, dass mir dieser Gedanke an eine Verlobung und Ehe irgendwie die Luft nahm. Als der Film „Orlando" in die deutschen Kinos kam, kam es mir so vor, als sei dieser Film für mich gedreht worden. Das Leben wird beschrieben als eine Abfolge von Coming-outs. Jeder Wechsel ist eine Befreiung und geschieht in großer Gelassenheit und ohne Angst. Mir standen bei der Schlussszene Tränen in den Augen, als Jimmy Summerville sang „I am coming …" Mit Antje konnte und wollte ich darüber nicht sprechen. Mit unserer Beziehung lief es nicht gut. Wir stritten aus nichtigem Anlass. Ich spürte, dass sie die Geduld mit mir verlor. Sie war in Hamburg angekommen, ich nicht wirklich. Sie hatte viele Freunde, ich kannte niemanden. Als sie ihren Geburtstag feierte, überreichte ihr ein Student einen großen Blumenstrauß an der Wohnungstür und umarmte sie. Beide hatten mich wohl nicht in der Nähe vermutet und liefen rot an, als ich auf den Stufen des Treppenhauses auftauchte und sie mich entdeckten. Aber es war so eindeutig: Es war Frühjahr, die Bäume bekamen Blätter und Antje hatte eine neue Liebe gefunden.

Ich erlebte eine widersprüchliche Gefühlslage: Einerseits war ich tief gekränkt, andererseits spürte ich ein Freiheitsgefühl, wie ich es lange nicht kannte. Ich wollte endlich wissen, was mit mir los war. Warum schaute ich mit langen Blicken den Männern nach? Warum versagte ich bei meiner Freundin im Bett?

Bald stöberte ich in der Bahnhofsbuchhandlung in den einschlägigen Schwulenmagazinen herum. Es dauerte wochenlang, bis ich den Mut hatte, mir eines der Hefte zu kaufen. Mit roten Ohren stand ich an der Kasse. Zuhause blätterte ich mit Herzklopfen in dem Magazin. Manche Bilder fand ich abstoßend, andere anziehend. Ich las Kontaktanzeigen, wie es sie in den Zeiten vor dem Internet seitenweise gab. Manche dieser Annoncen las ich mehrfach durch und phantasierte mir einen Mann herbei.

Ich kannte ja keine Schwulen in Hamburg. Mein Problem war, dass in meinem Kopf Vorurteile von Schwulen spukten, weil ich einfach keinen von ihnen kannte. Das eine Spukgespenst war ein fetter Ledermann mit Bart. Das andere Spukgespenst war eine schlecht geschminkte kreischende Tunte im Röckchen. Neben all diesen Phantasien, die mich abstießen, war da die starke Kraft der Neugier, die mich anzog. Ich wollte es endlich genau wissen. Irgendwo müsste es doch Treffpunkte geben. Es gab Tage, an denen ich von meinen schwulen Phantasien nichts wissen wollte. Ich wollte ein normales Leben wie alle anderen führen. Ich wollte eine stabile Beziehung haben und eine Familie gründen, Kinder groß werden sehen. Einmal fing ich sogar an, mit einer Ethnologiestudentin zu daten. Ich wollte es einfach nochmal ausprobieren, ob das mit den Frauen wirklich nicht läuft. Wir haben uns dann mit der größten Lüge verabschiedet, die man so daher sagt: „Wir können ja Freunde bleiben." Manchmal rettete ich mich in den Gedanken, dass ich allenfalls bisexuell sei und das wäre ja eigentlich jeder. Und es wäre doch ganz offen und modern, dazu zu stehen. Dann wieder stand ich vor dem Spiegel und sagte mir selbst unter Tränen ins Gesicht: „Ich bin schwul."

Unsortiert wie ich in dieser Zeit war, fuhr ich an einem warmen Wochenende Anfang Mai zu meinen Eltern aufs Dorf. Das Verhältnis zu meiner Mutter war nicht ganz einfach, aber wir gaben uns damals Mühe miteinander.

Mein Vater hatte das gute Wetter für die Gartenarbeit genutzt. Später wollten wir Zeit haben, miteinander zu reden. Ich war unsicher, was ich ihm alles erzählen wollte. Dass mit Antje Schluss ist, sollte er auf jeden Fall erfahren. Aber das schwule Thema? Nach dem Mittagessen zog mein Vater seine Laufkleidung an. Seit seinem ersten Herzinfarkt mit 48 Jahren drehte er auf ärztliche Anweisung hin seine Joggingrunden.

Das T-Shirt der „Coronaren Laufgruppe", auf dessen Logo Herzchen zu sehen waren, trug er an diesem Tag, als er sich winkend von mir verabschiedete. Ich döste auf dem Rasen und blinzelte in die Sonne.

Irgendwann schoben sich die Wolken zusammen. Ich ging zu meiner Mutter, die Näharbeiten auf der Veranda machte. „Wo ist Papa?", fragte ich sie. Viel leiser und ohne den resoluten Ton, mit dem sie sonst sprach, antwortete sie mir: „Manchmal befürchte ich, er kommt nicht wieder von seinem Lauf." Wir spürten beide etwas wie eine Gänsehaut in diesem Moment. Da klingelt es schon an der Tür, die Nachbarn rufen uns. Mein Vater sei wenige hundert Meter von zuhause entfernt zusammengebrochen. Zuvor habe er noch jemandem zugewunken, erzählten sie. Wir sollten schnell mitkommen. Der Notarzt sei schon unterwegs.

Wenige Minuten später stehe ich vor meinem Vater. Es ist der erste Tote, den ich zu Gesicht bekomme. Da haben die herbeigerufenen Rettungssanitäter schon ihre Reanimationsversuche eingestellt und stehen hilflos daneben. Meine Mutter übernimmt das Kommando, als der Bestatter kommt. Beide kennen sich von vielen verstorbenen Patienten, die meine Mutter „fertig gemacht" hat, bevor die Leiche eingesargt wurde.

Mein Vater ist tot, und Mutter funktioniert und befehligt in diesem Moment alle. Es ist wohl die einzige Rolle, in der sie sich in dieser Situation sicher fühlt. Sie zieht den Ehering ihrem Kurt von dem Finger und sagt: „Sonst geht der noch verloren. Und die Joggingschuhe, die sind auch noch gut." Sie zieht meinem Vater, der eben noch gelaufen ist, die Schuhe aus. Dann packt sie die Beine des Mannes, mit dem sie 30 Jahre verheiratet war, und hebt den Toten mit dem Bestatter zusammen in den Sarg. Danach verliert Mutter ihre Stimme. Sie kann sich trotz großer Anstrengung nur sehr leise verständlich machen. In den folgenden Stunden wird es meine Aufgabe sein, meine Geschwister, alle Verwandten und Freunde anzurufen und ihnen die Todesnachricht zu überbringen. Die Nacht über sitze ich mit meiner Mutter im Wohnzimmer. Ich muss ihr sehr gut zuhören, um ihre heisere Stimme unter Tränen hören zu können. Mutter flüstert ihre Lebensgeschichte. So schwer ich es als Sohn auch immer mit ihr hatte, ausgerechnet mir hat sie vieles erzählt und anvertraut. Vaters plötzlicher Tod kam ihr wie eine starke Enttäuschung vor: Warum hat er mir das angetan? Warum hat ihr Kurt sie im Stich gelassen? Wir leeren gemeinsam eine Flasche irischen Whisky, bis der Morgen graut.

Mein Vater ist tot. Er hatte nach seinem ersten Herzinfarkt neun Jahre zuvor immer mit der Möglichkeit des eigenen Todes gerechnet. Bei jedem Geburtstag ermahnte er die fröhliche Runde, dass nichts selbstverständlich sei und wir alles aus Gottes Hand nehmen, die guten und auch die schlechten Tage, das süße Leben und auch den bitteren Tod. Peinlich von diesem Memento Mori berührt schwiegen dann die Geburtstagsgäste. Bis sich der Geräuschpegel wieder erhöhte und die Teller wieder mit Gulasch gefüllt wurden.

Meinem Vater war nur der Besuch der Volksschule möglich. Wie gerne hätte er Theologie studiert. Heute sehe ich klar, wie sehr mich mein Vater geprägt hat, der Tankwart und der Laienprediger, dessen schlichte Predigten ich als Student gnadenlos kritisierte.

Mein Vater war für mich zutiefst glaubwürdig. Aber er war in vielem auch streng und eng. So sehr mir mein Vater nach seinem Tod fehlt, ist es doch so, dass erst mit seinem Tod die moralische Strenge begraben wurde, die mein Leben gehemmt hat.

Ich habe mich oft gefragt, wie mein Vater mit meinem Coming-out klargekommen wäre. Hätte er mich moralisch verurteilt? Hätte er mit der Zeit seinen Frieden damit gefunden? Darauf kann es keine Antwort geben. Was es aber gibt, ist ein Gefühl großer Nähe zu meinem Vater. Wir haben Frieden miteinander und er schaut mich freundlich an. Er ist stolz auf mich, auch wenn wir das Wort „Stolz" in unserem Elternhaus nicht verwendet haben, weil uns der Stolz ja hochmütig machen könnte. Und Hochmut kommt vor dem Fall, wie wir gelernt haben.

Ich bin meinem Vater nahe und kann nicht begründen, woher ich das nehme. Er winkt mir zu, so wie er es getan hat, als ich ihn das letzte Mal vor seinem Tod sah und die Sonne die Figur meines Vaters überstrahlt. Dieses Bild bleibt.

Zu der Trauerfeier kam das ganze Dorf zusammen. Meine Freundin Antje ist dabei, obwohl wir nicht mehr zusammen sind. Ich kämpfe nicht mehr um sie, ich will auf gar keinen Fall jetzt ihr Mitleid. Meine Kraft brauche ich, um irgendwie zu überleben. Ich sitze in der S-Bahn und die Tränen laufen mir die Wangen herunter. Es ist tiefe Trauer um meinen Vater, aber auch ein Betrauern meiner selbst. Mein Vater ist mit 57 Jahren verstorben. Ich bin zu diesem Zeitpunkt 27 und mein altes Leben ist tot. Ich muss meine Kräfte sammeln und mich neu finden. Ich habe schmerzhaft verstanden, dass das Leben endlich ist. Es ist Zeit, mein Leben zu leben und nicht gelebt zu werden von den Erwartungen der anderen. Es ist Zeit, meine Freiheit zu leben.

Es ging auf das Examen zu. Ich musste das irgendwie schaffen. Durch den Tod meines Vaters ging zuhause das Geld aus und mein Konto war in den roten Zahlen.

Mit Anton und Britta bildeten wir zu Dritt eine Lerngruppe und trafen uns in der kleinen Studentenbude bei Anton im Schanzenviertel, in Hörweite der stark befahrenen Bahntrasse. Die Schanze war damals noch nicht Hipstertown und die Gentrifizierung war ein Fremdwort.

Die Rote Flora war noch mitten in der Pubertät und es roch vom Fleischmarkt nach gebrühten Schweinehälften und von der Holstenbrauerei wehte es malzig herüber.

Meine Lerngruppe wusste, dass ich mit Antje auseinander war. Irgendwann rückte ich damit raus, dass ich vielleicht an Männern Interesse hätte, aber mich da überhaupt nicht auskennen würde. Britta war uns allen an Lebenserfahrung und Liebesdingen weit voraus. In ihrer resoluten Art sagte sie: „Komm, das müssen wir jetzt ändern. Wir gehen heute Abend in eine Schwulenbar.“

So war ich mit Britta und klopfendem Herzen im Cafe Tuctuc, mitten in der Woche, es war nichts los. Nur ein paar ältere Herren im Karohemd und mit Schnauzbart. Ich war enttäuscht. Na, das mit dem Schwulsein würde ich mir noch mal überlegen. Aber Freundin Britta ließ in ihrer Geburtshilfe zum Coming-out einfach nicht locker. Anfang der 1990er war die Zeit der anhaltenden AIDS-Krise. Das löste bei mir große Ängste aus. Britta schickte mich in eine Coming-out-Gruppe nach St. Georg. Da saß ich in einem Kreis mit einem Dutzend Männern und jedes Treffen begann mit dem Bekenntnis, „ich bin XY und ich bin ein schwuler Mann". Gemeinsam gab es Unternehmungen in der schwulen Szene und ich wurde nach und nach lockerer. Ich erfuhr, dass es mehrere Telefonhotlines zum Flirten gab. Aus heutiger Sicht ein komplizierter und kostspieliger Weg, um Menschen telefonisch miteinander zu verbinden.

Tatsächlich meldete sich jemand auf mein aufgesprochenes Kontaktgesuch und ich hatte mein erstes Date mit einem Assistenzarzt. Das war alles unglaublich aufregend, ich war bis über beide Ohren verliebt. Ich begann zu ahnen, dass ein schwules Leben doch ganz schön sein könnte. Ein halbes Jahr nach der Trennung von Antje traf ich sie eines Tages im Studentencafé Backwahn. Als ich ihr beichtete, dass ich schwul sei, brach sie in ein hysterisches Lachen aus, so dass sich alle Gäste zu uns umdrehten.

Mir kam es vor, als wenn es erleichternd für sie war, das zu hören. Es lag nicht an ihr. Es lag an mir.

Mein erster Beziehungsversuch mit dem Assistenzarzt endete nach wenigen Wochen. Ich war einfach noch viel zu unsicher. In der schwulen Szene hatte ich als Theologe mit Vorurteilen zu kämpfen. Ich hoffte immer, dass mich niemand fragen würde, was ich eigentlich arbeite oder studiere. Die Reaktion war so vorhersehbar. „Was, du studierst Theologie?" Das schien für die schwule Community nicht zusammenzupassen. Waren die Kirchen nicht eine Hochburg der Konservativen, die sich gegen die Emanzipation von Schwulen, Lesben und Transgender stellte? Und für diesen Laden wollte ich arbeiten? Ich erntete Kopfschütteln. Das tat besonders weh, wenn ich einen Prinzen gefunden hatte, mit dem ich nach stundenlangem Blickkontakt eigentlich flirten wollte. Und dann diskutierten wir wieder über Kirche, Gott und Glauben – Themen, zu denen jeder besonders viel zu sagen weiß, besonders nach reichlichem Alkoholgenuss in einer Diskothek nachts um Drei.

Obwohl ich im theologischen Examen stand, war mir die Kirche fremd geworden. Als schwuler Mann fand ich mich von dieser Institution nicht angenommen. Gewiss, hier und da hörte ich von besonders offenen Pastorinnen und Pastoren, die auch die Schwulen und Lesben lieb haben.

Das hatte dann aber oft etwas Herablassendes. Wie die Alten, Kranken und Wirren wurden auch Schwule, Lesben und Transgender summiert unter die „Mühseligen und Beladenen". Es musste uns schon richtig schlecht gehen, dann konnte sich die Kirche in Barmherzigkeit um uns kümmern. Unser Anderssein stand dem klassischen Familien- und Beziehungsbild, das die Kirche damals vermittelte, völlig entgegen. Es gab die Norm und wir waren die Abweichung von der Norm, das Abnormale.

Als schwuler Mann entwickelt man einen Instinkt, sich möglichen diskriminierenden Situationen nicht auszusetzen. Ich besuchte ein Jahr lang keinen Gottesdienst. Ich hatte das Gefühl, dass mich alle anstarren würden. Zu ihnen gehörte ich nicht mehr. Und selbst wenn sie mich vielleicht nett finden würden, wäre das vorbei mit dem Nettsein, wenn sie Bescheid wüßten. So dachte ich und hielt es in einer Kirche einfach nicht mehr aus. Bei den Schwulen erlebte ich Ablehnung als Theologe, in der Kirche fühlte ich mich als Schwuler abgelehnt. Was aber sollte beruflich jetzt aus mir werden?

Schwule Liebe auf dem Kiez

Durch meine Coming-out-Gruppe hatte ich die Schwulenbar „Toom Peerstall" auf St. Pauli kennengelernt. Diese Kultkneipe in der Clemens-Schultz-Straße unweit der Reeperbahn wurde von allen nur „Katharina" genannt.

Katharina, das war ein imposanter linker Wiener Lokalpolitiker, der gerne in derber Lederkleidung auftrat. Im Nachtzug nach Hamburg verwandelte sich dieses Original und lebte eine ganz andere Seite aus. Am Hamburger Hauptbahnhof entstieg dem Zug eine korpulente Dame mit Perücke und Perlenkette im geblümten Kleid, die kiloweise Käsewurst direktimportierte.

Mit großer Würde, manchmal mit Strenge, manchmal mit heiterem Witz regierte Katharina ihr Reich vom Tresen aus. Den Ellenbogen aufgestützt auf eine verbeulte Keksdose, hielt sie die Zigarette zwischen den vergilbten Fingern. Ihre Käsewurst habe ich nur gegessen, wenn ich richtig großen Hunger in der Nacht bekam und schon einige Biere getrunken hatte. Mittlerweile war die verrauchte Kneipe mein zweites Wohnzimmer geworden. Studenten und Arbeiter, Ledermänner mit Schnauzbart und Geschminkte im Kleid, hier mischte sich damals noch alles.

Nach Einwurf einiger Münzen in die Musikbox waren zu hören:

Edith Piaf: „Non, je ne regrette rien ...",
Miriam Makeba: „Click Song",

Nina Simone: „My Baby Just Cares For Me …",
Eurythmics: „Sweet dreams …",
Hildegard Knef: „Für mich solls rote Rosen regnen …"
und Jimmy Somerville mit „Smalltown Boy".

Diese Songs und meine Absicht, die Sehnsucht nicht alleine ertragen zu wollen, war meine solide Grundlage für eine lange Nacht bei Katharina. Wir schauten damals noch nicht auf die Displays der Smartphones, die dem Besitzer vormachen, er habe sein Leben im Griff. Vor der Erfindung des Internets und der Flirtapps schauten wir uns bei Katharina in die müden Gesichter, die im schummerigen Rotlicht schmeichelhaft jung und lebendig wirkten. Manchmal wurden die Blicke mit fortgeschrittener Stunde länger und durchdringender. Katharina galt als Abschleppkneipe. Hier konnte man ungehindert seinem Jagdtrieb folgen und jemanden erobern. Oder sich erobern lassen, sei es auch nur für eine Nacht. Wenn die Morgendämmerung drohte, erhöhte sich das Jagdfieber in der Schwulenkneipe.

Das war anfangs unglaublich aufregend für mich. Ich suchte aber eigentlich nicht das schnelle Abenteuer, sondern einen Menschen, mit dem ich das Leben teilen kann. Wenn ich auf die Schwulen schimpfte und ihre Beziehungsunfähigkeit, dann war das meine Angst, alleine zu bleiben im Leben. So stand ich in einer nasskalten Nacht Ende Februar vor dem Kühlschrank bei Katharina, trank mein drittes Bier und hing meinen Gedanken nach. Ein Typ baggerte mich an, von dem ich aber nichts wollte.

Dann blieb mein Blick hängen an dem Blick eines anderen. Es war eigentlich Zeit zu gehen, ich hatte einen langen Weg zu meiner Studentenbude. Aber ich kam einfach nicht los von dem unbekannten Mann mit den freundlichen Augen. Dem Typen neben mir antwortete ich immer sparsamer und schließlich gab ich ihm eine Abfuhr.

Wir schauten uns schon länger als eine Stunde an, es war weit nach Mitternacht. Der Mann mit den freundlichen Augen pulte nervös an seinem aufgeweichten Bieretikett herum. Irgendwoher nahm ich die Kraft, meine Schüchternheit zu überwinden, und bewegte mich die vier Schritte weg vom Kühlschrank zu ihm hin. Kaum hatte ich Hallo sagen können, da lief eine ganze Gruppe von Kneipengästen zwischen uns. Darüber mussten wir beide lachen.

Dann kam die unvermeidliche Frage: Was machst Du? Mein Gegenüber arbeitete in einem Altersheim, und ich druckste herum: Theologiestudent, kurz vor dem Examen. „Ach, das ist ja interessant! Willst du Pastor werden?" Er komme gerade von einem Seminar seiner Kirchengemeinde. In Glückstadt würde er im Kirchenchor singen und in der evangelischen Jugendarbeit ehrenamtlich tätig sein. Wir hatten kaum drei Sätze gesprochen und waren schon bei der Kirche gelandet. Anders als ich hatte er die Kirche als einen Ort der Freiheit erlebt, einen geschützten Raum, wo er so sein durfte, wie er ist.

Ich staune immer noch darüber: Da hatten wir uns mitten in der Nacht in einer Schwulenkneipe auf St. Pauli getroffen und sprachen über Gott und die Welt, bis die Kiezwirtin Katharina ihren Laden schloss und wir über die regennasse Straße weiter in die Wunderbar zogen. Ich fühlte mich sofort zuhause bei Ronald und hatte mich über beide Ohren verliebt. Diesen Mann wollte ich nicht mehr loslassen. Am frühen Morgen rief Ronald ein Taxi und nahm mich mit zu sich nach Hause. Die Taxirechnung übernahm er, das beeindruckte mich. Als ich zum Frühstück bleiben durfte und er Brötchen holte, war ich endgültig überzeugt: Dieser Mann sorgt für mich. Eigentlich war schon vom ersten Tag an für mich klar, dass wir zusammengehören.

Umarmt unter einem Regenschirm zogen wir den ersten Tag durch die Straßen. Mein Leben war plötzlich schön. Seit nun über 25 Jahren gehen wir nun gemeinsam durchs Leben.

Damals wohnte ich in einem kleinen Zimmer unter dem Dach der Missionsakademie Hamburg in Nienstedten. Hier waren Stipendiaten aus vielen Ländern untergebracht. Mein Zimmernachbar war aus Simbabwe und begrüßte jeden Tag mit einem getanzten Gebet. Vibila aus dem Kongo lehnte eine angebotene Banane mit den Worten ab: „An dieser Banane klebt das Blut meiner Brüder und Schwestern." Der äthiopische Professor hatte die Angewohnheit, immer erst nach Mitternacht zu kochen. Wir nutzten mit zehn Personen eine Küche, in der uns eine muntere Schar von Kakerlaken begrüßte. Unsere Wohngemeinschaft unter dem Dach war ein wunderbarer Lernort des Interkulturellen. Allerdings ließ der Alltag auch wenig Raum für Romantik. Es gab die üblichen Streitigkeiten unter WG-Bewohnern um schmutzige Töpfe und warum kein Klopapier gekauft wurde.

Meinen Nachbarn war bald klar, dass Ronald nicht nur ein Freund ist, der über Nacht bleibt, sondern dass wir zusammen sind. Für die Stipendiaten war das irritierend und es gab Beschwerden bei der Hausleitung über uns. Wir hatten so viel Stärke und Zuversicht in dieser Zeit, dass wir uns nicht vergraulen ließen.

Wie bescheiden wir damals gelebt haben! Zum Essen hatte ich einen Klapphocker, der uns als Tisch diente. Zwei Schalen, eine Schüssel. Wir saßen auf dem Boden meines Zimmers und waren zufrieden. Mitten im baumbestandenen Villenviertel unweit der Elbe war die ideale Stimmung zum Lernen für das Examen. An den Wochenenden ging es gerne zum Tanzen auf den Kiez. Auf St. Pauli hatten wir uns kennengelernt. Dort lebten wir auf und feierten die Nächte.

Das Examen war eine enorme Kraftanstrengung. Danach fiel ich erstmal in ein großes Loch. Es gab ja nicht einmal eine irgendwie feierliche Abschlussveranstaltung. Mein Zeugnis wurde mir auf dem Flur des Theologischen Seminars von einer Verwaltungsfachkraft überreicht. Jetzt durfte ich mich Diplomtheologe nennen. Mein Examen brachte mir übrigens den ersten und einzigen Besuch beim Arbeitsamt in Blankenese ein. Die freundliche Sacharbeiterin wiederholte das Wort „Diplomtheologe" mit einem nachdenklich fragenden Unterton. Und fragte schließlich, ob ich denn über EDV-Kenntnisse verfügen würde. Als ich das verneinte, meinte sie nur „dann sind sie schwer vermittelbar". Ich hatte Schulden und musste mit dem Examen die Missionsakademie verlassen.

Gab es da nicht noch das alte Versprechen meines Professors aus Heidelberg? Theo Sundermeier hatte mir einmal die Assistentenstelle in Aussicht gestellt. Das hätte aber bedeutet, eine Fernbeziehung mit Ronald zu führen. Das konnten wir uns beide nicht vorstellen. Und doch habe ich einige Zeit damit gehadert, um der Liebe willen eine wissenschaftliche Karriere auszuschlagen. Jede Bemühung um ein Promotionsstipendium in Hamburg zerschlug sich. Die Vergabekommission entschied sich für einen guten Freund von mir. Dessen Doktorvater war der Vorsitzende eben dieser Vergabekommission.

Ich war ratlos. Wollte ich Pastor werden? Meine Kirche hatte mir zu verstehen gegeben, dass ich mit bis zu zwei Jahren Wartezeit auf das Vikariat zu rechnen habe.

Ich gehöre zur Generation der „Babyboomer": Wir waren immer zu viele. Schon in der ersten Klasse wollte man mich nicht haben, weil ich Linkshänder war. Den wahren Grund erfuhr ich später: Wir waren einfach zu viele Kinder. Als ich endlich eingeschult wurde, waren wir über 40 Erstklässler. Mitten im Unterricht wurde ein Junge, der am Daumen nuckelte, aus dem Klassenzimmer nach Hause geschickt. Die Lehrerin sagte: „Sag mal deiner Mami, dass du nächstes Jahr wiederkommen kannst. Du musst noch viel Haferbrei essen." Wir zitterten davor, dass uns das auch passieren könnte. Auf dem Gymnasium hieß es in der ersten Stunde: „Hier muss noch ausgesiebt werden." Und es wurde ausgesiebt. Wir waren schließlich der stärkste Abiturjahrgang, den die Schule je erlebt hatte. An der Universität in Heidelberg waren Hörsäle und Seminarräume immer überbelegt. Wir saßen auf den Treppenstufen oder standen an der Wand, um unsere Professoren zu hören. Von der „Theologenschwemme" wurde gesprochen. Wir waren es gewohnt, Masse zu sein und unwillkommen. Eine Generation auf Halde. Unser Instinkt sagte uns, dass wir uns würden anpassen müssen, Durststrecken durchstehen und Kompromisse eingehen müssen, um zu überleben. Erwartungen an eine „Work-Live-Balance" waren uns ebenso fremd wie das Wahlverhalten der Generation nach uns, die verschiedene Optionen abwägt und selbstbewusst Absagen erteilt mit Überlegungen von „da sehe ich mich nicht" und „das bin ich nicht". Wir konnten uns nichts aussuchen und nahmen, was kam. Immer mit dem Lebensgefühl, dass wir zu viele sind. Keiner hat auf uns gewartet und es gab immer andere, ein Heer von Konkurrenten.

Wollte ich überhaupt ins Pfarramt? Wie standen meine Chancen, in der Kirche glücklich zu werden? Ich war mir unsicher, ob ich mich meiner Kirche gegenüber als schwul outen wollte.

In dieser Zeit lernte ich Pastorinnen und Pastoren kennen, die als Lesben und Schwule in der Kirche arbeiteten, manche waren geoutet, andere nicht.

Ein kleiner Kreis traf sich zur gegenseitigen Stärkung, zum Gedankenaustausch und zur strategischen Lagebesprechung. Ich war froh, nicht alleine zu sein. Ich lernte, dass andere schon vor mir Wegbereiter der Emanzipation waren. In der damaligen Nordelbischen Kirche hatten wir großes Glück. Schon in der benachbarten Hannoverschen Landeskirche war Homosexualität noch ein Grund, aus dem Dienst entfernt zu werden.

In der Nordkirche aber wehte ein liberaler Wind: Mit Maria Jepsen war 1992 weltweit erstmals eine Frau zur Bischöfin einer lutherischen Kirche gewählt worden. Maria Jepsen hatte sich als feministische Theologin für die Rechte von Schwulen und Lesben stark gemacht. Mit ihrer Unterstützung wurde 1994 das AIDS-Pfarramt in Hamburg-St.Georg begründet und fand mit Pastor Reiner Jarchow seine ideale Besetzung. Die AIDS-Gottesdienste waren für Ronald und mich eine neue Heimat in der Kirche. Dort konnten wir Händchen halten und uns küssen, ohne dass wir einen bösen Blick oder Schlimmeres befürchten mussten. Das Thema AIDS war in den ersten Jahren nach meinem Coming-out für mich ein Angstthema. Aber in den AIDS-Gottesdiensten spürte ich eine glaubwürdige Gemeinschaft, eine Herzlichkeit und Ehrlichkeit, einen tiefen Respekt vor allen, die anders sind, einen immer wieder aufblitzenden Humor und die Freude, das Leben zu feiern – gerade im Angesicht von Krankheit und Tod.

Ein Stipendienprogramm gab mir erneut die Möglichkeit, nach Ghana zu reisen. Mit Ronald war ich erst wenige Monate zusammen und der Abschied fiel uns unendlich schwer. Aber ich freute mich auch auf Afrika: Dieser würzige Geruch bei der Ankunft, das roch jetzt für mich nach Zuhause. Die Aufnahme bei meiner alten Häuptlingsfamilie war herzlich. Durch meine Rückkehr war das Vertrauen aller mir gegenüber gewachsen. Bei einem großen Familienfest im Palast meines Königs wurden mir die Würdestühle der Ahnen gezeigt, die sogenannten „Black Stools". Schwarz waren sie, weil von Opferblut, Eiern und Palmöl geschwärzt.

Auf diesen „Black Stools", die kaum größer als ein europäischer Hocker sind, sitzen nach dem Glauben der Akan-Völker die Seelen der Verstorbenen. Ein Fremder durfte so etwas niemals zu Gesicht bekommen. Diese heiligen Objekte, in einem „Stoolhouse" sorgfältig verwahrt, wurden einmal jährlich in einem aufwendigen Kultmahl „gefüttert". Gekochte Yamsknolle, Palmöl und Eier wurden dazu zerstampft. Ein Teil der nahrhaften Masse ging an die Ahnen, ein anderer an die Lebenden. Dieses Essen mit meinem Kuntun-Clan teilen zu dürfen, war die größte Ehre. Anschließend wurde das Ereignis mit reichlich Bier und hochprozentigem Akpeteshi begossen. Dann wurde zu den uralten Fontonfrom Trommeln getanzt. Das waren solche feierlichen Momente, bei denen ich nun immer wieder gefragt wurde, ob ich nicht eine Freundin haben möchte. Das ging immer in einer Mischung aus Ernsthaftigkeit und Spaß. Viele Mädchen flirteten mich an und konnten sich dann vor Lachen kaum halten.

Solche Situationen fand ich anstrengend und dachte so bei mir: Ja, ja, der weiße Mann ist doch immer ein Unterhaltungsfaktor. Ein Mann in meinem Alter, ich ging auf die 30 zu, ein Europäer, das war doch eine gute Partie. Mein afrikanischer Bruder, Nana Yao, war schon längst verheiratet. Aber was sollte ich hier in Westafrika den Menschen erzählen? Dass ich ein schwuler Mann bin? Ich fürchtete, mit einem Outing alle Sympathien und alles Vertrauen zu verlieren.

Ich hatte mitbekommen, wie die christlichen Prediger gegen die Homosexualität wetterten. Bei mehreren Besuchen in der Hauptstadt Accra habe ich tatsächlich Männer kennengelernt, die sich mir nach einigen gemeinsamen Bieren als Gay erklärt haben und mir ihre Treffpunkte verrieten. Von einem Mann erwartete die afrikanische Gesellschaft, dass er Nachkommen zeugt. Ein kinderloser Mann bekam in Ghana keine Trauerfeier. Weiß man, wie wichtig Trauerfeiern genommen werden und wie aufwendig der ganze Clan seinen Toten tagelang feiert, so hart muss dieses Urteil erscheinen. Alle Ghanaer, die sich in meinen Begegnungen als Gay ausgaben, hatten ihren Spaß mit Männern. Aber sie hatten auch Kinder gezeugt, um gesellschaftlich nicht unten durch zu sein.

So saß ich auf den Akuapem-Bergen und sah dem Wechselspiel von tropischer Sonne, Wolken und Regengüssen zu, segnete die Hitze und verfluchte sie. Unter all den freundlichen Menschen, die ständig mit mir zusammen sein wollten, fühlte ich mich unendlich einsam ohne Ronald.

Zurück in Hamburg stellte sich als dringlichste Frage: Wovon leben und meine Miete zahlen? Ich wurde Aushilfskraft in der Landeskirchlichen Bibliothek. Zwischen staubigen Regalen bewegte ich mich und sortierte ausgeliehene Bücher zurück. Neidvoll sah ich auf die Doktoranden, deren Laufbursche ich nun war. So hatte ich mir meine Zukunft nicht vorgestellt. Ich hatte doch selbst meine Doktorarbeit schreiben wollen über afrikanische Kirchen in Hamburg.

Ein weiterer Job ergab sich als sogenannter „Provikar". Das war ein theologischer Assistent, respektlos auch „Aktenkofferträger" genannt. Dem Hauptpastor von St. Petri durfte ich zuarbeiten, der gleichzeitig Propst für Hamburg-Mitte war, dann auch im Rahmen einer Umstrukturierung für Bergedorf zuständig. Werner war aus einer alten baltischen Pastorendynastie, entsprach auf den ersten Blick dem Bild eines konservativen Pfarrers, der wie ein Gutsherr jeden Donnerstag seinem Gesinde bei einem gemeinsamen Frühstück vorsitzt und seine Zigarre in die Eierschale abascht. Seinen liberalen Geist und seine Frömmigkeit habe ich geschätzt. Ich habe mit diesem Pfarrherren alter Schule gerne Zigarren geraucht und dabei die Nöte eines Mannes in leitender Verantwortung der Kirche geteilt: Es ging um den Fusionsdruck der Gemeinden, unbewegliche Kirchenvorstände und die aufmüpfige Pastorenschaft. Aber Werner hat niemals seinen Humor und die Freude an der Zigarre verloren.

Die Pastorenkonvente unter seinem Vorsitz waren auch in den 90ern noch reine Männerrunden. Wie hat sich das Bild heute gewandelt! Wie gut tut es der Kirche heute, Männer und Frauen in Gleichberechtigung zu sehen in allen kirchlichen Haupt- und Ehrenämtern. Mir ist immer klarer geworden, dass es ohne die Emanzipationsbewegung der Frauen keine Emanzipation von Schwulen und Lesben in der Kirche gegeben hätte.

Als Provikar durfte ich an der bekannten Hauptkirche St. Petri öfter die Mittagsandacht halten. Da stand ich nun an dem Ort, wo Hamburg seinen ersten Kirchplatz hat. Unter der Holzfigur des heiligen Ansgar, des legendären Missionars und Stadtgründers, durfte ich nun den Hamburgern die frohe Botschaft verkündigen. Ich war im Zentrum der Kirche in Hamburg angekommen und dennoch nicht angekommen. Wollte mich die Kirche? Ich war ja noch nicht geoutet. Niemand in der Kirche wusste von Ronald und mir. Endlich erhielt ich 2005 die Nachricht, dass ich mir genügend Wartepunkte zusammengespart hatte, um nun ins Vikariat zu gehen. Meine Gemeinde sollte in Hoheluft sein, einem Stadtteil zwischen dem proletarischen Eimsbüttel und dem feinen Eppendorf. Endlich geht es los! Ja, ich will Pastor werden! Ich sehe mich noch als Vikar vor dem Spiegel stehen, im Talar den Segen üben: Weit ausgestreckt die Arme, sodass es nicht so aussieht als würde mich jemand mit der Pistole bedrohen und „Hände hoch" rufen. Und dann das Kreuz zeichnend, ganz ruhig in den Raum hinein und nicht verzittert oder verrutscht.

Der erste Gottesdienst. Das erste Abendmahl, bei dem ich zuerst nach dem Kelch greife, obwohl ich doch die Worte „Das ist mein Laib" spreche und nach dem Brotkorb hätte greifen sollen. All die vielen Unsicherheiten. Im Schulvikariat eine vierte Klasse, die ich bändigen sollte, die mir aber auf der Nase herumtanzte. Eine kichernde Konfirmandengruppe. Mein erstes Brautpaar, mir überlassen, weil einer der Pastoren es abgelehnt hatte, die Trauung durchzuführen. Die Braut war nicht in der Kirche, kam aus einer Familie, die in Mecklenburg durch den Sozialismus der Kirche entfremdet worden war. Das Brautpaar musste nun mit dem Vikar vorlieb nehmen und war so dankbar. Ein Jahr später durfte ich nicht nur das Kind, sondern auch die Mutter taufen. Ich hatte gelernt, dass die Menschen Freundlichkeit und Geduld brauchen, nicht eine Amtskirche, die belehrend und einschüchternd ist.

In der zweijährigen Vikariatszeit bekommt jeder einen Anleiter an die Seite gestellt. Einen erfahrenen Pastoren, der den Nachwuchs in die Geheimnisse der pastoralen Existenz einführt. Mein Anleiter war Wolfgang, ein sehr nüchterner Mensch mit einer schlichten Theologie, aber immer den Menschen freundlich zugewandt. Dem schüchternen Vikar hat er Mut gemacht. Wolfgangs Hauptthema war das wirtschaftliche Überleben der Gemeinde. Wo kann eingespart werden? Wie können durch Raumvermietungen Einnahmen erzielt werden? Zu den Fusionsgedanken des Kirchenkreises sagte er Nein. Unangenehm dämmerte es in mir auf: Was ich an der Universität gelernt habe, das ist alles nicht passgenau zugeschnitten. Was braucht ein Pastor wirklich, um im kirchlichen Leben stabil zu sein? Betriebswirtschaft und Haushaltsrecht, Bauwesen und Fundraising, Public Relation und Eventmanagement. Von diesen Lehrinhalten ist das Theologiestudium weit entfernt. Und auch das Vikariat hat es mir nicht vermittelt. Es kommt mir so vor, als seien wir Pastoren eine Kaste stümperhafter Generalisten, ständig im Spannungsfeld von Theorie und Praxis. Wir haben breit gestreute Ahnung, aber keine fundierte Kenntnis. Wenn man es als Chance begreift, sind wir der Berufsstand, der das weiteste Spektrum an Themen berührt, das man sich vorstellen kann. Immer im Modus von „learning by doing", niemals fertig, als ewige Studiosi, die um ihre Unvollkommenheit wissen und mit Zuversicht und Gottvertrauen neue Herausforderungen annehmen.

Das Vikariat ging zu Ende und meine Kirche konnte mir immer noch nicht sagen, ob ich eine berufliche Perspektive habe. Auch andere, mit denen ich im Vikariat gewesen bin, wussten nicht, wie es weitergeht und improvisierten sich durchs Leben. Ich war 32 Jahre alt und wurde nervös. Zukunftsängste brachen in mir auf. Sollte ich mich beruflich umorientieren? In welche Richtung? Ronalds Leben verlief hingegen im Rhythmus der Dienstschichten eines Altersheims. Dieser Unterschied in der Lebenswirklichkeit löste Spannungen zwischen uns aus. Auch wenn wir 1996 für zehn Wochen getrennt voneinander waren, fanden wir in unserer Liebe immer wieder zueinander.

Schließlich bekam ich einen Anruf vom Personalchef der Kirche, ausgerechnet als ich gerade voll eingeseift unter der Dusche stand. Während das Seifenwasser an mir heruntertropfte, wurde mir eine Honorartätigkeit angeboten, die 127 Kilometer von mir entfernt lag. Der Kirchenkreis Plön wollte ein sommerliches Fest feiern und brauchte dafür einen Koordinator, der von außen kam. Das roch für mich danach, dass alle dort im idyllischen Holstein miteinander zerstritten sind. Die genauen Konfliktlinien sollte ich noch kennenlernen. Natürlich musste ich diese Chance nutzen und zusagen. Sonst würde der Personalchef meine Akte in dem großen Stapel der Fälle ganz tief nach unten legen.

Am folgenden Tag saß ich im Amtszimmer des Plöner Propstes. Während Kaffee eingeschenkt wurde, stieg ein Ärger in mir hoch, der sich aus einem massiven Generationenkonflikt ergab: Vor mir saß ein auf Lebenszeit verbeamteter Propst in gehobener Besoldungsstufe, der vor dem Ruhestand sein Eigenheim haben würde und eine satte Pension dazu. Und ich war ein Habenichts in prekären Arbeitsverhältnissen, der von der Hand in den Mund lebt. Ich hatte Mut zu einem offenen Wort gegenüber dem Kirchenmann: So bereit ich auch war, bis an die Ostseeküste zu pendeln, mit einem kleinen unversteuerten Honorar ließ ich mich nicht abspeisen. Ich forderte, dass eine halbe Stelle für die Koordination eingerichtet wird, mit Steuern und allem drum und dran. Und ich erbat auch, zum Pastor ordiniert werden. Sonst würde die Augenhöhe gegenüber der etablierten Pastorenschaft nicht stimmen, die ich doch für das Projekt gewinnen sollte.

Tatsächlich zeigte der Propst Einsicht und schickte einen handschriftlichen Brief an den zuständigen Bischof und so wurde ich schließlich im Dezember 1997 in der Kieler Kirche St. Nikolai ordiniert auf eine halbe Pfarrstelle im Angestelltenverhältnis, befristet auf sieben Monate. In der Kirche ging ein Raunen durch die Reihen, als dieses schmalste aller Tickets ins Pfarramt von der Kanzel verkündet wurde. So ließ ich mir die Hände auflegen zur Ordination. Dottergelb leuchtete mein Haarschopf, weil eine Packung Haarfärbemittel eine verunglückte chemische Reaktion zeigte. Aber das passte: Jetzt fühlte ich mich frecher und freier und ich wollte mich nicht mehr verstecken. Mittlerweile gehörte ich zum Netzwerk der „Schwulen Theologie", das mir bei den Jahrestreffen in Mesum half, Theologie und Identität zusammenzubringen, Angst zu verlieren und Selbstbewusstsein zu gewinnen.

Ich wollte in der Kirche auch meine Beziehung mit Ronald nicht mehr verstecken. Wir wollten endlich den Warteraum unserer Zukunft verlassen und unseren gemeinsamen Lebensmittelpunkt bestimmen. Doch wo sollten wir eine Wohnung finden? Alles war unerschwinglich teuer. Nur eine annoncierte Wohnung am Nobistor war finanzierbar, weil der Job des Hausmeisters daran hing. Ich sagte sofort zu.

Das Nobistor war früher eines der alten Tore zwischen den Städten Hamburg und Altona, einer Gründung aus dem 17. Jahrhundert, die der Dänenkönig den Hamburgern als Konkurrenz vor die Nase gesetzt hatte.

Der Name Nobistor leitet sich von dem Wahlspruch der Altonaer her, „Nobis bene, nemine male" – „ Uns Gutes, niemandem Übles". Ein wirklich guter Spruch, den ich mir aneignete. Die Straße Nobistor war nach dem Krieg wie ein Blinddarm, ein totes Ende, durch die Holstenstraße abgeschnitten von der pulsierenden Reeperbahn. Ein vergessenes Dreieck der Stadtplanung, in dem ich mich wohlfühlte. Hier war irgendwie „Niemandsland" zwischen den Grenzen spürbar und doch lag der Kiez vor unserer Haustür. Hatte ich im Studium nicht den Theologen Paul Tillich gelesen, der feststellte: „Die Grenze ist der wahre Ort der Erkenntnis."? Ich lebte jetzt direkt an der Grenze, das entsprach meinem Lebensgefühl.

Stolze Mieter einer bescheidenen Zweizimmerwohnung im vierten Stock eines hellhörigen Hauses waren wir, das mit bescheidenen Mitteln in den 1950er-Jahren auf einem Trümmergrundstück gebaut worden war.

Unter uns wohnte ein streitsüchtiges Ehepaar. Manchmal flog neben Wortfetzen auch Geschirr auf den Parkplatz hinter dem Haus. Eine Etage tiefer wohnte ein alter Koberer, dessen Job es war, angetrunkene Männer in ein zwielichtiges Etablissement zu locken, wo sie von den Mädchen ausgenommen wurden. Ihm gegenüber war eine große Wohngemeinschaft von Studierenden. So viele wechselnde junge Leute, dass wir niemals den Überblick bekamen. Nur mit Markus hielt ich Kontakt und bin noch Jahre später mit ihm meine Joggingrunde an der Elbe gelaufen. Markus wurde Pornoanwalt, das heißt, er vertrat Pornodarsteller oder Pornoproduzenten vor Gericht. Das waren schon interessante Gespräche zwischen Gott und Welt. In der ersten Etage wohnte eine Oma in Kittelschürze, die auf die Hundert zuging. Ihr Mann war Schlachter gewesen und schon lange verstorben. Der hatte noch im Erdgeschoss in der Schlachterei gearbeitet, in der sich nun ein Gay-Pornokino eingerichtet hatte mit einer Fleischbeschau ganz anderer Art.

Das zweite Geschäft in unserem Haus war ein asiatischer Lebensmittelmarkt. Das Bildnis des thailändischen Königs hinter der Kasse wurde ständig mit frischen Blumenketten geehrt. Wenn die Thais Schweinekrusten ausfritierten, roch es das ganze Haus. Nebenan war eine konservative Moscheegemeinde untergebracht, deren Gebetsrufe bis zu uns drangen, während sich die Aleviten schräg gegenüber versammelten. Dort ging ich immer zum Frisör und unsere Gespräche drehten sich um Kurdistan.

Vier Jahre waren Ronald und ich nun ein Paar und hatten unser bescheidenes Nest gebaut. Das wollten wir mit unseren Freunden feiern.

Ein Lebensfest, ein Liebesfest. Erst der befreundete Theologe Bertold hatte mich darauf gebracht, dass wir uns ja auch als Paar segnen lassen könnten. Dieser Gedanke hat mich zunächst überfordert. Ich war unsicher, ob ich meinen Stand in der Kirche damit nicht gefährden würde. Wir wollten keine Provokation, keinen Skandal. Wir wollten etwas Schönes, etwas Würdiges.

Ende der 90er befasste sich die Synode der Nordelbischen Kirche mit dem Thema „Lebensformen". Ob die Kirche denn schwule und lesbische Paare segnen dürfe, darüber tagte das Kirchenparlament in teils hitziger Auseinandersetzung. Befürworter einer Segnung waren darauf bedacht, jeden Skandal zu vermeiden, um die Konsensbildung innerhalb der Kirche nicht zu gefährden.

Die kircheninterne Diskussion war in vollem Gange, als der Hamburger „AIDS-Pastor" Reiner Jarchow am 28. Januar 1996 öffentlich in einem der monatlich stattfindenden AIDS-Gottesdienste die Segnung eines schwulen Paares vorgenommen hatte. Jarchow argumentierte, dass er aus seelsorgerischer Verantwortung heraus nicht auf einen irgendwann sich einstellenden kirchlichen Konsens warten könne. Bewusst wurde bei der Durchführung auf einen öffentlichen Ringtausch oder ein Ja-Wort verzichtet, um den konservativen Gegnern den Vorwurf schwer zu machen, hier sei eine Verwechselbarkeit mit der kirchlichen Trauung gegeben.

Im März 1996 gab die Nordelbische Kirche endlich ihre offizielle Stellungnahme zum Thema ab und überraschte mit folgendem Eingeständnis: „Die jahrhundertelange Verdammung weiblicher und männlicher Homosexualität durch Theologie und Praxis der Kirche hat zu Diskriminierung, Verfolgung und Ermordung homosexueller Frauen und Männer entscheidend beigetragen. Die Synode erkennt dies als Schuld. Sie bittet Gott und die betroffenen Menschen um Vergebung. Sie sieht sich in der Verpflichtung, auch gegenwärtiger Diskriminierung und Verachtung von homosexuellen Männern und Frauen öffentlich zu widersprechen und jeder Gewalt entgegenzutreten." Eine Stellungnahme zur Segnung wurde leider vertagt. In der Kirche kam etwas in Bewegung. Gleichzeitig stellte sich bei vielen Schwulen und Lesben ein Gefühl der Ohnmacht ein. Mehrheitlich war die Synode uns wohlgesonnen, anders als in anderen Landeskirchen. Aber es bleibt doch die heterosexuelle Mehrheit, die über die Rechte einer Minderheit auf Würde und Segen zu entscheiden hat.

Wir konnten und wollten nicht mehr warten, bis sich unsere Kirche zu einem Konsens durchgerungen hat. Aber welche

Gemeinde war bereit, unsere Segnung mitzutragen? Hamburg hat ja viele Kirchtürme. Am Nobistor wussten wir gar nicht so genau, zu welcher Kirchengemeinde wir denn gehörten. So telefonierte ich herum und bekam manche Abfuhr. Etwa von der Art: Die Pastorin hätte ja nichts dagegen, aber im Kirchenvorstand seit das umstritten. Ob denn mit Presse zu rechnen sei, wollte man wissen und zeigte sich besorgt: Bitte keinen Skandal! Nur die St.-Pauli-Kirche reagierte freundlich. Hier wehte ein freierer Geist, weil St. Pauli ja schon immer auch Zufluchtsort für alle war, die anders sind. Schwulen und Lesben gegenüber war die Gemeinde ganz unerschrocken. Ohnehin wusste die St.-Pauli-Kirche wohl schon lange, dass sie sich als Kirche nahe bei den Menschen bewähren muss.

So gingen wir über die Reeperbahn bis zum kleinen roten Backsteinhaus am Pinnasberg, dem Pastorat der St.-Pauli-Kirche. Dort empfing uns der Kollege Georg in seinem Amtszimmer und wir besprachen unsere Pläne für den 29. Februar 1998. Georg und Martin, die beiden Kollegen auf St. Pauli, waren einverstanden. Damals war nicht in Sichtweite, dass ich vier Jahre später Pastor eben dieser St.-Pauli-Kirche werden würde und dass wir in dieses kleine rote Backsteinhaus ziehen würden.

Für einen Gottesdienst, wie wir ihn feiern wollten, gab es keine Vorlage. Wir mussten das selbst erfinden. Nur eins war uns vorgeschrieben: Mit einer Trauung durfte die Veranstaltung auf keinen Fall verwechselbar sein! So haben Ronald und ich uns selbst ein Treuebekenntnis geschrieben. Tagelang haben wir den Text reifen lassen, Zeile für Zeile uns abgerungen. Dann wieder verworfen. Die Sätze sollten gefühlvoll sein, aber nicht zu pathetisch, sie sollten echt sein, sie sollten persönlich sein. Aber eben auch öffentlich aussprechbar:

„Ich möchte mit dir zusammen gekannt und genannt werden.
Unsere Liebe ist ein von Gott gegebenes Geschenk,
dass ich in Wachheit bewahren möchte.

*Unsere Wege, die sich kreuzten, hat Gott zu einem werden
lassen.*
*So möchte ich dem Geheimnis der Liebe auf der Spur bleiben
Und dich immer neu finden.*

*Im Vertrauen zueinander möchte ich mit dir eins sein
Und mit Respekt deine Eigenständigkeit achten.*

*In allem weiß ich mich mit dir gesegnet und hoffe,
anderen zum Segen zu werden."*

Unsere Freunde haben uns den Rücken gestärkt, diesen Gottesdienst durchzuführen.

Eigentlich hätten die Glocken nicht geläutet werden dürfen, so hieß es von ganz oben. Das hätte ja an Hochzeitsglocken denken lassen. War das nun ein Gottesdienst? Ja. War das eine öffentliche Veranstaltung? Ja. Also hat der Küster einfach die Glocken geläutet.

Freund Bertold nahm den Ablauf einer klassischen lutherischen Messe als Grundlage und setzte als Überschrift „Bittgottesdienst um den Heiligen Geist". Wir sangen klassische Choräle wie „Tut mir auf die schöne Pforte" oder „Großer Gott, wir loben Dich". Selbstverständlich wurde das Abendmahl gereicht. Natürlich war das eine kirchenpolitische Überlegung, gerade die konservativen Muster zu wählen. Wir machten damit deutlich, dass wir uns in die Tradition der Kirche stellen, die Tradition allerdings nicht den Traditionalisten überlassen. Nichts schien in dieser Situation ungewöhnlicher als das Tradierte. Damit stießen wir manche Erwartung unserer Freunde wohl vor den Kopf. Wo war das Bunte, Schrille, Laute? Bei uns trat weder eine Dragqueen auf, noch wurden schwule Schlager gesungen. Wir ließen auch keine Luftballons steigen und schwenkten keine Regenbogenfahnen. Wo war der Mut zum Eigenen? War das nicht Leisetreterei? Ronalds Vater hingegen kam der Gottesdienst sehr vertraut vor: Er selbst war Katholik. Unser Treueversprechen haben wir uns in der Sakristei geben dürfen, nicht öffentlich vor der Gemeinde. Damit uns niemand vorwerfen konnte, dieser Gottesdienst wäre mit einer Trauung verwechselbar, verzichteten wir auch auf den öffentlichen Ringtausch.

Unser Freund Veit predigte über das Pauluswort: „Ist Gott für uns, wer kann wider uns sein?" Für den Segen hatte unser Freund Bertold einen mönchischen Text aus dem 11. Jahrhundert ausgesucht. In unseren Jeans und Jackets müssen wir eher wie Konfirmanden ausgesehen haben. Als wir auf dem Samtkissen vor den Altarstufen niederknieten, haben wir Großes empfangen: Ein Gefühl der Gottverbundenheit, eine Kraft und Würde ganz von oben und eine große Befreiung. Dieser Moment wirkt bis heute nach. Genau an dieser Stelle, wo wir 1998 gesegnet wurden, darf ich heute als St.-Pauli-Pastor Paare unter Gottes Segen stellen.

Nach dem Gottesdienst gab es vor dem Kirchenportal für Ronald und mich eine Überraschung unserer Freunde: Wir mussten ein großes rotes Herz, das auf ein Bettlaken gemalt war, mit einer Nagelschere ausschneiden und gemeinsam durch das Bettlaken steigen. Unter Applaus war damit der profane Teil des Lebensfests eröffnet. Ein Restaurant anzumieten überstieg unsere finanziellen Möglichkeiten. In unserer Wohnung am Nobistor drängten sich über 60 Gäste auf 60 Quadratmetern. Ich weiß bis heute nicht, wie das möglich war. Wir hatten nur 600 Mark zusammengekratzt, um unsere Gäste bewirten zu können. Alle Speisen waren selbstgemacht. Mangels Geschirr musste der grüne Salat in einer Fußwaschschüssel angerichtet werden. Fünf Kilo Räucherfisch hatte ich auf dem Fischmarkt so scharf runtergehandelt, dass es Ronald peinlich war.

Unsere Gäste sprachen dann aus, was weder Kirche noch Staat seinerzeit aussprechen konnten: Herzlichen Glückwunsch zu eurer Hochzeit!

Tatsächlich waren auch meine Mutter und Ronalds Eltern bei unserer Segnung. Meine Mutter hatte uns einen neuen Kühlschrank geschenkt. Sie lebte nach dem Tod meines Vaters mit einem rechtskonservativen Mann zusammen, der sie zwar zum Segnungsgottesdienst begleitete, sich aber weigerte, die Kirche zu betreten. Leider habe ich aus dem Mund meiner Mutter niemals gehört, dass sie sich darüber freuen würde, Ronald und mich als Paar zusammen zu sehen.

Für Ronalds Eltern hingegen war mit der Segnung klar, dass ich jetzt zur Familie gehöre. Ronalds katholischer Vater konnte das Wort „schwul" zwar niemals aussprechen, aber er nannte mich jetzt am Telefon immer „mein Jung".

Wir haben nach unserer Segnung keinen Skandal durchstehen müssen. Die Zeiten der offiziellen Diskriminierung von Schwulen und Lesben gingen in unserer Nordelbischen Kirche zu Ende. Dennoch wurde mir in mehreren Gesprächen von Kirchenoffiziellen gesagt, dass meine berufliche Zukunft in der Kirche schwierig würde, wenn ich mit meinem Partner weiterhin zusammenleben wolle.

Es gab diesen merkwürdigen Paragraphen 51 des Pfarrerdienstgesetzes, der von unserem damaligen Kirchenamtspräsidenten so ausgelegt wurde, dass ein Zusammenleben außerhalb der Ehe für Pastoren eine „schwere Amtspflichtverletzung" sei. „Für sie kommen dann keine Stellen mit Residenzpflicht in Frage", hieß es aus dem Mund der Bischöfin. Es gab aufgrund von Kürzungen ohnehin wenige freie Stellen. Und die meisten Stellen waren mit der Residenzpflicht verbunden. Der Pastor musste demnach ins Pastorat ziehen. Lebte er in einer Beziehung, dann musste er verheiratet sein. Wir aber durften ja nicht heiraten. In meinem Kopf drehte sich alles.

Die Zeit der offenen Diskriminierung war in Hamburg zwar vorbei. Aber die Kirche empfing mich nicht mit offenen Armen. Dieser Widerspruch war für mich schwer auszuhalten. Eine Hamburger Pröpstin sagte mir, „in diesem Kirchenkreis haben wir ja schon so viele Schwule – es wäre doch besser, wenn sich das gleichmäßig verteilen würde". Natürlich gab es in den städtischen Kirchenkreisen mehr Schwule als auf dem Land. Von dem Propst eines ländlichen Kirchenkreises bekam ich zu hören, „hier auf dem Land sind die Gemeinden noch nicht so weit".

Doch bald sollte sich auf staatlicher Ebene etwas bewegen. 1999 führte Hamburg die sogenannte „Hamburger Ehe" ein. Das war rein symbolisch, der Personenstand blieb „ledig". Aber es gab eine offizielle Zeremonie.

2001 kam dann bundesweit die „Lebenspartnerschaft" für gleichgeschlechtliche Paare und es sollte bis 2017 dauern, dass die „Ehe für alle" eingeführt wurde. Die zunehmende gesellschaftliche Akzeptanz von Schwulen und Lesben konnte auch von der Kirche nicht ignoriert werden. Ich habe mir oft gewünscht, die Kirche sei eine Vorreiterin gegen Diskriminierung und für Emanzipation. Leider war das nicht immer der Fall.

St. Pauli wurde unser Zuhause, auch wenn ich jede Woche in den Kirchenkreis an der Ostsee fahren musste. Ich übernachtete dann bei unserem Freund Bertold in Kiel, meinem Ermutiger in unsicheren Zeiten. Nun durfte ich mich zwar Pastor nennen, genaugenommen PzA, Pastor zur Anstellung. Aber dieses Amt blieb merkwürdig unwirklich ohne Kirchturm, Kanzel und Talar. Ich brauchte eine Gemeinde als Arbeitsfeld, um mich als Pastor zu spüren. Die Kollegen Martin und Georg nahmen mich gerne als ehrenamtlichen Pastor der St.-Pauli-Kirche auf. Ich hielt hin und wieder einen Gottesdienst und hoffte jedesmal, dass mehr als zehn Personen am Sonntagmorgen zusammenkommen würden. Das Gemeindeleben schien eingeschlafen zu sein. Um die Kirche herum herrschte ein Angstraum, die Drogenszene stand bis auf die Schwelle der Kirchentür.

Im fernen Kirchenkreis Plön feiern wir zur Himmelfahrt das große Fest. Ein mühsam errungener Erfolg meiner Arbeit, der Höhepunkt und das Ende meines Auftrags. Mir sind in dieser Zeit viele Kontakte in die entwicklungspolitischen Kreise der

Kirche zugewachsen. Daraus ergibt sich ein neuer Dienstauf-trag. Ich soll die Kampagne „Erlassjahr 2000" voranbringen, der sich unsere Kirche in einem breiten Bündnis angeschlossen hat. Zum Millennium wird der Schuldenerlass für die ärmsten der Drittweltländer von den Regierungen der reichen Industriestaa-ten gefordert. Landauf landab fahre ich durch die Gemeinden und werbe für die Unterstützung dieser Kampagne auf über hundert Veranstaltungen. Eine Reise bringt mich nach England, um die dortigen Aktivisten zu treffen. In Birmingham darf ich sogar in einer Moschee sprechen. Ein aufregender Dienstauf-trag, der mich mit den Engagierten für Frieden, Gerechtigkeit und Bewahrung der Schöpfung zusammenbringt. Voller Einsatz wird bei halbem Gehalt erwartet. Es ist unmöglich, sich abzu-grenzen. Die Kampagne wächst und wächst, ein Erfolg unserer Arbeit, der uns Freude, aber auch schwer zu schaffen macht. Im Hochsommer mache ich zudem die komplette Vertretung für die beiden Kollegen auf St. Pauli.

So sitze ich in dem Amtszimmer mit Elbblick am Pinnasberg und empfange die Mühseligen und Beladenen zur Sprechstunde, versuche so gut ich es kann zu helfen: Der völlig aufgelösten Frau, die die Papiere vom Amt nicht verstehen kann und der die Rechnungen über den Kopf wachsen. Den Obdachlosen, dem sein Schlafsack geklaut wurde, und der Nachbarin, die fest davon überzeugt ist, dass sie von einem Geheimdienst ausge-horcht wird.

Das Geld ist immer noch knapp zuhause. Daher nehme ich einen Honorarvertrag an als Schriftleiter eines kirchlichen Mitarbeitermagazins. Ich darf mich zwar Chefredakteur nen-nen, bin aber eigentlich nur „Mädchen für alles". Das Magazin braucht dringend ein überarbeitetes Layout. Man traut mir diese Arbeit zu und ich werde alles tun, um mich zu beweisen.

Themenschwerpunkte lege ich fest, werbe Autoren ein, kor-rigiere, lektoriere, mache das Layout der Texte und auch noch die Fotos dazu.

Ich gewinne Kontakte in alle Bereiche unserer Kirche. Und ich bin dicht dran an den Themen, die unsere Kirche bewegt. Ein Kompaktkurs an der Akademie für Publizistik gibt mir endgültig das Handwerkszeug, das ich brauche. Ich bin stolz auf meinen Presseausweis, und es tut gut, jetzt ein zweites berufliches Standbein zu haben als Journalist.

Vor der Jahrtausendwende halten Internet und mobiles Telefon Einzug in mein Kampagnenleben. Es ist Hochsommer, als sich ein Dutzend Aktivistinnen von „Erlassjahr 2000" mit einer medienwirksamen Jubeltour auf den Weg zum G7-Gipfel nach Köln macht. Es ist ein starkes Gefühl zu sehen, wie viele wir sind bei der Menschenkette um die Kölner Altstadt. Da steht die Ordensschwester neben dem Punker, als Bill Clintons Limousine zum Tagungszentrum eskortiert wird. In der Nachtausgabe drucken die Zeitungen Bilder brennender Fahrzeuge auf die erste Seite. Die gewalttätigen Ausschreitungen bestimmen die Schlagzeilen, nicht der friedliche Protest.

Das macht mich ärgerlich.

Mit dem G7-Gipfel hat die Kampagne ihren Höhepunkt erreicht und ich verabschiede mich. Die St. Pauli benachbarte Kirchengemeinde St. Trinitatis suchte dringend eine Vertretung, konnte aber kein Pfarrhaus anbieten. Das war meine Chance, ins Gemeindepfarramt zu kommen, eine Wohnung hatten wir ja. Ich musste diese Chance nutzen. Irgendwie hatte ich befürchtet, immer auf Projektstellen bleiben zu müssen. Abgeschrieben zu sein als jemand, der in einer Gemeinde nicht einsetzbar sei.

Der Kirchenvorstand von St. Trinitatis wollte mich, befand sich die Gemeinde doch in einer Notlage. Das Pastorenehepaar hatte sich die Stelle geteilt, der Mann hatte sich erfolgreich wegbeworben und seine Frau war damit offensichtlich überfordert und über längere Zeiträume krankgeschrieben. Als man mir die Stelle zugesagt hatte, wusste ich nicht, dass diese Entscheidung ohne Kenntnis und Zustimmung der Kollegin geschah. Ohnehin war diese Gemeinde ein Haifischbecken.

Wie ein Ahnherr wurde ein längst verstorbener Nachkriegs-pastor von ehemaligen Konfirmanden verehrt, die in der Gemeinde eine Hausmacht darstellten. Ihre wöchentlichen Jungmännerabende rochen nach Bier und Zigarettenqualm. Dort war der Stammtisch, an dem die Gemeindepolitik gemacht wurde. Während die einen nur in die Vergangenheit schauten, blickten die anderen nur in die Zukunft. Die Gegenwart schien der Gemeinde nicht viel zu gelten. Als ich auf Wasserflecken an der Decke des Flachbaus hinwies und eine flackernde Neonlampe mit der Frage, ob man das nicht in Ordnung bringen könne, hieß es von der Kollegin nur, dass das Gemeindehaus ja ohnehin abgerissen würde. Der Kirchenvorstand wollte mit meiner Hilfe umfassende Neubaupläne vorantreiben. Das kriegszerstörte Umfeld der Kirche, in dem kein Haus mehr stand, war zur Grünfläche planiert. Stand die Hauptkirche der Stadt Altona einst im Zentrum der Altstadt, war sie jetzt im Nirgendwo isoliert von den Wohnquartieren.

Grünfläche zu bebauen, das war eine heikle Forderung an die Stadtpolitik. Andererseits hatte der Park um die Kirche herum keine hohe Aufenthaltsqualität. Kampfhunde wurden dort trainiert und hinter den Büschen geschah alles, was das Tageslicht fürchtet.

Die Hauptkirche mit großer Geschichte, die zwischen Größenwahn und Verzagtheit schwankte, war finanziell am Ende. Ihrem Kirchenmusiker musste sie die Stelle kürzen. Der aktivierte das lokale Fernsehen und einen Rechtsanwalt. Die Kollegin war lange krankgeschrieben und von mir erwartete man vollen Einsatz bei halber Bezahlung. Aber ich hatte keine Wahl. Ich musste mich bewähren.

Über drei Jahre arbeite ich in der Altonaer Gemeinde. Viele freundliche Leute lerne ich kennen. Mit der benachbarten Moschee veranstalten wir ein großes Osterfeuer, dazu gibt es Döner. Nachbarschaft und Kirche finden zueinander. Das Erntedankfest feiern wir mit der afrikanischen und mit der chinesischen Gemeinde, die beide Untermieter der Kirche sind. Ich will, dass es nicht nur um Mieteinnahmen geht, sondern dass wir die interkulturelle Chance entdecken und gestalten. Unsere Stadt ist vielfältig. Dann kann die Kirche nicht nur den Deutschen gehören. Bei dem anschließenden internationalen Buffet hatten die Afrikaner und die Chinesen Köstlichkeiten aufgefahren. Unserer deutschen Gemeinde fiel nur ein, Kartoffelsalat und Würstchen vom Großhandel zu holen. Ich schämte mich für meine Gemeinde. Gegen die alte Hausmacht mit ihrem unterschwelligen Rassismus kam ich nicht an. Als eines morgens der Spruch „Pastors Kasperkiste" mit großen Buchstaben an die Backsteinmauer der Kirche gesprüht war, wusste ich sicher, dass es Feindschaft gibt. Der treueste Teilnehmer an der Bibelstunde, der keinen Gottesdienst verpasste, hatte mir schon mehrere Briefe geschrieben, in denen er darlegte, dass die Homosexualität „dem Herrn ein Gräuel" sei. Nun blickte er mich mit stechendem Blick durch seine silbergefasste Brille an und eröffnete mir, dass er nicht mehr zur Kirche kommen würde. Ich dürfe meine Hände nicht zum Altar erheben. Ich dürfe nicht beten, da ich unrein sei. Ja, ich dürfe kein Pastor sein. Und ich wisse ja, was man früher mit solchen Leuten wie mir gemacht habe. Da fragte ich ihn direkt: „Wollen sie mich vergasen?" Da druckste er herum.

Der Silberbrillenmann kam nicht mehr zur Kirche. Einige Monate später, als ich eine alte Dame im Krankenhaus besuchte, stand der alte Herr unerwartet vor mir auf dem Stationsflur. Erst hielt ich ihn für einen Besucher. Doch irgendetwas stimmte nicht. Abgemagert war er. „Herr Pastor, kommen sie bitte auch in mein Zimmer, dass wir gemeinsam beten können?" Jetzt war sein Blick ängstlich und suchend. Er hatte eine fatale Diagnose. Natürlich betete ich mit ihm. „Und vergib uns unsere Schuld, wie auch wir vergeben unseren Schuldigern", diese Zeile des Vaterunser hörte ich jetzt ganz neu.

Vom Angstraum zum Kirchgarten

„Willst du zu uns ins Team kommen?" fragte mich mein Kollege Martin von der benachbarten St.-Pauli-Kirche. „Natürlich will ich zu euch", sagte ich und musste nicht lange nachdenken. Es war Zeit für einen Wechsel. Drei Jobs hatte ich gleichzeitig zu machen. Ich war halbbezahlter Altonaer Pastor mit voller Arbeit, Chefredakteur eines Mitarbeitermagazins und Hausmeister. Mir kam es vor, als wenn in der stolzen Altonaer Hauptkirche alles auf der Stelle trat. Die konspirative Hausmacht der Gemeinde war schwulenfeindlich und machte es mir leicht, mich zu verabschieden.

Ich kannte die St.-Pauli-Kirche ja schon. Dort war die einzige offene Kirchentür, die wir als schwules Paar 1998 gefunden haben, um uns segnen zu lassen. Wie die Kollegen ihr Amt als St.-Pauli-Pastoren ausübten, überzeugte mich. Sie lebten Kirche irgendwie anders, näher an den Menschen dran. In der St.-Pauli-Kirche wehte der Geist der Freiheit. Als ehrenamtlicher Pastor hatte ich ja schon Erfahrungen am Pinnasberg gesammelt, jener Straße, die zwölf Meter über Normalnull am Elbhang liegt und einen legendär schlechten Ruf genoss. Im Herbst 2001 schrieb ich meine Bewerbung, wurde zum Gespräch auf die Sitzung des Kirchenvorstands eingeladen und als neuer Pastor der Gemeinde gewählt. Ich konnte es kaum glauben! Eine volle Stelle, die unbefristet war! Und das in unserem St. Pauli, in dem wir schon längst zuhause waren. Aber auf was hatte ich mich da eingelassen? 800 Meter Luftlinie lagen zwischen der Altonaer Hauptkirche und der St.-Pauli-Kirche. Doch der kanalisierte Grenzfluss Pepermölenbeeck dazwischen trennte Welten. Diese mittelalterliche Grenzlinie, an der bis 1864 der Hamburgische Stadtstaat und das dänische Altona aufeinander trafen, war wirkmächtig bis in die Gegenwart.

In Altona regierte Anfang des 21. Jahrhunderts noch das Kleinbürgertum, das verächtlich auf St. Paulis Sündenbabel vor der eigenen Haustür schielte. Jeder dritte Bewohner von Altona Altstadt war im Seniorenalter. Doch St. Pauli war der zweitjüngste Stadtteil Hamburgs. Hier pulsierte das Leben. Und mittendrin die Kirche in ihrem Existenzkampf, tief in den roten Zahlen.

Schon Ende der 1960er-Jahre war das St. Paulianer Bürgertum aus dem Stadtteil mit seinen tristen verwahrlosten Häusern weggezogen. Kohlenheizung und die Toilette auf halber Treppe oder im Hinterhof, das war in den Wirtschaftswunderjahren nicht mehr zeitgemäß. Schon die Nazis hatten das enge, verruchte Quartier abreißen und eine Frontbebauung an der Elbe schaffen wollen, die dem Größenwahn des „Tausendjährigen Reiches" entsprach. Auch nach Kriegsende sah die Stadtplanung den Abriss vor. Den Charme der alten Häuser oder die gewachsenen sozialen Beziehungen – all das sah die Politik damals nicht. In den 1970er- und 80er-Jahren verlor der Kiez an Attraktion als Amüsiermeile, Rivalitäten zwischen verfeindeten kriminellen Organisationen brachten St. Pauli in die Schlagzeilen. Das war schlecht für das Geschäft: Hatten früher Generationen von Hamburgern hier ihre Ausgeh- und Amüsiermeile, so trauten sich nun immer weniger zahlungskräftige Gäste auf den verruchten Kiez.

In die alten Häuser, deren Abriss vorgesehen war, wurden Menschen von der Sozialbehörde einquartiert, die man in anderen Stadtteilen nicht haben wollte: Da waren Gastarbeiterfamilien, von denen damals niemand glaubte, dass sie dauerhaft in Deutschland bleiben würden. Da wurden Randständige und Verwahrloste einquartiert, die in anderen Stadtteilen als auffällig und störend galten. Der Stadtteil St. Pauli war für viele Menschen eine Heimat auf Abruf. Aber er war auch ein Magnet für alle, die sich in der bürgerlichen Gesellschaft nicht zuhause fühlten, die anders waren. Aus den Dörfern und Kleinstädten kamen die Flüchtlinge vor dem Bigotten, Moralischen, Strengen, Autoritären, Obrigkeitsgläubigen, vor dem „Das gehört sich so, das macht man so, das war immer schon so".

Hier in den engen Straßen, Hinterhöfen und abbruchreifen Häusern, in den Kellerwohnungen und Dachzimmern war immer noch ein Schlupfloch für eine arme Seele, die auf dem Kiez endlich das Freiheitsgefühl spüren wollte. Doch schon machten sich Immobilienspekulationen in dem vernachlässigten Stadtteil breit.

Als die komplette Häuserfront an der Hafenstraße in den 1980er-Jahren abgerissen werden sollte, um einem gigantischen Bauprojekt zu weichen, regte sich Widerstand. Es waren Studentinnen und Studenten, die St. Pauli entdeckt hatten und hier den idealen Austragungsort ihrer Revolution vorfanden, einer Abrechnung mit dem Raubtierkapitalismus. Sie besetzten die alten Häuser an der Elbe, trotzten den polizeilichen Maßnahmen und zwangen den Hamburger Senat schließlich zu Verhandlungen. Der Widerstand der Hafenstraße wurde zum Mythos, der sich immer noch weitererzählt. Er ist das Narrativ des politischen St. Pauli, das bis heute die Kraft hat, den Widerstand gegen ein scheinbar übermächtiges System anzuheizen. St. Pauli inszeniert immer wieder David gegen Goliath.

Die legendäre Hafenstraße, an der dieser Widerstandsmythos hängt, liegt direkt neben dem Gelände der St.-Pauli-Kirche. Was macht eine Kirche, wenn über Jahre hinweg in der Nachbarschaft die Barrikaden brennen und sich Bewohner mit der Polizei Schlachten liefern? Die Barrikaden hatte ich als junger Zivildienstleistender selbst noch gesehen und den Brandgeruch in der Nase gehabt. Die Kirche bot in den 80ern den Raum für Stadtteilversammlungen mit ihren endlosen Diskussionen. Die Gemeinde aber war durch Wegzüge der tragenden Mittelschicht geschwunden und der Haushalt tief in den roten Zahlen. In den 80ern war es schwer, überhaupt jemanden zu finden, der Pastor auf St. Pauli werden wollte. In den 90er-Jahren hatte der Kirchenvorstand ernsthaft diskutiert, ob man das Gotteshaus nicht schließen solle. Wer würde sich hier noch für Gott interessieren? Die Menschen brauchen Sozialarbeiter, nicht Prediger, so dachte man damals.

Als ich 1998 Vertretungsdienste in der St.-Pauli-Kirche machte, empfing mich jeden Morgen eine lange Schlange von Hilfesuchenden vor dem Pastorat. Aber in dem grauen Meer der Kirchenbänke fand sich zum Sonntagsgottesdienst kaum ein Dutzend Besucher ein. Die Kollegen Georg und Martin hatten über die Jahrtausendwende daran gearbeitet, die Kirchenbänke zu entfernen, um ein neues Raumkonzept mit Bestuhlung umzusetzen. Das gefiel nicht jedem, aber der Kirchenraum konnte so erfolgreich vermietet werden und dringend benötigte Einnahmen erwirtschaften. Und ein Neuanfang des gottesdienstlichen Lebens war möglich: Auf anfangs 20 gespendeten Stühlen fühlten sich die Menschen weniger verloren, man rückte zusammen und gewann wieder ein Gemeinschaftsgefühl.

Mit Beginn des neuen Jahrtausends waren die Kämpfe um die Hafenstraße schon Geschichte. Die Hafenstraßenbewohner waren alle ein paar Jahre älter geworden und die besetzten Häuser längst in eine legalisierte Genossenschaft überführt und in Eigenleistung saniert. Das Hoch auf ein revolutionäres St. Pauli, wie es früher einmal gewesen war, verriet die Wehmut der alten Revolutionäre über ihre verklärte Jugend.

Die zahlreichen Initiativen im sozialen Brennpunkt waren mittlerweile professionalisiert worden und bot ein dichtes Angebotsnetz. Aber die Pastorenkollegen waren immer noch damit beschäftigt, die Finanzen der Gemeinde zu sanieren. St.

Pauli war wieder einmal im Wandel und blieb sich nur darin treu. Noch war die verruchte Halbwelt mit dem Schmuddel-image zu spüren, noch gab es alte Hafenarbeiter und Seeleute, die im Schauermannspark mit Blick über die Elbe saßen und ihr Bierchen tranken. Aber schon waren die Zeichen auf Wandel gestellt. Junge Leute zogen in den Stadtteil und ließen ihre Ideen aufblühen. Überall machten Läden auf, der Kiez boomte. Und auch die von Durststrecken gezeichnete Gemeinde musste sich neu erfinden.

An meinem ersten Arbeitstag im Januar 2002 ist Schnee über den Müll gefallen, der von Sylvester auf den Straßen lie-gen geblieben ist. Unzählige Spuren zeichnen sich dreckig in die Schneematsche. An der Ecke Silbersackstraße zur Reeperbahn steht eine kleine, blasse Frau in einem viel zu großen Herren-mantel und Hausschuhen. Ihr zahnloser Mund arbeitet nervös, als sie mich fixiert und anspricht: Süßer, komm mal her!

Ich denke: Erstes Seelsorgegespräch, jetzt bist du als Pastor gefragt. Ich gehe auf die Frau zu und wünsche ein frohes neues Jahr. Jetzt rieche ich die Alkoholfahne, die aus ihrem Mund weht und mir fällt auf, dass sie unter dem Herrenmantel nur ein hellblaues Nachthemd trägt. Sie sieht mich an und deutet auf das kleine Silberkreuz an meinem Revers. Sie nickt nachdenklich, der zahnlose Mund arbeitet und sie sagt schließlich: „Für dich mache ich es besonders gerne und dann gibst du mir einen aus."

Nach und nach lerne ich so meine neuen Nachbarinnen ken-nen und weiß bald, wer zum lebenden Inventar der Straßen und Plätze gehört, und auch die Bewohner der umliegenden Häuser werde ich bald kennenlernen.

Als Pastor bin ich „residenzpflichtig", so will es die Ord-nung der Kirche. Es wird erwartet, dass ich in das Pastorat am Pinnasberg ziehe, das kleine rote Backsteinhaus aus dem Jahr 1820 mit dem damals noch unverbauten Elbblick über eine Rui-nenlandschaft abgebrochener Mietskasernen hinüber bis zu den Docks von Blohm & Voss.

Generationen von Pastoren haben hier mit ihren Familien gelebt, zu Zeiten als die Nähe zur Elbe noch nichts Feines war. Bis in die 1970er-Jahre hinein war es hier laut: Die Schiffe wurden auf den Werften noch zusammengenietet und der Ruß der kohlebetriebenen Schiffe schwärzte die Häuser der Arbeiter, so dass die Weißwäsche, die zum Trocknen auf die Leine kam, schon wieder dreckig wurde.

Heute ist der Elbblick die beliebteste Wohnlage. Das kleine Backsteinhaus am Pinnasberg hat jetzt manche Neider. Doch vor unserem Umzug gibt es ein ernsthaftes Problem: Mein dienstvorgesetzter Propst erklärt mir bei meinem Antrittsgespräch, dass mein Ronald keinesfalls ins Pastorat ziehen dürfe. Es gebe da den Paragraphen 51 des Pfarrerdienstgesetzes. 2002 waren wir schon acht Jahre ein Paar, lebten seit vier Jahren in einem Haushalt – und sollten uns jetzt trennen? Ich fand kaum Worte für diese Zumutung, so entwürdigend und auch widersprüchlich fand ich das: Diese Landeskirche, die sich vor Jahren bei Schwulen und Lesben entschuldigt hatte für vergangenes Unrecht, wollte uns jetzt trennen? Der Kirchenvorstand protestierte massiv gegen den Propst, so dass dieser zerknirscht einlenken musste. Offiziell kirchenrechtlich wurde unser Zusammenleben im Pastorat zwölf Jahre lang lediglich geduldet, bis eine Neufassung des Pfarrdienstgesetzes der Evangelischen Kirche in Deutschland im Jahr 2014 unseren Zustand endlich legalisierte.

Doch zunächst kämpfen wir mit ganz praktischen Problemen: Nachdem wir eine harte japanische Matte quer über die Reeperbahn ins Pastorat getragen haben, schlafen wir in der komplett leeren und protestantisch weiß gestrichenen Wohnung unsere erste Nacht. All die Jahre haben wir uns immer mit einer studentischen Möblierung begnügt, mit einer Matratze auf einer Holzpalette – für mehr war auch kein Geld. Wie sollen wir nun diese leeren Räume füllen? Ich nehme das erste Mal im Leben einen Kredit auf und wir schaffen ein richtiges Bett an. Die Wände werden bunt gestrichen, der Flur in Rosarot. Wenn schon Schwule ins Pastorat ziehen, dann wollen wir wenigstens Farbe ins Leben bringen und unseren Spaß im „Pinken Pastorat" haben.

Vier Jahre nach unserer Segnung und acht Jahre nach unserem Kennenlernen ist es Zeit, endlich zu heiraten. Nein, heiraten dürfen wir zu dieser Zeit noch nicht. Aber bereits 1999 gibt es die Hamburger Ehe für Schwule und Lesben, ein eher symbolischer Akt ohne Rechtsverbindlichkeit. Seit 2001 können gleichgeschlechtliche Paare bundesweit eine Lebenspartnerschaft begründen, und das wollen wir jetzt tun. Ronald nimmt meinen Familiennamen und verbindet ihn mit seinem.

Nach der Zeremonie auf dem Standesamt des Altonaer Rathaus wird mein Mann mit Blumensträußen und Glückwünschen seiner Mitarbeiter im Altenheim und seines Arbeitgebers überhäuft. Meiner Kirche gegenüber bin ich verpflichtet, Änderungen des Personenstandes schriftlich anzuzeigen. Wochen später bekomme ich einen Schrieb zurück, der einen schmallippigen Satz des Rechtsdezernats enthält:»Hiermit bestätigen wir den Eingang ihres Schreibens vom …« Kein Glückwunsch. Kein Segenswunsch. Das tut weh.

Aber die kirchliche Welt mit ihren Eigenheiten und ihrer Trägheit ist auf St. Pauli sehr weit weg. Und es ist dieser Stadtteil, auf den ich mich jetzt ganz einlassen will, der mir aber auch Herzklopfen macht. Da ist die ganz alltägliche Erfahrung von Gewalt, bei der mir manchmal die Schläfen pochen. Menschen tun sich selbst oder anderen Gewalt an. Täglich werde ich vor meinem Haus Zeuge, wie Männer sich um den Verstand saufen. Mit einigen rede ich, manchmal lachen wir gemeinsam, aber es ist eigentlich zum Heulen. „Na, hast du schon gefrühstückt?", frage ich Franky gegen 9 Uhr früh. Der antwortet nur: „Ne, so früh kann ich noch gar nichts essen. Das macht mein Magen nicht mit. Erst brauche ich drei Biere. Dann gehts." Irgendwann ist Franky ein paar Wochen weg auf Entzug. Danach sieht er richtig gut aus. Aber dann stürzt er wieder ab, schlimmer als vorher. Warum zieht der nicht hier weg, denke ich. In der Sucht ziehen sich alle gegenseitig immer wieder nach unten. Als ich 2002 meinen Dienst beginne, steht auf dem Kirchhof noch eine Gräberreihe, die an alte Zeiten erinnert. Mächtige Grabplatten ruhen unter hundertjährigen Linden, auch wenn seit Generationen hier niemand mehr begraben wird. Eigentlich ein schöner Ort. Aber das Umfeld der Kirche ist von Verwahrlosung und Gewalt geprägt, Friedhofsruhe gibt es hier keine. Die Fenster der mit Graffiti beschmierten Backsteinkirche sind mit Plexiglas verkleidet. Über zehntausend Euro gibt die Gemeinde Jahr für Jahr aus, um Glasschäden zu reparieren. Ich erfahre, dass Bälle in die Fenster geschossen werden und Steine das Glas zum Klirren bringen. Alles aus Müßiggang und schlechter Laune. Hin und wieder wird in die Fenster geschossen.

An der Backsteinmauer lese ich Schilder: „Das Konsumieren und Handeln mit Drogen ist verboten." Auf Deutsch, Serbokroatisch und Türkisch steht es dort. Nur es hilft nichts. Der Kirchhof ist Drogenumschlagplatz rund um die Uhr. Auseinandersetzungen unter Dealern und mit den Konsumenten sind an der Tagesordnung. Nachbarn erzählen, dass vor wenigen Jahren auch Prostitution auf dem Kirchhof stattfand. Da habe die Kirchengemeinde auf eigene Kosten Klohäuschen aufstellen lassen.

Abends sehe ich, wie Senioren ihre flauschigen Schoßhunde, Nachwuchszuhälter ihre imposanten Kampfhunde und alte Seemänner ihre betagten Schäferhunde Gassi auf dem Kirchhof führen und wie selbstverständlich ihre Lieblinge dort kacken lassen, wo die Gebeine der St. Paulianer ihre letzte Ruhestätte gefunden haben. Selbstverständlich ist auch, dass betrunkene Männer gegen den roten Backstein des Gotteshauses pinkeln und auch in den Spielsand des Kindergartens. Die umliegenden kopfsteingepflasterten Straßen sind morgens mit glitzernden Glassplittern übersät und erzählen von den aufgebrochenen Fahrzeugen der nächtlichen Raubzüge.

In den Sommermonaten vergeht kein Tag, ohne dass ich Zeuge von körperlicher Gewalt in meiner neuen Nachbarschaft werde.

Vor die Tür des Pastorats zu treten heißt für mich oft, einen Angstraum zu betreten, in dem allein die Macht des Stärkeren regiert. Ich ahne, wie lange und vergeblich sich hier schon die Pastorenkollegen abgekämpft haben. Werde ich die Kraft haben, mich im Team mit meinem Kollegen dieser Gewalt entgegenzustellen? Das ist meine bange Frage bei Dienstantritt. Die ersten Jahre auf St. Pauli hatte ich mit meinem Kollegen viel damit zu tun, die Drogenszene um die Kirche zu verbannen. Schon unser Begriff „Kirchgarten" war programmatisch. Kein „Kirchhof" eben, kein „Friedhof", der das Gelände ja tatsächlich mal gewesen war, sondern ein „Kirchgarten", der für alle Gäste offen ist, gleichzeitig an Regeln gebunden, die alle Gäste schützen.

Die alten Eisentore werden instand gesetzt und nach Einbruch der Dunkelheit geschlossen. Die Hundehalter beschimpfen uns, als wir ihnen den Zugang verweigern: „Und das will Kirche sein? Habt ihr kein Herz für Tiere?" Hauspolitik ist jetzt, dass alle Mitarbeiter jeden und jede im Kirchgarten grüßen. Das ist schon ein großer Kulturwandel. Bisher hatten sich alle ja darin eingeübt, aneinander vorbeizuschauen und einen Bogen umeinander zu machen. Nun waren viele Nachbarn erfreut über diese neue Sitte. Gleichzeitig waren die Dealer irritiert, angeschaut und begrüßt zu werden. Oft nahm ich allein Mut zusammen und sprach sie direkt an, bat sie darum, ihr Geschäft woanders zu machen. Manche haben das verstanden, andere bedrohten mich. Mit der Davidwache mussten wir einige Jahre zusammenarbeiten, um den Kirchgarten drogenfrei zu bekommen. Aber Polizeieinsätze alleine hätten das niemals geschafft. Als die große Brachfläche am Pinnasberg in einer Anwohnerinnenplanung in den „Park Fiction" umgestaltet werden sollte, setzten wir im Kirchgarten einige Ideen um:

Eine Boulefläche wurde direkt auf einem Bunkerdeckel aus dem Zweiten Weltkrieg geschaffen. Bald fanden sich die Boulfreunde unter den Nachbarn ein, spielten und unterhielten sich. Das machte den Dealern Unlust. Kleine Gartenflächen wurden als Anwohnerbeete gestaltet und unter Nachbarinnen und Nachbarn mit dem grünen Daumen im Losverfahren vergeben. Bald blühten hier die Tulpen und im Sommer wuchsen Radieschen und Zucchini. Wenn da jemand kam, der sich daneben benehmen wollte, der wurde schnell zurechtgewiesen.

Fast dörflich wurde es im Kirchgarten, der an eine ganz alte christliche Gartenkultur anknüpft, die bis in die Klostergärten des Mittelalters zurückreicht. Sie hatten die Klöster nicht nur mit Obst und Gemüse versorgt, sondern in ihnen wurden auch Heilkräuter gezogen. Wo Klostergärten waren, da war es heilsam. Letztlich ist der Klostergarten eine spirituelle Erinnerung an den Paradiesgarten. Eine uralte Kulturgeschichte also, mit der ich viel anfangen kann. Wenige Meter hinter dem Gartenzaun ist der Kiez zu hören und zu riechen. Viel zu laute, viel zu grobe Worte. Musik wabert aus den Boxen. Der süßliche Geruch von Hasch steigt in die Nase.

Doch bei uns grüßen Nachbarn über den Zaun, es gibt Klönschnack wie auf dem Dorf. Wir sind hier zuhause, wir kümmern uns. Das ist ein gutes Gefühl. Leider müssen wir Nachbarn oft über die reden, die den Kiez benutzen und missbrauchen. Wer Gärtnerin und Gärtner auf St. Pauli ist, hütet etwas Zartes auf einer Insel inmitten einer groben Welt.

Bald kletterte der St.-Pauli-Nachwuchs unter professioneller Anleitung in den hundertjährigen Linden. Als die letzten Dealer verschwunden waren, sah ich das erste Liebespaar, das sich auf einer Wolldecke entspannte. Da wusste ich: Jetzt haben wir was geschafft. Die Eltern, die nach Feierabend ihre Kinder abholten und bisher so schnell wie möglich nachhause eilten, trafen sich jetzt im Kirchgarten, spielten mit den Kindern und „klönten", wie man das „Schwatzen" auf Norddeutsch nennt.

Es gibt keinen anderen Ort auf St. Pauli, an dem Kinder barfuß laufen können.

Der Angstraum um die Kirche war dem Kirchgarten gewichen. Eine Besucherin, die von der Reeperbahn bis zu unserem Gelände kam – man geht kaum 10 Minuten –, sagte einmal treffend: „Da bin ich wohl von der Hölle in den Himmel gekommen. An der Reeperbahn riecht es nach Klo, hier duftet der Flieder." Schon wurden erste Kindergeburtstage unter freiem Himmel gefeiert.

Um die Jahrtausendwende hat kaum ein Brautpaar daran gedacht, sich in unserer Kirche trauen zu lassen. St. Pauli war gut für den Junggesellenabschied, aber zum Heiraten, da ging man lieber nach St. Michaelis. Nun bekamen wir Anfragen von Brautpaaren, von ganz klassisch in Weiß bis zur Punkhochzeit, bei der Nasenringe getauscht werden.

Eines Tages meldete sich ein Imker bei uns und stellte Bienenkörbe in unsere Pastorengärten. Stadthonig wurde damals noch argwöhnisch beäugt. „Nach was wird euer St.-Pauli-Honig denn schmecken? Nach Bier und Currywurst?" Solche Bemerkungen erledigten sich nach dem Genuss des Immengoldes. Der alte Imker sah sich als den Letzten seiner Art. Dann entdeckten die jungen Leute das Imkern in der Stadt neu – es nennt sich jetzt „Urban Imkering".

Warum nicht Hausbesuche machen und mich als neuer Pastor vorstellen? Ich klingele einfach an den Türen der Nachbarschaft und sehe, was passiert. Durch die Gegensprechanlage schallt mir entgegen: „Herr Pastor, so schlecht geht mir das noch nicht, dass sie kommen müssen. Besuchen sie mal lieber eine andere." Herzklopfen. Stoßgebete. Ich muss an das Jesuswort denken: „Klopfet an, so wird euch aufgetan."

Und tatsächlich öffnen sich manche Türen. Auch wenn ich nachmittags noch im Morgenmantel begrüßt werde. Die Lebensrythmen sind eben sehr verschieden auf dem Kiez, der niemals schläft.

In einem Haus klingele ich und die Treppe runter ruft mir eine junge Frau zu: „Wir sind zwar Atheisten, aber einen heißen Kaffee haben wir gerade fertig." So lerne ich meine Freundin Tania kennen, die mich nun so lange schon begleitet und erträgt und dann und wann heilsam ermahnt, „Nun lass doch mal sein mit dem Pastor". Sie kennt und liebt den Kiez wie keine andere und bietet Gästeführungen an, die das „echte St. Pauli" zeigen, ohne jede Romantisierung. Mit dieser Lebensexpertin kann ich so wunderbar frei und jenseits aller Dogmatik reden.

Ein anderer Nachbar ist Michael, der mit seiner Katze in einem alten Salzschuppen an der Hafenstraße wohnt. Wir sitzen gerne auf dem Dach, rauchen, philosophieren und sehen der Sonne und den Wolken über der Elbe zu. Im Winter friert der ewige Student in den ungeheizten Räumen. Zum Wäschewaschen kommt er zu uns ins Pastorat. Er versucht, ein Geschäft mit alten Möbeln zu machen. Als das nicht läuft, eröffnet Michael einen Club. Bis eines Tages die Polizei zur Drogenrazzia anrückt.

Nachbar Heinz spaziert jeden Tag mit seinem Hund um die Kirche. Der Terrier heißt Amor der Vierte. Heinz ist immer gepflegt gekleidet und gibt jedem seine Visitenkarte. Auf der behauptet er, Deutschlands ältestes „Male Model" zu sein, ist aber zu eitel, sein wahres Alter zu nennen.

Maria gehört noch zur alten Garde der Huren auf St. Pauli. Makellos im Auftritt, streng im Ton, Lippenstift an der Zigarette. Jetzt im Alter geht sie ganz gerne zur Kirche und zum 80. Geburtstag zieht sie für uns noch einmal ihre roten Stiefel an.

Ein weiterer Nachbar ist ein echter Ur-St. Paulianer. Theo wohnte ein Leben lang im Haus seiner Eltern. Nachdem seine Frau verstarb, hatte der alte Herr irgendwann eine Freundin. Ein paar Jahre jünger und am Ende ihrer Hurenkarriere. Die Nachbarschaft der Alt-St. Paulianer rümpft die Nase, aber dem Liebespaar ist es egal.

Als Pastor bin ich auch für unser Jugendhaus zuständig, das direkt neben der Kirche liegt. In den 1980er-Jahren wurde ein altes Pastorat für die Jugend des Stadtteils geöffnet, die sich selbst überlassen war. Damals hatten viele Gastarbeiter nach Jahren in Hamburg ihre Kinder nachgeholt. Während von den Mädchen oft erwartet wurde, den Haushalt zu machen, standen die Jungs in Gruppen an den Straßenecken und auf den Plätzen und manche rutschten in die Bandenkriminalität ab. Sollten wir Waffenkontrollen unter den Jugendlichen durchführen? Fast jeder Junge hatte damals ein Messer in den weiten Taschen seiner Trainingshose. Wir hielten es so, dass niemand seine Waffe offen zeigen durfte. Rutschte doch ein Messer mal aus der Hose, war immer wieder zu hören, „Das ist doch nur für meine Verteidigung".

Welche Kirchengemeinde bietet schon Boxkurse an? Wir tun es und sind stolz darauf. Auf unserem Gemeindebrief war gerade ein schönes Foto unseres Sozialarbeiters mit zwei Jungs am Boxsack abgebildet und ich erkläre der geneigten Leserin, dass das Boxtraining den Jungs Respekt und Regelverhalten beibringen würde und sie bei dem Training ihre Aggressionen abbauen und ein gutes ausgeglichenes Körpergefühl gewinnen könnten.

Ausgerechnet einer der beiden Dargestellten, kaum 16 Jahre alt, gerät auf der Großen Freiheit in einen heftigen Streit und sticht mit seinem Messer zu. Das Opfer erholt sich später von den lebensgefährlichen Verletzungen. Der Täter absolviert im Jugendgefängnis eine Ausbildung. Die Boxgruppe besteht bis heute und es gibt auch ein erfolgreiches Boxangebot für Mädchen. Das Konzept bleibt überzeugend, auch wenn wir nicht alle erreichen und nicht jeden jungen Menschen auffangen können.

Damals dominierten die türkischen Jungs so sehr unser Jugendhaus, dass alle wegblieben, die nicht Türkisch sprachen. Heute ist die Zusammensetzung vielfältiger geworden: Jugendliche, die ihre Wurzeln in Afrika, Asien, Europa und Südamerika haben, sprechen alle Deutsch miteinander.

Und noch etwas hat sich im Jugendhaus positiv verändert: Nur durchsetzungsstarke Mädchen trauten sich früher in die Jugendräume. Heute ist der Anteil der Mädchen erfreulich hoch und es gibt ein entspanntes Miteinander. Gab es zu meiner Anfangszeit viele Schüler, die nach neun Jahren die Schule ohne Abschluss verließen, so haben wir jetzt in jedem Jahrgang auch mittlere Schulabschlüsse und Abiturienten. Es gibt viele junge Menschen im Jugendhaus, auf die wir mit Recht stolz sein können.

Nachdem wir einen Kirchgarten gewonnen hatten und der Angstraum verschwunden war, wollten wir noch mehr. Die Nachbarschaft sollte das Kirchenschiff und sein Umfeld als einen Ort heiliger Gastfreundschaft entdecken, und ein Stück Gegenkultur jenseits von Kommerz und Tourismus. Wie kommt die Kirche auf die Straße? Und wie kommt die Straße in die Kirche? Das sind die beiden Fragen, die uns immer bewegen. 2006 haben wir die Fußballweltmeisterschaft, die auch in Hamburg ausgetragen wurde, zum Anlass für unsere Aktion „Balleluja" genommen. Die Kirche nimmt den Ball der WM auf und spielt ihn auf ihre Weise weiter. Wo Menschen Fair Play miteinander spielen, da steckt das „Halleluja" drin, das Gotteslob. Was taten Adam und Eva anderes, als im Garten Gottes zu spielen zum Lobe Gottes? Die Kirche muss den spielenden Menschen wiederentdecken und ihre Angst vor der Berührung mit Populärkultur verlieren.

„Balleluja" bot ein Public Viewing in der Kirche und ein kinder- und jugendgerechtes Programm über die Sommerwochen der Weltmeisterschaft. Die Heranwachsenden sind oft nur Zaungäste in ihrem eigenen Stadtteil, in dem die Party niemals endet. Viele Erscheinungen von Jugendkriminalität lassen sich auf das ohnmächtige Gefühl zurückführen, ausgeschlossen zu sein vom Spiel der Erwachsenen, die so oft als Vorbilder des Fair Play versagen. Zur WM erwartete der Kiez viele Gäste aus dem In- und Ausland und unsere Jugendlichen wurden als

Gastgeber ausgebildet. Das war schon eine mutige Aktion. Ein Anti-Gewalt-Training war für alle verpflichtend und die zehn Gebote des Fair Play mussten auswendig gelernt werden. Ein sehr stabiler professioneller Türsteher und Pädagoge konnte als Trainer gewonnen werden, der als Autorität anerkannt wurde. Hatte die WM das Motto gewählt „Die Welt zu Gast bei Freunden", so ergänzten wir: „Und wir haben die Gastgeber!"

Die ausgebildeten 25 Jugendlichen hatten fast alle einen „Migrationshintergrund", die meisten waren Muslime. In ihren roten Gastgeber-Jacken und weißen T-Shirts standen sie jetzt für St. Pauli und für die einladende Kiezkirche, die Tausende von Gästen empfing und große mediale Aufmerksamkeit genoß. Das war für alle ein Erfolg, der seine Auswirkungen noch weit über die WM hinaus in die Nachbarschaft hat. Jetzt haben alle erfahren, was auf der Wandmalerei an unserem Jugendhaus steht: „Wir sind St. Pauli."

Wunden und Wunder

Wunden und Wunder liegen nicht nur sprachlich dicht beieinander. Wo die Wunden sind, da will Gott sein, denn er zeigt sich in dem Gekreuzigten als der Verwundete. In der St.-Pauli-Kirche hängt das Kruzifix eigentlich ganz falsch im Raum. Nicht vorne am Altar, wie man es erwarten würde, sondern hinten an der Orgelempore. Die Predigtgemeinde hat das Kruzifix im Rücken. Was auf den ersten Blick ungeschickt aussieht, macht vielleicht einen tieferen Sinn: Es ist der verwundete Gottessohn, der seine gekreuzigten Arme weit zum Segen ausbreitet über alle, die aus dem schützenden Kirchenschiff hinausgehen auf das harte Kopfsteinpflaster St. Paulis. Ostern beginnt in den Wunden und führt zu dem Wunder der Auferstehung mitten im Leben, das ist das Evangelium für St. Pauli. Für mich fangen Wunder nicht dort an, wo die Naturgesetze außer Kraft gesetzt werden. Wunder geschehen, wenn mehr passiert und Schöneres passiert, als wir Menschen denken und machen können. Weil die Wunden auf St. Pauli offener liegen als in anderen Quartieren, zeigen sich auch die Wunder mitten in der Gebrochenheit.

Das Elend wankt auf wackeligen Beinen jedem entgegen, der an der S-Bahn Reeperbahn ankommt und nicht seine Augen verschließt. Obdachlose dösen an der Reeperbahn, der „Sündigen Meile", die niemals geschlossen ist und wo sich immer ein paar Münzen zusammenschnorren lassen.

Einer, der sich jahrelang um die Obdachlosen auf St. Pauli gekümmert hat, war Holger. In ärmlichen und engen Verhältnissen im Karolinenviertel groß geworden, musste er in den 1950er-Jahren schon als Zwölfjähriger schwere Kisten auf dem Fischmarkt schleppen. Vom Vater geprügelt, lebte der Jugendliche seine Sehnsucht nach Liebe zwischen Männern im nächtlichen Treiben in den öffentlichen Parks aus. Homosexuelle Handlungen waren damals noch strafbar. Bei einer Razzia stellte die Polizei den Minderjährigen, und ein Jugendgericht wies Holger in eine kirchliche Erziehungsanstalt ein, wo er gedemütigt und gequält wurde. Das ist die Ursache, warum der junge Mann mit der Kirche brach und ein überzeugter Kommunist wurde. Mit seiner Arbeitermütze habe ich ihn an Wochenenden in der Fußgängerzone gesehen, wie er kommunistische Zeitungen anpries.

Sein Herz schlug für die Obdachlosen, in Räumen des Hamburger Hafenkrankenhauses hatte er sein „Café mit Herz" eingerichtet. Unabhängig von staatlicher Förderung und den großen sozialen Werken, lebte das Projekt allein von Spenden. Nachts sah man Holger in den Straßen von St. Pauli unermüdlich mit der Spendendose herumlaufen und mit einer Hartnäckigkeit sammeln, die manche nervte.

Das alte Hafenkrankenhaus, seit über hundert Jahren Anlaufstätte für die Besatzungen ankernder Schiffe, hatte Holger vor dem Abriss gerettet und dazu den ganzen Stadtteil mobilisiert, vor allem aber die linke Szene aus der Hafenstraße und der Roten Flora. Damit hatte er Wirtschaftsleute und Politiker verärgert.

Holger schaffte es auch, St. Pauli in der Adventszeit für einen Bettlermarsch zu mobilisieren. Jahrelang zogen wir mit Hunderten Anderen von St. Pauli bis in die weihnachtlich geschmückte Innenstadt und irritierten das shoppende Bürgertum. Die sonst verschämten Armen haben bei den Bettlermärschen allen zugemutet: „Schaut uns an. Wir haben ein Gesicht und eine Würde."

Holger war mit seiner undiplomatischen Art für viele politisch Verantwortliche eine Nervensäge. Ihm wurde mangelnde

Professionalität vorgeworfen. Als die Bezirksversammlung in Hamburg-Mitte sein Café mit Herz nicht länger in den Räumen des Hafenkrankenhauses dulden wollte, habe ich interveniert und die Schließung konnte abgewendet werden.

Als der unermüdliche Holger immer schmaler und immer müder wurde und die immer wieder aufgeschobene ärztliche Untersuchung eine fatale Diagnose stellte, da schwand die Kraft von Woche zu Woche. Im Krankenhaus hat er mir seine Lebensgeschichte erzählt und auch sein bescheidenes Testament eigenhändig geschrieben. Mit der Kirche wollte er, der alte Kommunist, seinen Frieden schließen. Mit Gott selbst habe er nie gebrochen, erklärte er und bat mich um eine Trauerfeier in der St.-Pauli-Kirche. Im Hospiz „Leuchtfeuer" mitten auf seinem Kiez hat Holger seine letzten Tage in Würde verbringen können, und wir haben in den immer kürzer werdenden Wachphasen noch über manches gesprochen und auch zusammen gelacht.

Bei der Trauerfeier verabschiedeten sich Hunderte am offenen Sarg. So hatte er es bestimmt. Der Tote hatte seine unverkennbare Mütze auf und die Spendensammelbüchse in der Hand. Die Kirche war bis auf den letzten Platz mit Menschen besetzt, die sonst nicht kamen. Der Gewerkschaftschor sang alte Arbeiterweisen und zum Vaterunser und zum Segen erhoben sich alle feierlich. In der Kneipe „Silbersack" war anschließend Umtrunk und manche Geschichte wurde über dieses Kiezoriginal erzählt, das niemand ersetzen kann. Sein Café mit Herz gibt es immer noch – das allein ist ein Wunder. Im Frühling denke ich jedesmal an Holger, wenn die Magnolie in der Silbersackstraße blüht. Eine Freundin hat ihm diesen letzten Wunsch erfüllt und den Baum gepflanzt, der dieser kleinen Straße, die an Wochenenden einer Pissrinne gleicht, eine schmerzende Schönheit verleiht.

Viele haben das Bild eines alten Mannes mit Bart und Bierdose vor Augen, wenn sie an Obdachlose denken. Doch Obdachlosigkeit hat viele Gesichter und Geschichten. Aus zahlreichen

Gesprächen weiß ich, wie mühsam der Weg aus der Obdachlosigkeit zurück in ein geregeltes Leben ist. Die Wohnungsnot ist groß und wer einmal auf der Straße ist, dem traut kaum ein Vermieter zu, für eine Wohnung sorgen zu können.

Ich habe in einem Hinterhof auf dem Kiez ein Ehepaar im Zelt besucht, das sich an einem Gasofen wärmte, während draußen der Schnee fiel. Während wir in die blinkend bunten Lämpchen eines kleinen Plastiktannenbaums schauen, erzählten sie ihre Geschichte. Beide gaben zu, dass sie im Leben gewiss Fehler gemacht hätten. Alkohol würden sie aber schon lange nicht mehr anrühren, erste Schritte zurück ins Arbeitsleben waren gelungen.

Der dringendste Wunsch des Paares war, mit dem gemeinsamen Kind wieder zusammenleben zu dürfen, das die Sozialbehörde in einer Pflegefamilie untergebracht hatte. Als der Frühjahr kam, fanden die beiden endlich eine Wohnung und die kleine Familie erhielt eine neue Chance, unterstützt von einer Sozialpädagogin.

Auf St. Pauli stranden auch viele junge Menschen. Viele haben durch ihre Sucht und psychische Erkrankungen jeden Halt verloren und auch das Vertrauen ihrer Familien und Freunde. Manche junge Erwachsene sind als sogenannte Couchsurfer unsichtbar: Mal bei diesem Freund, mal bei jener Freundin, mal auf der Straße, kaum mehr als die Kleidung auf dem Leib und nirgendwo zuhause. Manchmal steht so jemand unerwartet bei mir vor der Tür mit seinen Habseligkeiten in ein paar Plastiktüten verstaut. Rausgeschmissen wie schon so oft, wund, heulend und ratlos. Dann versuche ich zuzuhören, Hilfe zu organisieren und die arme Seele in einem einfachen Hotel unterzubringen. Manche sind aber so wund in ihrer Seele, dass sie gar nicht mehr in der Lage sind, Telefonate zu führen oder einen Termin zu machen. Hilfsangebote werden ausgeschlagen, Chancen nicht mehr erkannt. Das tut mir immer sehr weh, so etwas zu erleben. Das Hilfesystem erreicht nicht jeden.

Es gibt Menschen, die auf der Straße leben, obwohl sie eigentlich eine Wohnung hätten. Ich denke an Herrn Grün, der einige Jahre im Schutz unseres Kirchgartens überwinterte. Alkohol trank er nicht. Der stille 50-Jährige mit den blauen Augen war ein stiller Dorfmensch, der von einem Bauernhof in Mecklenburg in die Großstadt geflüchtet war. Seine Schwester, mit der er unter einem Dach wohnen musste, hatte ihn mehrfach verprügelt. Da sammelte er lieber Flaschen auf St. Pauli.

Den von Holger organisierten Bettlermärschen ging immer ein Nikolaus voran. Das war der ganze Stolz von Klaus, seinen berühmten Namenspatron einmal im Jahr spielen zu dürfen, den großzügigen wohltätigen Heiligen. Klaus hatte es nach vielen Jahren auf der Straße geschafft, endlich eine Wohnung zu finden und kam mit einem ganz besonderen Anliegen zu mir: Er habe es kaum für möglich gehalten, sich noch einmal zu verlieben. Mit einem der bulgarischen Transsexuellen aus der Schmuckstraße sei er zusammen und die beiden würden so gerne in der Kirche getraut werden. Ob ich das für sie machen würde? Es war mir ein Fest: Hundert Gäste in einer bunten Mischung. An den vielen Kreuzen, die geschlagen wurden, erkannte ich die orthodoxen Christen. Transsexuelle aus der Schmuckstraße waren ebenso da wie Verkäufer des Straßenmagazins „Hinz und Kunz". Viele Menschen, die auf die eine oder andere Art Verwundungen im Leben davongetragen hatten und jetzt diese Würde und Schönheit miteinander wie eine Heilung erlebten. Nicht nur mir standen Tränen in den Augen.

Eine ganz andere Situation von Obdachlosigkeit habe ich im Elbschlosskeller in der Straße Hamburger Berg kennengelernt. Drei Stufen geht es herunter in diese Kneipenwelt, die rund um die Uhr an allen Tagen im Jahr geöffnet hat. Zwischendurch wird immer mal gewischt, aber der Boden klebt trotzdem. Es riecht nach durchzechten Nächten und vielen Zigaretten. Viele Menschen sind im Ausnahmezustand: Ganz high oder in sich versunken, tanzend, singend oder schlafend. Ich werde mehrfach von Menschen umarmt, die ich noch niemals gesehen habe. Gut, dass sie alle ihren Elbschlosskeller haben. Manche bleiben mehrere Tage und Nächte, manche bleiben noch länger. Eine gepflegte kleine Dame ist mir aufgefallen, die irgendwie nicht hierher gehört. Ich erfahre, dass sie schon ein halbes Jahr im Elbschlosskeller wohnt. Auf einem alten Sofa vor der Damentoilette hat sie ihre Ecke eingerichtet, Kosmetikartikel, Kleidungsstücke und einen Plüschhund um sich versammelt. Ich biete ihr meine Hilfe an, aber sie ist misstrauisch. Sie will nirgendwo hingebracht werden – wer weiß schon, wo sie vorher untergebracht war? Das will sie nicht verraten. Den staatlichen Institutionen und ihrem Fürsorgesystem traut sie auf jeden Fall nicht mehr. Dass sie ständig hustet, verwundert in diesem Keller niemanden. „Eigentlich bin ich Nichtraucherin", sagt sie, und ich darf ihr den Namen „Madame Dany" geben. Nach mehreren Begegnungen über einige Wochen ist sie endlich bereit, den Keller zu verlassen. Ein lieber Freund hat zugesagt, ein billiges Hotel am Hans-Albers-Platz zu finanzieren, bis die Lage von Madame geklärt ist. Natürlich hat sie Anspruch auf staatliche Unterstützung. Eine geduldige Ehrenamtliche hat die reife Dame zu Behördengängen begleitet, alleine wäre es ihr niemals gelungen, ihre Ängste zu überwinden. Auf keinen Fall will sie weg vom Kiez. „Ich flirte viel zu gerne mit den Männern", verrät sie mir. Lieber ein Zimmer im billigen Hotel auf St. Pauli, als in eine öffentliche Unterkunft an die Peripherie verbracht. So sehe ich sie diesen Sommer glücklich im Park vor unserem Pastorat sitzen in geselliger Runde und mit den Männern flirten. Eine mondäne Sonnenbrille mit Glitzersternchen hat Madame Dany auf und trägt ein makelloses Makeup. Ich freue mich an dieser Würde im Alter, die sie zurückgewonnen hat. Sie hat gerade ihren 80. Geburtstag gefeiert.

In demselben Park, in dem Madame mit ihren Freunden den Sommer genießt, ist Hochsaison für die Flaschensammler. Einer von ihnen ist Jacob, drei Sommer sehe ich ihn jetzt schon. Er kommt aus Ghana, war Gastarbeiter in Libyen, wo er ein gutes Auskommen hatte. Der Bürgerkrieg 2011 hat eine Narbe quer über sein Gesicht gezeichnet. Er verfügt über italienische Papiere, findet dort aber keine Arbeit. In Deutschland hat er keine Arbeitserlaubnis. Mit den gambischen Dealern auf den Straßen St. Paulis will er nichts zu tun haben. So sammelt er jede Nacht Flaschen, mitten im Getriebe der Kiezbummler. Tagsüber schläft er unter der Fußgängerbrücke zum Fischmarkt. Immer wieder wird er von betrunkenen Gruppen belästigt, manchmal ausgeraubt. Jakob ist stolz auf seine Bildung und er hat einen festen Plan: „Pastor, es ist die Hölle hier. Aber ich mache das alles für meine Familie. Mein Haus in Ghana muss fertig werden. Und das Schulgeld für meine beiden Töchter muss ich zahlen." Er zeigt mir stolz ein Foto seiner Frau und der Töchter in Schuluniformen. „Noch ein oder zwei Jahre. Dann habe ich das endlich geschafft. Dann werde ich zurück nach Hause gehen und von meinen Feldern leben. Aber solange muss ich diese Hölle hier aushalten." Als Jacob mir beschreibt, wo das Dorf seiner Familie ist, wird mir klar, dass ich in meiner Studentenzeit schon dort gewesen bin. Diesen Sommer habe ich Jacob nicht mehr gesehen. Ich bete, dass es ihm gut geht und er sein Ziel erreicht hat.

Herbert gehörte über viele Jahre zum lebenden Inventar der Reeperbahn. Der alte Seemann mit den wasserblauen Augen und der mehrfach gebrochenen Nase prahlte gerne damit, in fünf Häfen mit fünf Frauen fünf Kinder gezeugt zu haben. Einmal sitze ich mit ihm in seiner kleinen verwahrlosten Stube. Er behauptet glatt, dass die benachbarte Herbertstraße nach ihm benannt sei und wir lachen. Aber den Schnaps, den er mir anbietet, will ich nicht annehmen. Dann kramt er in einer Zigarrenkiste nach Familienfotos, Erinnerungen werden wach. Nur einer seine Söhne würde sich hin und wieder mal melden. Irgendwann wird Herbert von Nachbarn am Fuß der steilen Treppe gefunden, die zu seinem Zimmer führt. Er muss runtergestürzt sein, niemand weiß, wie lange er dort schon hilflos lag.

Als der alte Seemann sich im Krankenhaus erholt hat, finde ich einen Ankerplatz im Altersheim für ihn. Zur Reeperbahn hat er keine Sehnsucht mehr: „Was soll ich denn da. Die haben mich doch immer nur beklaut. Hier gibt es Essen und Trinken, alles umsonst", schwärmt er. Herbert ist mein treuester Gottesdienstbesucher. Und dass er mit dem Rollstuhl dann und wann auf den Kiez fährt und sich Schnaps besorgt, das muss ja keiner wissen.

Die Herbertstraße ist einschlägig bekannt und wohl einmalig: Jugendlichen und Frauen wird der Zugang untersagt. Immer wieder lassen sich Touristengruppen kichernd vor den Sichtblenden fotografieren, meistens ohne zu wissen, dass diese 1933 von den Nazis errichtet wurden, um das kasernierte Prostitutionsgewerbe zu verbergen. Betritt man die Sonderwelt der Herbertstraße, sieht man hinter Schaufenstern Sexarbeiterinnen im roten Licht auf ihren Barhockern räkeln und die Männer heranwinken. Der Künstler Oliver Hertel hat diese Szenen in Öl gemalt. Eines seiner Werke hängt als Kopie in der St.-Pauli-Kirche und soll die Gottesdienstbesucher an die Sexarbeiterinnen und ihr hartes Leben erinnern, das sich 200 Meter entfernt von der Kirche abspielt. Gewiss, die Frauen, die in der Herbertstraße ihren festen Arbeitsplatz haben, geht es besser als anderen Prostituierten. Aber doch ist das Geschäft hart und der Zuhälter steckt das meiste Geld ein.

In dieser Welt haben zwei Damen als Wirtschafterinnen gearbeitet, nun drückt sie die Last des Alters. Der Kiezjargon schimpft sie „Puffmütter", darüber können sie nur lachen. Sie erzählen von der Arbeit in der Herbertstraße: Kaffee kochen, frische Handtücher bereitlegen, für Ordnung sorgen und darauf achten, dass die Mädchen Umsatz machen. Und immer wieder müssen sie Eifersüchteleien befrieden und unverschämten Freiern klare Ansagen machen oder rausschmeißen. Heute leben die beiden Wirtschafterinnen wenige Schritte von ihrem ehemaligen Arbeitsplatz entfernt. Wo sollen sie denn sonst hin? St. Pauli ist alles, was sie haben, das ist ihr Leben. Die eine ist gerade aus dem Krankenhaus entlassen worden nach einer schweren Darmoperation. Die andere muss alle Kraft aufwenden, um aus dem Plüschsessel hochzukommen, die Lunge rasselt, als sie sich auf den Gehwagen stützt. Nun schauen wir in den Schein der Adventskerzen und beten miteinander, bringen alle Wunden vor Gott, die das Leben hinterlassen hat, und spüren heilsam Gottes Gegenwart. Der Blick aus dem Fenster geht ins trübe Licht über der Elbe. Gestärkt verabschieden wir uns. Ich habe mich immer denen nahe gefühlt, die wissen, dass sie Gott nötig haben.

Es sind die einfachen Leute auf St. Pauli, die diese Amüsiermeile am Laufen halten. Im Alter bleiben als einziges Kapital die Beziehungen, die sie nicht vereinsamen lassen. Die alten Huren, die jeden Familienkontakt verloren haben, die Tänzerinnen, denen jetzt die Beine dick sind, der Kiezkellner, der zu wenig in die Rente eingezahlt hat, der gestrandete Seemann, der Hafenarbeiter und die Reinigungskraft, die jahrzehntelang früh am Morgen die Kneipen durchgewischt hat.

Es sind die bescheidenen Biographien dieser Menschen, die ich oft bei Armenbegräbnissen verlesen muss, wenn sich ein kleiner Kreis auf dem Friedhof versammelt, um einen oder eine aus ihrer Runde zu verabschieden. Das hat etwas sehr Würdevolles, gerade wenn der Lebenslauf tragisch ist. Wenn wir St.-Pauli-Pastoren gebeten werden, bei der Trauer zu helfen, sind wir immer bereit. In manche Kneipen auf St. Pauli kann ich kaum gehen, ohne auf Verstorbene angesprochen zu werden. Dann teilen wir Erinnerungen am Tresen. Noch gibt es sie, diese alten Nachbarschaftskneipen, schwindende Inseln des alten St. Pauli, die bald Geschichte sein werden.

Es gibt viele Persönlichkeiten auf dem Kiez, die mir Mut machen, weil sie allen Wettern trotzen. Erika verbreitet immer gute Laune. Mit dem Rollator schiebt sie über die Reeperbahn, wir grüßen uns: „Erika, was hast du denn da?" – „Das sind meine Frösche, die fahren im Rollator immer mit." Wir lachen gemeinsam über die giftgrünen Plüschtiere mit ihren Glubschaugen.

„Von denen habe ich Hunderte. Vielleicht die größte Froschsammlung Hamburgs." Wenn wir im Gemeindehaus mit den Seniorinnen Kaffeekränzchen feiern, dann ist sie immer dabei, irgendetwas zu basteln. Sie strickt einen Schal aus Wollresten in gewagten Farbkompositionen mit Pink, Neongrün und Orange. Aus Büroklammern hat sie sich einmal eine Perücke gebastelt. Das war ein Hingucker! Erika liebt es, die anderen zu verblüffen und zum Lachen zu bringen. Die Perücke aus Büroklammern trug sie, als ihr wegen der Chemo alle Haare ausgefallen waren. Erika ist schwer erkrankt an Krebs. Daraus macht sie kein Geheimnis. „Ach was, Unkraut vergeht nicht", ist so ein typischer Satz der 73jährigen. Erika will nicht bemitleidet werden. Sie will nicht als hilfsbedürftige alte und kranke Frau gesehen werden, sondern als Künstlerin. Und das ist sie auch: eine Lebenskünstlerin. Das finde ich stark, wie sie das Leben meistert. Wie viel Jammern und Unzufriedenheit höre ich sonst um mich herum. Erika sorgt dafür, sich selbst und andere bei Laune zu halten und das Leben zu genießen.

Einmal hat mir diese St. Paulianer Lebenskünstlerin erzählt, dass sie eine schwere Kindheit und Jugend hatte. Ein hartes Leben mit vielen Ungerechtigkeiten. Heute muss sie mit ihrer kleinen Rente auskommen. Verbittert hat sie das nie. Erika ist eine Überlebenskünstlerin. Zu Gott pflegt sie ein ganz kindliches Verhältnis und spricht ihr Nachtgebet vor dem Schlafengehen.

Ihre ganze Wohnung ist so vollgestopft mit Bastelmaterial, dass Besucher kaum durch die Räume kommen. „Erika, da hast du dir aber viel vorgenommen!", sage ich mit Blick auf die Kisten und Tüten. Da lacht sie nur. „Das hat alles seine Ordnung. Eigentlich müsste ich hundert Jahre alt werden, um das alles zu verarbeiten."

Vor Weihnachten habe ich viele Jahre mit Konfirmanden Päckchen verteilt an Menschen, für die es zu Weihnachten keine Bescherung geben wird. Vor einem Schnellimbiss an der

Reeperbahn treffen wir Angelina, der mit ihren kaum vierzig Jahren schon viele Zähne fehlen. Als Frau auf der Straße, das ist sehr hart. Die Behörde hat ihr einen Übernachtungsplatz angeboten. Aber dort dürfte sie ihren Hund nicht mitnehmen, ihrem treuesten Freund, wie sie sagt. So bleibt sie lieber auf Platte an der sündigen Meile, mal lachend, mal streitend mit den anderen Obdachlosen. Von unserem Weihnachtspäckchen ist sie ganz angerührt und sie erzählt den Konfirmandinnen, dass ihr Name „Engel" bedeutet. In den kommenden Wochen besuchen wir Angelina einige Male mit der Gruppe, die mittlerweile Geld gesammelt hat für Hundefuttergutscheine des benachbarten Supermarkts.

Angelina strahlt, wenn sie uns sieht. Dann ist die Kälte für einen Moment vergessen.

Eine Konfirmandin fragt wenige Tage vor Weihnachten, ob wir nicht auch den gambischen Dealern, die an den Ecken stehen und auf ihre Drogenkundschaft warten, eine Freude machen wollen. Ich denke, das Mädchen hat ein gutes Herz, auch an die zu denken, die sich dieses Leben so nicht ausgesucht haben. Von den einen als Dealer genutzt, von den anderen verachtet und gemieden, immer auf der Flucht vor der Polizei, sieht kaum jemand den Menschen in ihnen. Als wir uns mit Weihnachtspäckchen auf den Weg machen, sind alle Dealer verschwunden. Hinter einem Zaun haben sie sich auf ein Privatgelände an der Hafenstraße geflüchtet. Davor lauert eine Polizeistreife, die keinen Durchsuchungsbefehl hat.

In dieser angespannten Situation reichen meine Konfirmanden die zwei Dutzend Päckchen über den Zaun, die freudestrahlend von den jungen Afrikanern empfangen werden. Ihnen und auch den Polizisten davor wünschen wir frohe Weihnachten.

Alle Jahre wieder und jedes Jahr anders. Die Proben zum Krippenspiel sind in der St.-Pauli-Kirche immer aufregend. Werden Maria und Josef ein Team? Die Kinderschar der Engel und Hirtinnen ist aufgekratzt, Mama und Papa sind entzückt.

Nach der Probe bleibt eine alte Dame im Kirchenschiff sitzen. Will sie ihr Enkelkind abholen? Vergeblich spreche ich sie an. Sie bleibt stumm, auch als ich sage, dass ich nun die Kirche abschließen muss, weil ich einen Termin habe. Sie trägt einen feinen Mantel und einen Seidenschal, der für die Minusgrade eigentlich zu dünn ist. „Was suchen sie denn? Was brauchen sie?" Keine Reaktion. Langsam begreife ich, dass die stumme Frau zufällig hier im Kirchenschiff gestrandet ist. Was tun? Nun zeigt sich unsere Nachbarschaft von der starken Seite: Christiane vom Haus gegenüber nimmt die Fremde bei sich auf, die ihr in großer Selbstverständlichkeit folgt. Vielleicht taut sie ja auf und sagt endlich, wer sie ist? Doch auch bei den Befragungen in den kommenden Tagen durch die Polizei kommt nicht mehr als ein Stammeln heraus und ein fragender Blick. Christiane gewährt ihr weiterhin Obdach und geht mit ihrem schweigsamen Gast zu Weihnachten in die überfüllte St.-Pauli-Kirche. Die Kinderschar der Engel wird von Elena angeführt, die einen prächtigen Erzengel abgibt. Elena ist als Mann in Griechenland geboren und eine treue Gottesdienstbesucherin. Mit donnernder Stimme ruft sie den St. Paulianern inmitten der Kinder zu: „Fürchtet euch nicht!" Jedesmal bekomme ich eine Gänsehaut, wenn ich diese Engelsbotschaft höre, die wir alle auf St. Pauli so dringend brauchen. Das ist für mich Weihnachten, wenn Hunderte von Erwachsenen und Kindern den Engeln antworten: „Fürchtet euch nicht!" Das Geheimnis um die Dame mit dem verlorenen Gedächtnis klärt sich erst nach Neujahr auf. Auf die Suchanzeige der Polizei hin meldet sich ihr Sohn und holt die Mutter ab. Die wochenlange Gastfreundschaft meiner Nachbarin mit dem weiten Herzen bleibt für mich ein Wunder der Menschlichkeit.

Der schönste Satz, den ich als Pastor in der St.-Pauli-Kirche sagen darf, ist die Einladung zum Abendmahl: „Kommt, denn es ist alles bereit. Schmecket und seht, wie freundlich der HERR ist." Ich darf im Namen Gottes sonntags alle um seinen

Tisch versammeln. Wenn ich das einfache Fladenbrot und den silbernen Kelch reiche, dann staune ich über die Menschen, die sich im Halbkreis versammelt haben. Da steht der Lehrer, dessen Mutter gerade gestorben ist. Daneben eine Tauffamilie. Ein Mann, der mehrere Jahre im Gefängnis war, steht neben einem Geschäftsmann mit Familienbetrieb. Die jungen Gesichter der Konfirmanden finden sich in der Runde und reife Menschen, denen sich die Kiezjahre ins Gesicht geschrieben haben. Ureinwohner und Menschen mit kulturellen Wurzeln in anderen Kontinenten, ganz bürgerliche Leute sind da und andere, die viele Experimente im Leben hinter sich haben oder noch vor sich. Manchmal kommen Überraschungsgäste, die nach der durchgemachten Nacht ins Kirchenschiff gehen, manchmal Musicalbesucher aus Schwaben.

Was ich vor Gottes Altar an Vielfalt sehe, ist für mich ein Wunder. Denn sonst gehört St. Pauli den Stämmen, Soziologen sprechen von „Neotribalismus", wiederauflebender Stammeskultur, die durch Treffpunkte und Rituale einen Zusammenhalt schafft, der sich gleichzeitig gegen andere abgrenzt: Die St.-Pauli-Fans haben ihre Rituale, die Tangofreunde ihre Treffpunkte, die Aktivistinnen der Stadtteilkultur ebenfalls und die Harley-Davidson-Fahrer, die HSV-Fans, die Autonomen, die Shisharaucher, die Travestieszene, die Sadomasochisten, die Punker, die Hells Angels, die Latinoszene, die Skater, die afrikanischen Dealer, die Freunde des Tattoos, die Hipster, die Spielhallenbesucher, jede Gruppe sucht nach Selbstvergewisserung im eigenen Zirkel und grenzt sich ab.

Manchmal denke ich: Es gibt gar nicht das eine St. Pauli. Eigentlich sind es ganz viele St. Paulis, die alle nebeneinander her existieren und sich dann und wann eher irritiert begegnen. Da ist es ein Wunder, wenn sich im Gotteshaus Menschen begegnen, die sich sonst nicht treffen würden. Ich weiß, dass damit nicht alle Risse heilen, die durch unsere Gesellschaft gehen. Aber in diesem einen Moment vor Gott leuchtet etwas an wunderbarer Möglichkeit auf, fällt himmlisches Licht auf uns Erdenkinder.

Da wird ein freies Leben an allen Ecken St. Paulis laut verkündet. Aber oft erscheint mir alles so unfrei. Da wird die Freiheit von der Religion verkündet, ich aber sehe den Kult: Jeder produziert sich unter einem ständigen Druck zur Selbstinszenierung. Das Ego ist der Gott, dem ständig gehuldigt wird. Jeder wird zum Priester seiner selbst, der dem Ego Opfer bringen muss und St. Pauli hat viele Opferstätten.

St. Pauli hat die ältesten Tätowierstuben Hamburgs. Ich habe einem Freund, der lange hier tätowiert hat, zugehört und er hat mir von dem Wandel erzählt, der ihn ermüdet: Früher, so sagt er, gab es einen Anlass, eine Erfahrung, eine Geschichte, die schließlich ihren Ausdruck im Tattoo fand. Das hatte eine große Würde, und er war stolz auf seine Arbeit. Heute gibt es anstelle der Geschichte, die in die Tiefe geht, nur oberflächliche Werbung. Der Kunde will haben, was andere haben. Gerne tätowiert werden auf St. Pauli Totenköpfe. Mein Freund, der Tätowierer, spricht von einer „Inflation der Totenköpfe". Die sollen schocken und herausschreien: Ich bin einzigartig, ich bin cool. Ich bin respektlos, ich ziehe mein Ding durch. Der Körper ist die Werbefläche geworden, das Tattoo das Werbeplakat: Seht mich!

Das Tattoo ist vor Jahrhunderten mit Seeleuten nach St. Pauli gekommen. Einen ihrer Nachfahren habe ich noch kennengelernt. Horst hatte eine kleine Kneipe gemeinsam mit seiner Lebensgefährtin am Pinnasberg. Jenny hat früher die Bücher für Seeleute geführt, Gespartes verwahrt und die wenigen Habseligkeiten eingelagert während der monatelangen Fahrten auf See. Die kleine Kneipe „Bei Horst und Jenny" war übriggeblieben von den vielen Traditionskneipen am Hafen. Einige Stufen ging es hinunter in den gemütlichen Schankraum, der mit maritimen Objekten geschmückt und immer rauchgeschwängert war. Als es Horst schon nicht mehr so gut ging, erzählte er mir seine

Lebensgeschichte. Dazu zog er sich das Hemd aus, denn die Stationen seines Lebens konnte er nur anhand seiner Tattoos erzählen: Frauen und Häfen, gute und schlechte Tage. Seine Haut war sein Tagebuch. Das Tattoo „Kreuz, Herz, Anker" auf seinem Oberarm war ihm heilig. Es steht für „Glaube, Liebe, Hoffnung" und geht auf das Hohelied der Liebe aus dem 1. Korintherbrief des Apostels Paulus zurück, dem Namenspatron von Kirche und Stadtteil: „Nun aber bleiben Glaube, Hoffnung, Liebe, diese drei; aber die Liebe ist die größte unter ihnen". Das ist wohl der beliebteste Trauspruch für Generationen von Brautpaaren. Kreuz, Herz und Anker erzählen Botschaften, die unter die Haut gehen:

Das Kreuz steht für den Glauben. Das ist kein Nachsprechen von Glaubenssätzen, sondern ein tiefes Anvertrauen. Das Kreuz ist eigentlich das Mordwerkzeug der Römer, das qualvolle Ende. Der Osterglaube sagt, dass die Liebe Gottes stärker ist als der Tod. Das Kreuz wird zum Segenszeichen über das Leben. Und das Kreuz ist der Mastbaum, an dem das Segel des Lebensschiffs seinen Halt findet. Wer sich ans Kreuz hält, der geht weit hinaus auf Fahrt und dessen Horizont wird frei.

Das Herz steht für die Liebe. In der rauen Wirklichkeit der Seefahrt wird mit dem Herzen der zärtliche Gedanke an die Geliebte wachgehalten oder auch an die Mutter, die auf ihren Jungen wartet. Von Gott kommt alle Liebe, in ihm geschieht alle Liebe und zu ihm führt alle Liebe. Wo ein Mensch wirklich liebt, da stimmt der Kurs des Lebens.

Der Anker steht für die Hoffnung, an der wir uns festhalten, wenn das Schiff im Sturm steht. Auf großer Fahrt des Lebensschiffs dann und wann ankern, gerade wenn alles abzudriften droht und haltlos ist. Zuflucht suchen, bis alles aufklart und wir mit den Augen der Hoffnung mehr sehen, als sichtbar ist.

Nachdem ich die Trauerfeier für Horst abgehalten habe, ist mir sein „Kreuz, Herz und Anker"-Tattoo nicht aus dem Sinn gegangen.

Maritime Tradition und Kiezkultur trafen sich in diesem Körperschmuck und bezogen sich auch noch auf einen der bekanntesten Sätze des Apostels Paulus, dem Patron des weltberühmten Stadtteils. Damit wollte ich arbeiten. Mit Unterstützung einer Werbeagentur entwickelten wir ein Schmucktattoo, das bei Kindern, Jugendlichen und Erwachsenen besonders in den Sommermonaten beliebt ist. „Kreuz, Herz und Anker" sind ein echter Hingucker, ein Körperschmuck, allerdings nicht für die Ewigkeit. Nach drei Tagen löste sich das Motiv auf. Unser „Temptoo" war die lockere Möglichkeit, über den Glauben ins Gespräch zu kommen, das an allen möglichen Körperstellen landete: Auf dem Bizeps eines Durchtrainierten, auf dem Bauch einer Schwangeren, auf der Narbe eines Mannes nach überstandener Herzoperation. Eine gesamte Hochzeitsgesellschaft tätowierte sich gegenseitig, Kiezwirte taten es, und die Mädchen von der Tabledancebar aus der großen Freiheit nahmen das Temptoo zum Anlass, mir ihre Konfirmationssprüche aufzusagen.

Manchmal war das der Einstieg in tiefe Gespräche über Glaube, Liebe, Hoffnung und über die Wunden und Wunder des Lebens.

Der FC St. Pauli ist eine lebende Legende und seine treuesten Fans sind die leidensbereiten, wenn die Spiele eher an Passionsspiele erinnern. Fußball hat vieles gemeinsam mit Religion, beides kennt Zeiten des Zweifels und Zeiten des Glaubens.

Im Freudenhaus am Millerntor und ebenfalls im Kirchenschiff am Hafenrand kommen die Generationen zusammen.

Fußball stärkt Gemeinschaft und ich finde es schön, wenn Opa, Oma, Mama und Papa mit den Kindern durch die Straßen St. Paulis zum Millerntorstadion pilgern. Nur dass es dort nicht andächtig ist, sondern sehr laut. Fangesänge werden angestimmt wie Choräle und manche Rituale gepflegt. Gemeinsam wird getrauert und gelitten, alte Mythen werden erzählt von Niederlagen und Siegen. Und wenn es einen Grund zum Jubeln gibt, dann hört man Tausende von Kehlen über den ganzen Kiez bis zur Kirche schallen mit einer Hingabe, die ich mir beim Gesang der Choräle wünschen würde. Das ist wie eine religiöse Gänsehaut.

Vor ein paar Jahren gaben sich die Kiezkicker die Ehre, eine Führung durch den Stadtteil zu machen, und besuchten auch das Gotteshaus, das den Namen des Heiligen führt, der dem Stadtteil und seit 1910 dem FC St. Pauli seinen Namen gab. Der Besuch fand zu der Zeit statt, als der Verein nach vielen Niederlagen wieder in die Zweite Liga aufgestiegen war. Für die meisten der jungen Spieler war der Kirchgang ungewohnt, das merkte ich, als die Fußballerbeine zögerlich über die alten Schiffsplanken gingen. Einige wollten sich schon wie die Konfirmanden in die letzte Reihe setzen, da bat ich sie, doch nach vorne zu kommen. Da saßen sie fremdelnd vor mir, rutschten auf den Sitzkissen, kauten Kaugummi und belehrten sich gegenseitig, dass es sich doch gehört, in einer Kirche das Käppi abzunehmen.

Wie ich sie so vor mir sitzen sah, war gleich klar, dass ich jetzt keinen großen historischen Vortrag halten konnte. Einer wollte wissen, ob heute denn noch jemand zur Kirche gehen würde. „Nun, Jungs, so groß wie die Millerntorgemeinde sind wir zwar nicht – aber dafür haben bei uns alle Sitzplätze und im Winter heizen wir auch. Wir werden immer mehr und wir sind ebenso stolz auf unsere Vielfalt wie der FC St. Pauli. Und bei der Konfirmation spielen wir die Fußballhymne „You'll never walk alone", du bist niemals alleine unterwegs im Leben. Das hört sich auf der Orgel sehr feierlich an und wird auch gewünscht, wenn wir jemanden zur letzten Ruhe verabschieden. Kultclub und Kirche, das passt auf jeden Fall zusammen. Nur dass wir an einen Gott glauben, der gnädig ist. Der ‚Fußballgott' von dem manche Kommentatoren gerne sprechen, scheint ja sehr launisch zu sein und keine Gnade zu kennen." Nun habe ich aufmerksame Hörer. Um sie weiter aus der Reserve zu locken, frage ich sie: „Wer von euch betet denn eigentlich?" Breites Männergrinsen. Dann melden sich zaghaft einige. Alle schauen sich schweigend um. Religion scheint ein Tabuthema im Team zu sein. „Wer von euch wünscht sich denn, dass wir für euch beten?" Alle Hände gehen hoch, erwartungsvolle Gesichter schauen mich an. Beten für den Aufstieg? Darf man denn das? Und wenn ich für den FC St. Pauli bete, betet woanders eine Kollegin für den HSV? Da wollen die Spieler jetzt ganz genau wissen, was ich dazu sage: „Auf jeden Fall können wir zu Gott mit allem kommen, was unser Herzensanliegen ist." Vielen Fans ist der Aufstieg enorm wichtig. Wer jahrelang bei Wind und Wetter mit der St.-Pauli-Elf gezittert und mitgelitten hat, dem geht das Herz auf, wenn der Weg in der Tabelle nach oben führt. Vor einigen Jahren hat sich mein Kollege Martin tatsächlich mal im Radio das Versprechen abringen lassen, für ein entscheidendes Spiel zu beten. Er sei hinterher schon sehr froh gewesen, als der FC St. Pauli den Sieg davontrug.

Unstrittig dürfte sein, für ein faires Spiel zu beten, für Fans, die einen Sieg genießen, aber auch eine Niederlage einstecken können, und ihre Gefühle im Griff behalten, ohne die gegnerische Mannschaft zu verteufeln. Das ist schon ein ernsthaftes Gebetsanliegen. So sehr ich die verbindende Kraft des Fußballs sehe, habe ich auch die Schatten der Gewalt gesehen, die ein Spiel begleiten können. Das verwundet schon einen Stadtteil. Hundertschaften von schwergepanzerten Polizisten, eine gesperrte Reeperbahn, auf der die Schlachten von Vermummten ausgetragen werden. Solche Bilder kann ich nicht vergessen. Wie viele Polizisten könnten all die Überstunden mit ihren Familien und Freunden verbringen, wenn Fußball vor dem Spiel, während des Spiels und nach dem Spiel ein Fairplay wäre. Guter Fußball ist ein Spiel, bei dem du nicht deinem Kind die Augen zuhalten musst.

Wenn ich durch die Straßen St. Paulis gehe, denke ich an Jesus von Nazareth, der Menschen so unmittelbar berühren, mit Gott in Verbindung bringen und heilen konnte. Dann frage ich mich: Gilt heute noch der Auftrag des Jesus von Nazareth zu heilen?

Der Sohn Gottes traut seinen Nachfolgerinnen zu, heilsam unterwegs zu sein (Matthäus 10). Lasst uns das in seiner Zumutung einmal aushalten, ohne gleich an irgendwelche Irrlichter zu denken, die sich anmaßen, auf der Reeperbahn im Namen des Jesus von Nazareth unterwegs zu sein. St. Pauli scheint für religiöse Überflieger, Wunderheiler, Bußprediger und apokalyptische Sendboten anziehend zu sein. Ich habe selbst viele von ihnen kennengelernt und auch mit einigen selbsternannten Jesussen Bekanntschaft gemacht. Aber ernsthaft: Was wäre, wenn jeder und jede mehr Mut zeigen würde, heilsam unterwegs zu sein? Ganz nüchtern, in den einfachen Dingen, in den alltäglichen Begegnungen?

Macht Kranke gesund!

Ich habe einer gelähmten Frau im Rollstuhl ein Segenskreuz auf die Stirn gezeichnet. Diese Frau ist nicht aus dem Rollstuhl gesprungen und ihre Leiden sind nicht von ihr abgefallen. Aber in diesem einen Moment ist sie gesehen, berührt und getröstet worden. Das zu spüren, hat uns beiden ein Lächeln auf das Gesicht gezaubert.

So einfach kann es sein. Das heilsame Handeln ist kein Spektakel. Das heilsame Handeln ist bescheiden und schafft Raum für Gottes Möglichkeiten, die immer höher sind als unsere menschliche Vernunft.

Weckt Tote auf!

Das wird schon schwieriger, oder? Es ist gut, Respekt zu haben vor der härtesten Grenze, die wir Menschen kennen und mit der wir uns doch nicht abfinden können, dem Tod. Aber für viele Menschen ist das Leben schon vor dem Tod erstorben.

Wo Beziehungen vergiftet sind, wo das Alte verbraucht ist und die Tage ohne Sinn, da sollen wir uns als Christenkinder nicht abfinden mit dem Tod, sondern strecken uns aus nach der Auferstehung mitten im Leben, der manchmal ein Aufstand gegen die Mächte sein muss.

Und wenn jemand sein Lebenslied vergessen hat, dann dürfen wir ihm die Melodie des Lebens vorsingen und vielleicht stimmt er wieder mit ein.

Macht Aussätzige rein!

Eine furchtbare Krankheit war der Aussatz zur Zeit Jesu. Menschen verfaulten am lebendigen Leibe und waren ausgestoßen aus Familie und Gesellschaft. Heute ist diese Krankheit heilbar und weitgehend ausgerottet. Aber Aussätzige kennen wir alle. Die Menschen, die aussetzen, die „out of order" sind, von anderen gemieden und vereinsamt. Unsere Gesellschaft kennt zu viele Verlierer. Das sind die Aussätzigen unserer Zeit.

Treibt Dämonen aus!

Dämonen sind zerstörerische Kräfte und Machtverhältnisse. Sie unerschrocken beim Namen zu nennen, sie zu enttarnen, kann ihnen schon Energie entziehen und für alle Ohnmächtigen heilsam sein. Mobbing, eine vergiftete Atmosphäre am Arbeitsplatz, das kann so ein Dämon sein. Machmal ist es ein Urteil, ein einziges Wort, vom Vater oder der Mutter gesprochen, das wie ein Dämon auf dem Leben lastet.

Gott sucht keine Heldinnen und Superfrauen der Heilung. Wer heilsam unterwegs ist, der muss nicht alles können. Aber ich will immer mutiger heilsam unterwegs sein. Sonst werde ich nie erfahren, was alles möglich ist. Was ist das Evangelium hier vor Ort? Was ist befreiende und heilende Botschaft in den Stadtteil hinein? Als St.-Pauli-Kirche sind wir Sonderwelt innerhalb der Sonderwelt St. Pauli. Wir haben die Aufgabe, im Rhythmus des Stadtteils der Kontrapunkt zu sein: Wo viel Kommen und Gehen ist, da bleiben wir verlässlich. „Die Kirche ist der älteste Club hier. Seit 1682", sage ich manchmal scherzhaft zu Gästen. Als Kirche Kontrapunkt sein, bedeutet für mich:

Wo alles laut ist, gerade auf St. Pauli, darf hier Stille sein.

Wo Menschen abgewertet werden, stehen wir für Würde ein.

Wo die Gesellschaft auseinanderläuft, da versuchen wir, zwischen Milieus und Kulturen Brücken zu bauen.

Wo sich so viele Menschen täglich selbstzerstörerisch Gewalt antun oder anderen Gewalt angetan wird, ist hier Frieden und Schutz.

Wo sich auf den Straßen alle produzieren müssen, da dürfen Menschen hier einfach so sein, wie sie sind.

Wo die Macht des Stärkeren gilt, fragen wir nach Gerechtigkeit.

Wo die Masse sich die Macht nimmt, sehen wir den Einzelnen.

Wo ideologische Enge herrscht, suchen wir die Weite des Gesprächs.

Wo gelacht wird als Fassade der Bitterkeit und Unsicherheit, können wir nüchtern sein und das Leben ernst nehmen.

Wo es todernst ist, dürfen wir befreiend lachen.

Das ist heilsam. Auf St. Pauli zeigt sich mir manchmal so ungeschminkt, wie verwundet und krank die Welt ist, in der wir leben und wie sehr der Tod das Leben bedrängt. Wir kennen Aussätzige und Dämonen unter uns. Auf dem Kiez ist die biblische Welt ganz nahe und genau hier will ich mit dem Jesus von Nazareth unterwegs sein. Das ist die Freiheit, die Gott mir zumutet und zutraut. Damit bin ich noch nicht zu Ende, mit dieser Freiheit starte ich jeden Tag neu.

Lampedusa auf St. Pauli

Bei einer Familienfeier wollte ich meiner Schwester nicht zur Last fallen an diesem Wochenende, als ich nach Hause fuhr. Was heißt eigentlich nach Hause? Das war schon lange St. Pauli. Aber immer noch rutschte es mir raus, „nach Hause" zu sagen, wenn ich zurück in das Dorf kam, das ich vor 25 Jahren verlassen hatte und in dem ich mich selten blicken ließ.

Diesmal hatte ich mich in dem einzigen Gasthof einquartiert, der am Ort „Fremdenzimmer" anbot. An ganz besonders feierlichen Tagen waren wir hier als Kinder mit der Familie essen. Roastbeef und Bratkartoffeln. Das hatte mein Vater so geliebt. Das letzte Foto zu Lebzeiten zeigt ihn nach dem Essen, im Hintergrund ein alter gekachelter Kamin, vor ihm eine Kerze, sein Blick geht in die Ferne, als liege eine Vorahnung darin.

Als Kind hatte ich verstanden, dass wir es uns nicht oft leisten konnten, im Gasthof zu essen. Hier fanden Tauffeiern, Konfirmationen und Hochzeiten statt und auch das Kaffeetrinken nach den Beerdigungen. Nun war ich ein Übernachtungsgast aus Hamburg, wie es sie so viele gab. Das Zimmer roch nach kaltem Zigarettenrauch. Die angegilbte Tapete und die Gardine wiesen ein Dekor auf, das mich in meine Kindheit zurückversetzte. Durch das Fenster hörte ich die Bundesstraße, auf der die Hamburger an die Ostsee fuhren.

Nach der Familienfeier war ich froh, mich hier zurückziehen zu können und fiel in einen unruhigen Schlaf. Am Sonntagmorgen ging ich zum Frühstück, das im Schankraum eingedeckt war. An den Wänden Hirschgeweihe und ein ausgestopfter Eberkopf, dazu verblichene Erinnerungsfotos von Jagdgesellschaften und Vogelschießen. Unter einer gehäkelten Wollmütze fand ich ein viel zu hart gekochtes Ei, das ich mit bitterem Kaffee herunterspülte. Mit meinen Gedanken war ich schon in Hamburg St. Pauli, als aus der Küche eine drahtige alte Frau kam. Sie trug eine geblümte Kittelschürze wie sie früher alle alten Frauen im Dorf getragen haben.

Sie schaute aus ihrer verschmierten Brille in meine Richtung, während sie sich ihre knotigen Hände an einem Geschirrhandtuch abtrocknete. Dann stand die Kittelbeschürzte vor meinem Tisch. „Sagen sie mal, sind sie nicht der Sohn von Kurt?" sprach sie mich an. Ich bejahte.

„Kurt war bei uns auf dem Hof damals 1945. Fünf Jungs waren das doch, ne? Die waren ja alle auf verschiedenen Höfen einquartiert. Und essen konnten die! Wie die Scheunendrescher. So schnell konnte man gar nicht gucken, da war der Teller schon wieder leer. Und Eierwettessen haben die gemacht ..." Die Erinnerung daran ließ ein rasselndes Lachen in ihr aufsteigen. Ich hörte aufmerksam zu und starrte auf meinen Teller.

„Das waren damals ja viele Flüchtlinge hier. Eigentlich überall auf den Höfen waren welche." Sie wird jetzt langsamer und leiser, als wenn ihr der Erzählstoff gerade ausgeht. „Na ja, dann will ich mal nicht länger stören" sagt sie, dreht sich um und geht zurück in die Küche.

Weder hatte sie sich mir vorgestellt, noch hat sie irgendetwas von mir wissen wollen. Was ich so mache oder wie es mir geht, oder was man sonst so fragt, das interessierte sie alles nicht. Sie wollte mich nur einsortieren in ihren dörflichen Kosmos. Über 60 Jahre nach Kriegsende war ich der „Sohn von Kurt". Ich war das Kind von denen, die „wie die Scheunendrescher aßen", ich gehörte zum Kapitel „die Flüchtlinge".

Ich trank den kalten Rest Kaffee und spürte das zu hart

gekochte Ei im Magen. Als St.-Pauli-Pastor habe ich fast jede Woche mit Geflüchteten und Gestrandeten zu tun. Im Frühjahr 2013 waren wir mit den Vorbereitungen zum Evangelischen Kirchentag in Hamburg beschäftigt. Über Hunderttausend Gäste würden zum Fest des Glaubens in den Norden kommen und viele von ihnen sicherlich auch Streifzüge über St. Pauli machen. Wer wollte, konnte sich mit Tattoo fotografieren und das Foto als Plakat ausdrucken lassen. Was glaubst du? Was liebst du? Was hoffst du? Dazu durfte jeder seine Sätze schreiben, das Plakat wurde schließlich an die rote Backsteinmauer der St.-Pauli-Kirche gekleistert. So entstand nach und nach eine beeindruckende Galerie mit über 500 Porträts rund um die Kirche, die weitere Gäste anzog.

Nach dem Aufwand des Kirchentags im Mai wollten wir es eigentlich ruhiger angehen lassen, aber es sollte in diesem Sommer ganz anders kommen. Ein Kirchenschiff, das für Glaube, Liebe und Hoffnung steht, musste sich gegenüber der Öffentlichkeit bewähren.

Im Rahmen des Kirchentags lag die MS Anton als, wie es hieß, „Kunsthappening zu den Flüchtlingsdramen an den EU-Außengrenzen" am Sandtorkai in der Hafencity. Der Fischkutter mit 70 Figuren, die Geflüchtete darstellen sollten, wurde viel beachtet. Eines Tages waren echte Geflüchtete vor Ort, die den Kirchentag nutzten, um auf ihre Lage aufmerksam zu machen. Sie trafen auf die Hamburger Bischöfin Kirsten Fehrs, die ihrer Notlage zuhörte. Ich habe durch diese Aktion das erste Mal von der Gruppe „Lampedusa in Hamburg" gehört.

Der Kirchentag hat Hamburg längst verlassen, als ich an einem regnerischen Morgen Ende Mai am Bismarckdenkmal unweit der St.-Pauli-Landungsbrücken ein Schlaflager mit Afrikanern entdecke. Mit Plastikplanen und Teppichresten haben sich die Afrikaner notdürftig zugedeckt. Einige sind schon aufgestanden und erledigen in den Büschen ihre Morgentoilette. In den Medien heißt es, dreihundert Männer und einige Familien seien in Hamburg nach einer jahrelangen Odyssee gestrandet: 2011 werden afrikanische Gastarbeiter in den Wirren des Libyschen Bürgerkriegs zu rechtlosen und unerwünschten Personen erklärt. Vor allem Männer, aber auch Frauen und Kinder, die zuvor ein Auskommen hatten als Gärtner, Hausmeister, Handwerker oder Facharbeiter, wurden enteignet, inhaftiert und vertrieben. Sie werden auf völlig überladene Seelenverkäufer gezwungen und Richtung Italien geschickt. Wie viele Schiffe gekentert sind, hat niemand gezählt. Ein Teil erreicht die kleine italienische Insel Lampedusa, die dicht vor der libyschen Küste liegt. Von dort werden sie in Lager über das ganze Land verteilt. Die Vertriebenen erhalten italienische Flüchtlingspässe, das von den Vereinten Nationen bereitgestellte Geld zur humanitären Versorgung wird veruntreut. Schließlich werden viele italienische Lager Ende 2012 geschlossen und die Lampedusaflüchtlinge mit einem Handgeld versehen nach Norden geschickt. Gruppen von ihnen werden in München, Frankfurt, Berlin und Hamburg sichtbar. Sie hoffen auf ein besseres Leben und haben nichts zu verlieren. Viele kommen in Hamburg im Rahmen des Winternotprogramms unter, das Mitte April endet. Die Stadt Hamburg ist nicht bereit, Anschlussunterkünfte für die Flüchtlinge bereitzustellen, obwohl klar sein dürfte, dass die Obdachlosenunterkünfte keine Kapazität haben. Als Ergebnis der Not beginnen diejenigen, die ihr gemeinsames Schicksal erkennen, sich selbst zu organisieren als Gruppe „Lampedusa in Hamburg" und öffentlich sichtbar zu werden. Dabei werden sie von der „Kampagne für die Rechte der Flüchtlinge" und anderen Gruppen unterstützt.

Am 15. Mai lädt die Gruppe zu einer Pressekonferenz und fordert Bürgermeister Olaf Scholz und die Hamburgische Bürgerschaft unter dem Motto „Wir haben nicht den Krieg in Libyen überlebt, um auf Hamburgs Straßen zu sterben" zu einem Gespräch auf.

Am 22. Mai 2013 setzen sich die Flüchtlinge in einer Protestaktion auf eine Treppe im Rathaus-Foyer und fordern den Bürgermeister erneut zu einem Gespräch auf. Dieser ließ jedoch ausrichten, er habe keine Zeit. Am Steindamm wird der Gruppe ein Infozelt genehmigt, von wo aus zahlreiche Demonstrationen starten, die durch die Innenstadt führen. „Lampedusa in Hamburg" wird immer unüberhörbarer in der Stadt.

Am 31. Mai spreche ich in der Morgenandacht „Kirchenleute heute" auf NDR 90,3 über meinen Erstkontakt mit der Gruppe und appelliere an die Barmherzigkeit der Bürgerinnen und Bürger. Als ich gerade Mittag mache, klingelt es an der Tür des Pastorats und die Sprecher der Lampedusagruppe wollen mit mir reden. Von dem Ordnungsdienst des Bezirksamts Mitte wurden sie aufgefordert, die Grünanlagen zu verlassen. Sie zeigen mir einen der Briefe, die auf Deutsch verfasst waren und in denen jedem Kampierenden 40 Euro Bußgeld angedroht werden, sollten sie den Park nicht verlassen. „Aber wo sollen wir denn hin?", so fragen mich die Männer. Ob wir ein Notquartier auf unserem Kirchengrund dulden würden? Ich denke nach und kann mich den ernsten und erwartungsvollen Blicken der Männer nicht entziehen. Dann versuche ich, alle zu beruhigen: Es werde zu diesem Notfall nicht kommen. Ich weiß, dass das Diakonische Hilfswerk aktuell Gespräche mit der Sozialbehörde führt, um eine Unterbringung der obdachlosen Flüchtlinge zu organisieren. Sogar ein Gebäude ist dafür schon vorgesehen. Für mich ist es auch logisch, dass diese humanitäre Lösung im Interesse der Stadt sein müsse. Eine politische Lösung war dies allerdings nicht. An den Lampedusaflüchtlingen zeigte sich ja nur die Krise der europäischen Flüchtlingspolitik im Konflikt zwischen Nord- und Südländern. Der Delegation der Lampedusagruppe sage ich meine humanitäre Unterstützung zu.

Am Samstag, den 1. Juni, erfahre ich gegen 21 Uhr, dass die Gespräche des Diakonischen Hilfswerks mit der Sozialbehörde daran gescheitert sind, dass Innensenator Michael Neumann die Erfassung der Personaldaten als Bedingung für die humanitäre

Hilfe stellt. In diesem Moment ahne ich, dass die Lage eskalieren wird. Mir fallen nur bittere Kommentare ein: Soll der Teller heiße Suppe erst serviert werden, nachdem die Fingerabdrücke abgenommen wurden? Als Kirche schauen wir Menschen zuerst ins Gesicht und nicht in den Pass. Natürlich verstehe ich, dass ein Innensenator wissen will, wer da in die Stadt gekommen ist. Aber hat das humanitäre Anliegen nicht einen Vorrang vor dem sicherheitspolitischen? Nach einer unruhigen Nacht feiere ich mit der Gemeinde am 2. Juni den Sonntagsgottesdienst. Da der Kollektenzweck frei zu wählen ist, wage ich ein Experiment. Die benachbarte Obdachloseneinrichtung „Café mit Herz" muss sich immer mehr um die geflüchteten Afrikaner kümmern, besonders um deren medizinische Versorgung. Dafür lasse ich die Kollekte sammeln. Das Ergebnis fällt viermal so hoch aus, wie bei einer Durchschnittskollekte. Ich habe verstanden: Meine Gemeinde ist offen für die Flüchtlingsarbeit.

In St. Michaelis, Hamburgs Wahrzeichen und größtes Gotteshaus, verschafft sich die Lampedusagruppe unterdessen Gehör während des Hauptgottesdienstes. Hauptpastor Röder gewährt ihnen Redezeit, verweist aber gleich darauf, dass die Gemeinde keine Möglichkeit zur Unterbringung sehe. Was wird als nächstes passieren? Nach dem Gottesdienst sitze ich mit unserem damals noch ehrenamtlichen Küster Philipp im Kirchgarten und wir kochen vorsichtshalber eine weitere Kanne Kaffee, genießen den Elbblick. Dann erscheinen die Sprecher der Lampedusagruppe, im Gefolge einige Dutzend Männer. Wir kochen noch mehr Kaffee, die Männer helfen beim Aufbau einer langen Tafel, an die wir uns alle setzen und reden. Mit ihren Mobiltelefonen holen die Geflüchteten weitere Mitglieder der Gruppe ran. Die Sprecher schildern die schwierige Lage. Der bezirkliche Ordnungsdienst hat bereits einige Schlafplätze geräumt. Die bescheidene Frage ist, ob einige Männer hier im Kirchgarten ihr Nachtlager aufschlagen dürfen. Das kommt mir unheimlich vor: Dort, wo einmal Menschen bestattet wurden sollen nun die Überlebenden einer humanitären Katastrophe schlafen? Ich telefoniere mit meinem Kollegen Martin, der gerade auf einer Weinprobe an der Mosel ist. Ob wir im Fall der Fälle die Kirche öffnen? Vielleicht nur für einige Nächte? Die Stadt werde vermutlich einlenken und bald ein Quartier für die Gruppe bereitstellen, mutmaßen wir.

Auch die Männer beraten sich mit ihren Unterstützergruppen, viele junge Leute sind dabei, die sichtlich erschöpft sind nach vielen Wochen improvisierter Nothilfe für die Gruppe. Die harte Haltung der Stadt frustriert sie. Tatsächlich argwöhnen nun einige, dass es eine Falle sein könnte, in das Kirchenschiff zu gehen, wo die Geflüchteten dann von der Polizei abgegriffen werden könnten, um erkennungsdienstlich behandelt zu werden zur anschließenden Rückführung nach Italien. Besser also, ein Zeltlager um die Kirche aufbauen?

Am Abend des 2. Juni stehen die ersten Pressevertreter auf dem Hof. Es beginnt zu regnen. Da öffne ich einfach die Kirche für diese Nacht als Notquartier. Nicht ahnend, was das bedeuten würde.

Als die ersten Männer ihre Schlafmatten ausbreiten, hat sich das in der Nachbarschaft schon herumgesprochen. Der Chef des benachbarten Cafés macht eine einfache Suppe. Fladenbrote hat jemand eingekauft. Eine Nachbarin von Gegenüber hat einen Kuchen gebacken. Immer mehr Menschen kommen in die offene Kirche und fragen, was sie tun können. Ich bin bewegt in diesen Stunden, verliere aber auch den Überblick.

Diese übermüdeten Gesichter, in denen die Augen flackern. Viele Männer husten. Wir wissen gar nicht, wer da hereinkommt. 30 Gäste sind es in der ersten Nacht. Hilfsküster Philipp übernachtet mit ihnen. Am nächsten Morgen riecht es nicht gut im Kirchenschiff. Viele haben lange nicht duschen können und besitzen kaum mehr, als sie auf dem Leib tragen.

Die ganze Stadt redet jetzt über das „Kirchenasyl" auf St.

Pauli. In den kommenden Monaten werde ich in jedem Interview klarstellen, dass es sich um kein Kirchenasyl handelt, sondern um eine humanitäre Nothilfe.

Kirchenasyl bedeutet, dass juristisch geprüfte Einzelfälle in kirchliche Obhut genommen werden, weil die Aussicht besteht, dass der Fall vor Gericht neu bewertet wird.

Im Gegensatz dazu wissen wir nicht, wie die rechtliche Stellung unserer Gäste ist. Wir kommen nicht dazu, darüber nachzudenken, so sehr sind wir damit beschäftigt, die dringend benötigte Hilfe zu improvisieren.

Ich staune, was von Stunde zu Stunde an Lebensmitteln, Matratzen und Kleidung zusammenkommt. Wir improvisieren im freien Fall und wissen uns doch getragen. Gottes Geist wirkt im Chaos. Wir sind als Kirche ja immer ein sehr organisierter Laden: Man stelle sich nur vor, diese humanitäre Aktion wäre vorher geplant worden und hätte alle Gremien durchlaufen. Sie wäre vermutlich wegen berechtigter Bedenken nie zustande gekommen.

Nun erleben wir, dass Menschen aus dem Stadtteil und weit darüber hinaus diese humanitäre Nothilfe zu ihrer Sache machen, ob Christenkinder oder nicht. In der zweiten Nacht haben wir über 80 Gäste, in manchen Nächten über Hundert. Und wenn noch jemand vor der Tür steht, der nicht weiß wohin? Irgendwo ist immer noch ein Platz. In den ersten Tagen rechne ich immer noch damit, dass sich von der Sozialbehörde jemand melden wird und wir aufatmen können, wenn die Stadt selbst zur Gastgeberin wird.

Eines Morgens kommt die Hamburger Bischöfin Kirsten Fehrs zu Besuch. Die Kamera des Norddeutschen Rundfunks muss draußen bleiben. Bei dem Anblick der schlafenden und hustenden Männer, die auf den alten Schiffsplanken schlafen, ist sie so angerührt, dass ihr Tränen in die Augen treiben. Sie versichert allen, sich dieser Not anzunehmen und diplomatisch zur Stadt zu vermitteln. Doch nach der ersten Woche wird klar, dass wir uns auf ein längeres politisches Kräftemessen werden einstellen müssen. Mit zwei Toiletten und zwei Handwaschbecken ist die sanitäre Situation katastrophal. Doch schon melden sich Spender, die einen Sanitärcontainer finanzieren, den wir neben der Kirche aufstellen konnten. In diesen Wochen finde ich jede Nacht nur vier oder fünf Stunden Schlaf. Mit meinem Kollegen und dem Kirchengemeinderat, mit dem nun eine Sondersitzung nach der anderen folgt, spüre ich die große Verantwortung, die auf uns lastet. Die Telefone laufen heiß. Ein Experte meldet sich bei uns, der ein großes Flüchtlingslager im Sudan betrieben hatte.

Sein Rat ist: „Bauen sie einen hohen Zaun um das Flüchtlingslager. Mindestens drei Meter hoch und unüberwindbar. Um die da draußen vor den Flüchtlingen zu schützen. Und um die Flüchtlinge vor denen da draußen zu schützen." Mir geht durch den Kopf: „Wollen wir das eigentlich, ein Flüchtlingslager sein?" Bilder von Lagertristesse stehen mir vor Augen. Ein Zaun wird die Entfremdung zwischen denen da drinnen und denen da draußen verstärken. Das Misstrauen wird wachsen. Die Männer, die zu uns gekommen sind, haben alle schon viele Jahre in abgelegenen Lagern verbracht und kennen die Isolation.

In vielen Beratungsrunden wird klar: Wir brauchen keinen Zaun, der uns abschirmt. Wir brauchen Kommunikation, die Vorurteile überwinden hilft.

Für Geflüchtete, Unterstützer, Nachbarn und Neugierige haben wir gleich in der ersten Woche einen Ort geschaffen, ein einfaches Partyzelt, ein paar Bierbänke und ein Tisch im Kirchgarten. Vor dem Eingangstor hängt ein Transparent, gespannt zwischen den Stämmen der alten Linden. Die Kinder unserer Kita hatten es gestaltet. „Embassy of Hope" steht in roten Buchstaben darauf, umrahmt von bunten Abdrücken der Kinderhände. Die „Botschaft der Hoffnung" hat eröffnet und vieles schwingt dabei mit: Es war das Botschaftsgelände der Bundesrepublik Deutschland in Prag, das 1989 völlig überfüllt zum

Hoffnungsort ausreisewilliger DDR-Bürgerinnen und -Bürger wurde. Ein Ort der Hoffnung auf ein Leben in Würde und Freiheit. Nun ist eine Botschaft eine völkerrechtliche Institution, die nach Verständigung und Vermittlung in alle Richtungen sucht, auch in diplomatisch heiklen Situationen. Eine „Botschaft der Hoffnung" spricht nicht im Interesse eines Staates, sondern der gesamten Menschheit. Kein Mensch kann ohne Hoffnung leben. Die Geflüchteten hatten mit ihrem Leben und Überleben bewiesen, dass sie die Hoffnung nicht aufgegeben haben auf ein Leben in Würde und Freiheit.

Insofern sind sie die glaubwürdigen Botschafter der Hoffnung. Aber sie sind auch glaubwürdige anklagende Zeugen der Inhumanität an den Außengrenzen der Europäischen Union. Die über Lampedusa geflüchteten und in Europa herumgeschubsten tragen die verdrängte häßliche Seite Europas mitten in unsere Stadt.

Wir sind Botschafterinnen und Botschafter in einer Welt voller Zäune und Mauern. Zwischen Ländern und auch in den Köpfen der Menschen. Wir leben in einer tief zerrissenen Welt. Versöhnung mit Gott geschieht nur als Versöhnung zwischen den Menschen. Wenn wir dazu etwas beitragen können, sind wir wahre Botschafter für Gottes Sache auf Erden.

Unsere „Embassy of Hope" bot einen offensichtlichen Kontrast zu den Festungen der üblichen konsularischen Vertretungen, die sich hinter dicken Mauern verschanzen und videoüberwacht werden. Bei uns musste kein Gast durch die Security gehen. Unsere Botschafter waren ohne Wartenummern erreichbar und durch kein Panzerglas geschützt.

Täglich kommen Hunderte von Gästen in den Kirchgarten zur „Embassy of Hope" und die Geflüchteten blühen auf, weil sie nun Gäste Gottes sind und wahrgenommen von den Menschen.

Völlig übermüdet, aber auch euphorisiert erlebe ich diese ersten Wochen.

Doch es gibt erste Kritik an unserer Aktion. „Kirche sei kein rechtsfreier Raum" wird mir entgegengehalten und ich kontere: „Kirche ist ein Schutzraum, in dem wir nach Gerechtigkeit fragen." Manche Kollegen runzeln die Stirn: „Na, habt ihr euch da nicht übernommen?" Was muss ich mir in diesen Monaten alles an Schimpf anhören und an Hetze gegen das Gutmenschentum im Netz lesen! Aus Senatskreisen wird überlegt, ob unsere Aktion nicht als „Beihilfe zum illegalen Aufenthalt" zu werten sei.

Da gibt mir das Hamburger Abendblatt drei Stunden Zeit, einen Gastbeitrag runterzuschreiben, der ungekürzt am 07.06. 2013 abgedruckt wird unter der Überschrift: „Was ich tue, tue ich als Christ":

„Ich komme aus einer Arbeiterfamilie, meine Mutter war Krankenschwester, mein Vater war Tankwart. Als Kind haben sie Krieg und Flucht erlebt und überlebt. Hunger und Mangel am Nötigsten bestimmten ihr Leben in der Nachkriegszeit. Die Flüchtlinge aus dem Osten waren in Schleswig-Holstein nicht überall wohlgelitten, haben manche Demütigung einstecken müssen. Meine Eltern haben es verstanden, ihre eigenen seelischen Verletzungen aus dieser Zeit positiv umzusetzen. Alle Menschen sind vor Gott gleich an Würde. Niemand ist bei seiner Geburt gefragt worden, in welche Familie er hineingeboren wird, auf welchem Kontinent er aufwächst. Menschen müssen sich gegenseitig helfen in Not. Egal welche Hautfarbe sie tragen, egal ob sie Christen sind, Juden oder Muslime oder einer anderen Religion oder Gesinnung angehören. Das habe ich zu Hause gelernt.

In meiner Kindheit haben wir immer ein offenes Haus gehabt, schon in jungen Jahren habe ich viele Menschen aus anderen Kulturen kennengelernt, da wuchs Fernweh in mir. Neben Theologie habe ich dann auch Ethnologie in Heidelberg studiert und ein Forschungs- und Studienjahr in Ghana verbracht. In dem Dorf, in dem ich lebte, war ich der einzige Europäer, der einzige Ausländer. Einen Fremden unter sich zu haben, wurde von den

Bewohnern des Dorfes als große Ehre empfunden. Da sie meinen deutschen Vornamen nicht aussprechen konnten, hieß ich bald Yao – Donnerstagskind.

Ich bekam einen festen Platz in der Gesellschaft, meiner afrikanische Familie.

Die Gastfreundschaft in Ghana und anderen afrikanischen Ländern ist überwältigend. Wer in die ärmste Hütte kommt, wird zum Essen eingeladen und muss wenigstens symbolisch etwas annehmen. Sonst gilt es als Beleidigung.

Als ich vor 22 Jahren nach Hamburg kam, hörte ich die vertrauten Sprachklänge aus Afrika wieder in der S-Bahn und stellte fest, dass so viel Afrika in Hamburg steckt, dem Tor zur Welt. Seit zwölf Jahren bin ich Pastor auf St. Pauli. In unserem Jugendhaus treffen sich Jugendliche mit Wurzeln aus allen Kontinenten der Erde.

Vor einigen Wochen wurde ich auf die 300 afrikanischen Flüchtlinge aufmerksam, die in Hamburg gestrandet sind. Kalt und regnerisch war es, als ich am vergangenen Donnerstag am Bismarckdenkmal war. Finster blickt er drein, der ehemalige Reichskanzler. Der Granitsockel ist ein beliebtes Quartier für Obdachlose. Seit ein paar Tagen hat auch Kofi hier sein Lager aufgeschlagen. Als ich ihn treffe, rollt er gerade die nassen Plastikplanen zusammen, unter denen er die regennasse Nacht verbracht hat. „Guten Morgen", grüßt mich der junge Afrikaner mit dem Baseballkäppi auf dem Kopf. Ein paar Brocken Deutsch hat er schon gelernt in Hamburg. Hier ist er gestrandet nach einer wahren Odyssee. In Libyen hat der Westafrikaner auf dem Bau gearbeitet. Dann kam der Krieg, die riskante Flucht nach Italien in einem kleinen Boot. Als dann die italienischen Flüchtlingslager einfach geschlossen wurden, war Deutschland der Ausweg – oder die Sackgasse. Aber Kofi will nicht aufgeben, er ringt um seine Würde. Er freut sich über den heißen Kaffee, den heute Morgen schon eine Nachbarin vorbeigebracht hat. Einfach so.

Offensichtlich wollte man es den afrikanischen Flüchtlingen

möglichst unbequem machen – aus Angst, sonst würden noch mehr kommen. Da war für Barmherzigkeit kein Platz mehr. Wenn ein Mensch friert, wenn ein Mensch Hunger hat oder es ihm am Notwendigsten fehlt – dafür sind wir alle zuständig. So bin ich erzogen.

Ich bin kein Politiker. Gewiss, ein Becher heißer Kaffee löst nicht alle Probleme. Aber an diesem Morgen hat eine Nachbarin, die heißen Kaffee vorbeibrachte, einem Menschen Mut gemacht und unter dem strengen Blick des Bismarckdenkmals das getan, was Jesus getan hätte: Barmherzigkeit gezeigt.

Dann wurden die obdachlosen Afrikaner am Bismarckdenkmal vertrieben und standen bei mir vor der Tür. Ich war völlig unvorbereitet. Sie hatten das Gefühl, jetzt von einem zum anderen Ort mit Platzverweisen gehetzt zu werden. Da haben sie mich gefragt, ob sie nicht eine sichere Nacht im Kirchgarten verbringen dürfen. Das habe ich nicht übers Herz gebracht, sie draußen vor der Tür zu lassen. Als wir die Kirche am vergangenen Sonntag geöffnet haben, stand mein ganzer Kirchengemeinderat hinter mir. Eine rein humanitäre Nothilfe. Zuerst kamen 30 Gäste, mit 70 Gästen haben wir nun unsere Kapazität erreicht.

Wir haben dann die kommenden Tage und Nächte improvisiert, aber immer wieder gespürt, dass wir getragen werden – von Gott, von unseren Nachbarn, von so vielen Unterstützern: Schulklassen, Kindergärten, Geschäftsleuten, Künstlern – aus so vielen verschiedenen gesellschaftlichen Schichten. Ich bin überwältigt. Die Nothilfe für die Afrikaner bringt uns selbst dichter zusammen. Mit immer mehr Ehrenamtlichen schaffen wir es mittlerweile ganz gut. Uns wachsen Kräfte zu und Mut. Unsere Gäste freuen sich riesig. Aber es muss auch noch so viel getan und erreicht werden. Was ich tue, tue ich als Mensch und als Christ, weil ich humanitäre Hilfe für unaufgebbar halte im Wertekanon unserer Kultur."

Als der Sommer nach St. Pauli kommt, werden wie zum Trotz gegen die harte und unbewegliche Linie des Bürgermeisters

Willkommensfeste mit den Geflüchteten gefeiert, unterstützt von Park Fiction Aktivisten und der Hafenstraße. Nicht nur wegen der steigenden Temperaturen wird dies unser „African Summer". Wir brauchen diese widerständige Gelassenheit, um genug Kraft zu sammeln. Jetzt geht mir durch den Kopf, dass wir einen langen Atem brauchen werden. Ich spüre, dass die Stadt in uns längst einen politischen Gegner vermutet. Will man warten, bis unsere Hilfsbereitschaft ermüdet und die Lage chaotisch wird? Wie zynisch wäre das. Da über die Hälfte der Männer krank ist, haben wir das Gesundheitsamt informiert. Wir befürchten, dass sich Krankheiten ausbreiten könnten. Doch das Amt erklärte sich für nicht zuständig, solange es keinen Auftrag der Stadt gäbe. So waren wir wochenlang auf ehrenamtliche Ärzte angewiesen, die nach Feierabend zu uns kamen. Alte unbehandelte Kriegsverletzungen wurden ebenso festgestellt wie Hautkrankheiten und Tuberkulose. Da musste es in unseren Ohren zynisch klingen, als Bürgermeister und Innensenator immer wieder verlauten ließen, „Hamburg ist nicht zuständig, sondern die italienische Republik".

Währenddessen vernetzt sich die humanitäre Nothilfe in der Kirche und darüber hinaus immer weiter. Frauen aus der African Christian Church, der Kirchengemeinde St. Georg-Borgfelde und vom African Christian Council Hamburg e.V. kochen für über 100 Menschen. Die Basisgemeinschaft „Brot und Rosen" nimmt einige Sprecher der Gruppe auf. Die Moschee der Barmherzigkeit engagiert sich für Unterkunft und Verpflegung. Das „AKONDA Eine Welt Café" berät die Geflüchteten bis zur langwierigen Verfahrensklärung.

Wir wussten immer, dass wir nicht die einzigen Akteure waren, aber auf die St.-Pauli-Kirche und ihre Gäste waren viele Kameras gerichtet.

Das Bild des Gekreuzigten, der seine Arme weit ausbreitet über die schlafenden Geflüchteten, vermittelt sich unmittelbar. Axel Heimken hatte dieses Motiv für die dpa aufgenommen, das bald ikonographisch wurde für die kirchliche Flüchtlingsarbeit. Das Infozelt der Lampedusabewegung am Hauptbahnhof, wo die Sprecher der Gruppe und ihre linken Unterstützer waren, geriet medial ins Abseits. Dass gefiel nicht allen. Für die Öffentlichkeit ergab sich ein widersprüchliches Bild: Auf den wöchentlichen Demos durch die Stadt sah man wütende Gesichter, die „We are here to stay!" forderten, bei uns sah man entspannte menschliche Szenen: Geflüchtete, die im Gespräch mit Nachbarn waren, die unter den Linden Deutsch lernten, die tanzten, die mit Kindern Fußball spielten, die Schmuck aus Kronkorken und Perlen herstellten.

In vier Wochen hatte sich so viel strukturiert: Um die Gästezahl zu verstetigen, haben wir nummerierte und gesiegelte Gästekarten von 1-80 ausgegeben. Das erschien uns die gerade noch vertretbare Anzahl an Gästen. Damit es möglichst wenig Konflikte gab, sollte jeder seinen Schlafplatz neben denselben Nachbarn haben. Kaum mehr als zwei Quadratmeter auf den Schiffsplanken? Konnte das gut gehen? Waren Konflikte aus Dichtestress nicht absehbar? Aber der heilige Raum zeigte seine heilsame Wirkung. Alle wussten ja auch, dass wir zusammenhalten müssen.

Schnell hatte ich mitbekommen, dass etwa die Hälfte unserer Gäste aus Ghana war, die meisten von ihnen Christen. Mit ihnen war ich schnell familiär, wir konnten die Landessprache Twi miteinander reden. Die andere Hälfte kam aus Mali, Nigeria, Niger und Burkina Faso, allesamt Muslime. Wenn ich nach einer immer viel zu kurzen Nacht morgens in den Kirchgarten kam, dann sah ich schon die Betenden: Die Christen beteten gen Osten, die Muslime Richtung Mekka. Da ihnen Gebetsteppiche fehlten, wurden diese mit Kreidezeichnungen angedeutet. Das rührte mich an. Einige türkische Nachbarn müssen das beobachtet haben. Bald gab es Gebetsteppiche.

Unsere Gäste wählten sich einen englischsprechenden christlichen Sprecher, Andreas, und einen französischsprechenden muslimischen Sprecher, Amadou. Jeden Morgen saßen wir mit ihnen unter den Linden zusammen, scherzten, lachten, besprachen alles, was zu organisieren war und verteilten Aufgaben. Auch Konfliktfälle wurden in dieser Morgenrunde besprochen: Da hatte jemand einen anderen bezichtigt, sein Handy eingesteckt zu haben. Glücklicherweise wurde das Handy wiedergefunden. Einer beschwerte sich, dass sein Name im Putzplan vergessen wurde. Eine andere Klage war, dass es zu wenig Fleisch auf dem Tisch gäbe. Und immer wieder musste mit großem Aufwand die gesamte Kirche geräumt, gefegt und gewischt werden, denn der Gottesdienstbetrieb, Hochzeiten und Trauerfeiern, alles lief weiter. Es gab einen „Minister of Bikes", der über hundert gespendete Fahrräder mit seinem Team zu warten hatte. Manchmal zog sich eine Besprechung sehr in die Länge, weil wir auf Englisch, Französisch und Arabisch übersetzten, manchmal sogar ins Malische Bambara. Kommunikation war in diesen Wochen alles und sie brauchte viel Geduld. Aber das Vertrauen wuchs ständig und war belastbar. Von den ersten Gesten der Hilfsbereitschaft hatte sich schnell ein zuverlässiger Kreis von Ehrenamtlichen gebildet, die jetzt Dienstpläne schrieben. Unmengen Lebensmittel mussten eingekauft und eine improvisierte Küche wurde betrieben, um afrikanisches Essen auf den Tisch zu bringen. Allein die Wäsche für 80 Männer zu waschen, stellte eine riesige logistische Herausforderung da. Unsere Nachbarin Elke organisierte einen Wäschering und bald trockneten dreißig Jeans auf der Leine zwischen den Bäumen im Kirchgarten. Vor dem Altar in der Kirche stand eine Box für Schmutzwäsche, eine andere für die frisch gewaschene Wäsche zum Abholen.

Nach einem unerfreulichen abendlichen Besuch zweier rechtsextremer Provokateure wurde uns klar, dass wir unsere Gäste würden schützen müssen.

Am folgenden Morgen kam der Anruf von Hotte wie gerufen. Das imposante St. Paulianer Urgestein, der sogar in unserem

Kindergarten gewesen war, mobilisierte die linke Türsteher-szene St. Paulis für Wachdienste rund um die Uhr. Für viele der Männer war dies ihr erster Kontakt mit der Kirche überhaupt. Einer dieser harten Jungs schilderte mir nach der Nachtschicht, wie es war, stundenlang den Gekreuzigten über den Schlafenden zu sehen, die ein Schnarchkonzert angestimmt hatten, unterbrochen von gemurmelten oder geschrieenen Sprachfetzen, die mit den Träumen aufstiegen.

Hotte selbst bekam sogar seinen eigenen Unterstand, die „Hotte Hütte". Hier wachte er und sein Team die Nächte durch und wurde bald der „Türsteher Gottes" genannt. Dieser imposante Mann hat mir unsere Rollenaufteilung klar gemacht: „Pastor, du musst immer freundlich gucken, ich muss böse gucken. Wir sind ein Team."

Tagsüber wurden zahlreiche Gäste an der Embassy of Hope empfangen. Manche wollten nur etwas abgeben, ein Kilo Äpfel oder einen Sack Kleidung, hundert Euro oder einen selbstgebackenen Kuchen. Einmal gab ein Ehepaar 20 Euro Tabakgeld für jeden unserer Gäste aus und zählte mir das Bündel Geldscheine in die Hand. Andere nahmen sich viel Zeit für Gespräche mit Geflüchteten, auch Politiker, die das nicht in der Zeitung lesen wollten, dass sie unsere Gäste waren. Vom Senat erschien niemand.

Eines Nachmittags fuhr eine gepanzerte Limousine vor, die von Polizei eskortiert wurde. Der Vizegeneralkonsul der Vereinigten Staaten von Amerika machte seinen Besuch. „Von Botschaft zu Botschaft", wie er scherzhaft sagte. Dann war er über zwei Stunden ein ernsthafter Zuhörer der Geflüchteten.

Deren Zeugnisse waren bestürzend. Wir hatten hier Überlebende, die Gewalt erfahren und dem Tod schon ins Gesicht geschaut hatten. Der Diplomat schickte einen Menschenrechtsbericht nach Washington, von dem wir hofften, er werde über Berlin schließlich auf dem Schreibtisch unseres Bürgermeisters und Innensenators landen.

Eine Ausstellung in der Kirche wurde von dem Menschenrechtler Martin Dolzer improvisiert, die allen Interessierten die Fluchtgeschichte der Lampedusagruppe vor Augen führte. Ich habe irgendwann aufgehört, Geflüchtete nach ihrer Geschichte zu fragen, damit ich arbeitsfähig bleibe. Wie oft musste ich Ehrenamtliche trösten, die zu viel von den traumatischen Erlebnissen der Geflüchteten erfahren hatten.

Entscheidend für die öffentliche Aufmerksamkeit für die ungezählten Toten und die notleidenden Überlebenden der Lampedusaflüchtlinge war der Besuch von Papst Franziskus am 8. Juli auf der Insel Lampedusa. Während der Messe betet er für die Opfer und prangert das Versagen der europäischen Flüchtlingspolitik an. Unsere Gäste und ihre Unterstützer unterschreiben einen Dankesbrief an den Papst, den ich verfasst habe. Und die Presse ist bei uns und will mehr wissen von den Zeugen der Flucht.

Mitte Juli werde ich in das hochgesicherte Büro des Innensenators gebeten.

Michael Neumann ist die humanitäre Leistung unseres Stadtteils und dessen Kirche in den letzten Wochen keine Rede wert. Stattdessen wirft er mir vor: „Pastor Wilm, sie machen uns ein großes Problem." Ich kontere, „Wir machen kein Problem, sondern Hamburg hat ein Problem. Und wir versuchen ein Teil der Lösung zu sein." Hatte der Innensenator nicht verstanden, dass wir einfach verschiedene Rollen haben? Die Lampedusaflüchtlinge sprechen für sich selbst und treffen ihre Entscheidungen. Wir als St.-Pauli-Kirche bemühen uns um humanitäre Nothilfe. Diakonisches Werk und Bischöfin versuchen, zwischen Senat und Flüchtlingen einen Dialog zu vermitteln, die allerdings ohne Ergebnis bleiben: Der Senat ist nicht bereit, den von der Gruppe unermüdlich auf der Straße geforderten § 23, die Anerkennung als Gruppe ohne Einzelfallprüfung, anzuwenden. Auch die notwendige Zustimmung des Bundesinnenministers wird für aussichtslos gehalten.

Am 22. Juli erscheint ein ganzseitiger Artikel über unsere Lage vor Ort unter dem Titel „Letzte Zuflucht" in der ZEIT. Ein reicher Spendensegen und Zuspruch aus dem ganzen Land sind die Folge. Doch es kommen auch böse Briefe, in denen ich als „Hohepriester des links-grün versifften Mainstream" beschimpft werde oder als „Totengräber des Abendlandes". Manchmal muss ich einfach darüber lachen, aber es kommen mir auch Hass und Drohungen entgegen, die mir Angst machen. Irgendwann verbrenne ich einen ganzen Stapel Hassbriefe und trinke mit meiner Freundin Tania einen Schnaps darauf. Aus der Nachbarschaft haben wir breite Unterstützung und in ganz Hamburg schließen sich immer mehr Menschen den wöchentlichen Lampedusa-Demonstrationen durch die Innenstadt an. Könnte eine Stadt sich nicht glücklich schätzen, die solche Bürgerinnen und Bürger hat, die für die Ohnmächtigen und Schwachen aufstehen?

Im August wird der FC Lampedusa von Ehrenamtlichen aus der Fangemeinde des FC St. Pauli gegründet, der unter Jubel die ersten Pokale in die St.-Pauli-Kirche trägt. So selbstbewusst und stolz habe ich unsere Jungs noch nicht gesehen, in ihren Trikots und Fußballschuhen, alles von Spendern finanziert. Unsere Gäste werden ein Teil der Kiez-Fußballkultur und diese hat die Macht, in der Stadt etwas zu bewegen.

So viele sportliche, künstlerische und politische Aktivitäten werden mit und für die Geflüchteten organisiert, dass es einigen schon zu viel wird. Der Kiez und sein Kult haben in den Lampedusaflüchtlingen ihr Thema gefunden und das alte „David gegen Goliath"-Spiel kommt zu einer Neuauflage im Kräftemessen mit dem Senat.

Mein Kollege Martin und ich wissen, dass dieser „African Summer" zu Ende gehen wird. Was machen wir, wenn die Temperaturen fallen? Das Kirchenschiff ist kein Wohnzimmer, das sich hochheizen ließe. Alle Versuche, die Geflüchteten in einer leerstehenden kirchlichen Immobilie unterzubringen oder auf mehrere Gemeinden zu verteilen, waren in den Wochen zuvor gescheitert.

Nun finden wir endlich zwei Altonaer Gemeinden, die sich mit uns verbünden: Im September stellen die St.-Pauli-Kirche, die Christianskirche Ottensen und die Martin-Luther-King-Kirche in Iserbrook Anträge an den Bezirk Altona zur Aufstellung von Containern auf Kirchengrund. Das Altonaer Bezirksparlament beschließt fraktionsübergreifend zuzustimmen. Gerüchte machen den Lauf, dass der Bürgermeister darüber nicht amüsiert ist.

Vom 19. bis 21. September tagt die Landessynode der Nordkirche in Travemünde und beschließt ein „Wort der Synode zur Flüchtlingsaufnahme in Europa". Darin heißt es: „Wir sind dankbar für all diejenigen, die sich schon seit Jahrzehnten für Flüchtlinge engagieren und an der Seite von Menschen in Not stehen. Wir sind dankbar besonders für die Kirchengemeinden, die Moscheen und für alle anderen Unterstützerinnen und Unterstützer in Hamburg für ihr Engagement für die Flüchtlinge in St. Pauli. Mit ihnen fordern wir, dass sie gehört werden und hier ein Leben in Würde führen können.

Wir erkennen, dass sich Politikerinnen und Politiker für eine humanitäre Lösung einsetzen. Mit ihnen treten wir ein für nachhaltige Lösungen und für eine Gesellschaft, die für Flüchtlinge offen ist.Wir fordern von den verantwortlichen Politikern in unserem Land, dass ein Bleiberecht geschaffen wird, das eine gerechte und humanitäre Lösung für die Flüchtlingsfrage in Europa ermöglicht, und bitten den Bevollmächtigten der EKD bei der Europäischen Union, sich weiterhin mit Nachdruck für dieses Ziel und entsprechende gesetzliche Regelungen einzusetzen. Im Blick auf die „Lampedusa-Gruppe" in Hamburg erwarten wir, dass die politisch Handelnden eine Lösung herbeiführen, die unter Ausnutzung aller rechtlichen Möglichkeiten Lebenschancen für diese Menschen in Deutschland eröffnet. Wir fordern eine Aufnahmepolitik, die ein Zusammenleben mit

Flüchtlingen in Europa ermöglicht. Die europäische Abschottungspolitik muss beendet werden." Diese Rückenstärkung tut uns damals gut, denn wir ahnen, dass in diesem Herbst nach der Bundestagswahl der Konflikt eskalieren wird. Am 21. September findet in unserem Kirchenschiff die Urlesung des Sprachkunstwerks „Die Schutzbefohlenen" der Literaturnobelpreisträgerin Elfriede Jelinek statt. Das Ensemble des Thalia-Theaters und Mitglieder der Lampedusagruppe haben eine szenische Lesung einstudiert und die St.-Pauli-Kirche füllt sich bis auf den letzten Platz. Das ergriffene Publikum applaudiert lange und ich bedanke mich bei allen: „Wir sind in einem Moment der Ohnmacht. Aber zusammen stehen wir auf. Die Kirche gilt als ein Ort der Stille, das kann gut sein. Aber wir müssen in der Kirche auch manchmal laut sein, miteinander zusammen in der Stadt aufstehen. Danke dafür."

Am 22. September ist Bundestagswahl mit dem zu erwartenden Ergebnis einer großen Koalition. Es wäre vor der Wahl unklug gewesen für den Hamburger Bürgermeister Olaf Scholz einen Polizeieinsatz gegen die Lampedusa-Flüchtlinge zu fahren. Jetzt verdichten sich Anzeichen, dass es genau zu diesem Einsatz kommen könnte.

Jeden Mittwoch finden weiterhin Demonstrationen statt, die sich am Lampedusazelt am Hauptbahnhof sammeln. Hunderte, manchmal Tausende schließen sich an. Das Gruppenbleiberecht nach § 23 wird lautstark gefordert.

Am 3. und 11. Oktober kommt es vor Lampedusa zu Havarien, bei denen Hunderte von Geflüchteten ertrinken. Die mediale Aufmerksamkeit ist groß, das Bewusstsein, dass dort an den Außengrenzen Europas etwas Unmenschliches geschieht, erreicht die Mitte der Gesellschaft. Währenddessen fallen die Temperaturen im Kirchenschiff. Immer noch ist unklar, ob und wann die Wohncontainer aufgebaut werden dürfen. Wird der Senat das verbieten, weil er den Geflüchteten mittlerweile einen illegalen Aufenthalt unterstellt?

Mit dem 16. Oktober kommt, was wir befürchtet haben: Morgens stehen Zivilbeamte bereits vor meiner Tür und dem Kirchentor. Wir grüßen uns, sie wissen, dass ich weiß, wer sie sind. Ein Einsatz mit 200 Polizisten startet am Hauptbahnhof und um die St.-Pauli-Kirche. Wer von den Geflüchteten unser umfriedetes Kirchengelände verlässt, muss mit erkennungsdienstlichen Maßnahmen rechnen. Der Bürgermeister gibt sein Wort, dass unser Gelände selbst und das Kirchenschiff nicht von der Polizei betreten werden. Ich spüre die wachsende Angst unserer Gäste, als uns immer mehr Nachrichten über Mitglieder der Lampedusagruppe erreichen, die auf Polizeiwachen festgehalten werden. Jagdszenen und eine Übermacht von Beamten in schwerer Uniform, die Einzelne ergreifen, gehören jetzt zum Straßenbild. Das ruft den Zorn des linken Spektrums in Hamburg hervor, das sich mobilisiert.

Bald haben wir immer mehr Unterstützer auf unserem Hof, die wir vorher nie gesehen hatten. Spannung liegt in der Luft. Unsere Notküche mit Essensausgabe ist einige hundert Meter entfernt. Wie kommen unsere Gäste zum Abendessen, ohne Gefahr zu laufen, von der Polizei ergriffen zu werden? Indem die linken Aktivisten einen Korso um die Gäste bilden. Nach dem Essen formiert sich dieser Geleitschutz erneut.

Jeden Abend ist nun Demonstration mit über Tausend Teilnehmern in Solidarität mit der Lampedusa-Gruppe. Dabei kommt es zu einigen Zusammenstößen zwischen Demonstranten und der Polizei. Nach einem Spiel am Millerntor wird aus dem Stadionlautsprecher zu einer Solidaritätskundgebung vor der St.-Pauli-Kirche aufgerufen. 15.000 St.-Pauli-Fans drängen sich in den Straßen, flankiert von der überforderten Polizei. Um die Spannung, die in der Luft liegt, zu lösen, läuten wir die Glocken. Als in diesen Oktobertagen Farbbeutel und Steine auf Politikerhäuser geworfen werden, bekomme ich wütende Anrufe und werde verantwortlich gemacht. Wo soll das alles nur hinführen? Im Hintergrund läuft die Diplomatie der Bischöfin auf Hochtouren, die von beiden Seiten als Brückenbauerin willkommen ist.

Am 25. Oktober appelliert die Bischöfin an die Lampedusagruppe, sich auf einen mit dem Senat ausgehandelten Verfahrensrahmen nach § 24 einzulassen. Das Angebot sieht im Kern eine Einzelfallprüfung auf humanitären Aufenthalt mit Abschiebeschutz während des kompletten Verfahrens vor, das sich über Jahre hinziehen wird. Auch wird der Gruppe zugesagt, dass sie in Hamburg bleiben könne. Die Flüchtlinge würden nach Antragstellung zunächst eine Duldung erhalten. In den Verhandlungen der großen Koalition steht die Öffnung des Arbeitsmarktes für Flüchtlinge zu erwarten. Unsere Gäste sind in diesen Tagen hin- und hergerissen. Können sie dem Senatsangebot vertrauen?

Mit Spannung erwarten wir die offizielle Pressekonferenz von Lampedusa in Hamburg. Die Sprecher beharren nach Beratung mit ihren Anwälten auf einer Gruppenlösung nach § 23. Als wir das hören, sitzen mein Kollege und ich gerade mit den Sprechern unserer Gäste im Pastorat zusammen. Schon lange gibt es Unmut unter unseren Gästen, den Sprechern am Hauptbahnhof zu folgen. Sie sind müde geworden unter dem Druck der Polizei und glauben nicht mehr an die Maximalforderung der Bewegung. Andreas und Amadou verfassen ihre eigene Presseerklärung, in der sie auf das Angebot der Stadt eingehen. Jedem Einzelnen wird überlassen, wie er sich entscheidet. Als sich die ersten Geflüchteten bei den Behörden freiwillig melden, werden die Polizeikontrollen sofort beendet. Aber die Lampedusagruppe ist jetzt zunehmend gespalten.

Im November dürfen die Wohncontainer an den drei Standorten aufgebaut werden, wo sie bis Ende Mai 2014 stehen bleiben werden. Dann verabschieden wir uns von unseren Gästen, mit denen wir das Leben in bewegten Zeiten geteilt haben. Sie ziehen in verschiedene öffentliche städtische Unterkünfte. Als sich der Sozialsenator bei uns bedankt für die gute Zusammenarbeit, kann ich es kaum fassen.

Alle paar Wochen lädt die Beratungsstelle Fluchtpunkt die Lampedusagruppe zu Informationstreffen in unsere Kirche ein. Wir freuen uns, einander wiederzusehen. Die Erinnerung an die Notgemeinschaft schweißt alle noch zusammen, doch jetzt geht jeder seinen eigenen Weg. Nach und nach melden sich über Hundert aus der Lampedusagruppe bei den Behörden und durchlaufen das langwierige Verfahren. Jahre sollen vergehen, bis Daueraufenthaltstitel vergeben werden. Integrationsleistungen müssen nachgewiesen werden. Deutschkurse werden absolviert und erste Arbeitsverträge sind geschlossen. Durch ein neues Gesetz ist der Zugang zum Arbeitsmarkt für Geflüchtete einfacher geworden. Doch es braucht monatelange Geduld, um bürokratische Hürden zu überwinden.

Wir wissen aber auch von denen, die sich nicht bei der Behörde gemeldet haben, die sich irgendwie durchschlagen mit Gelegenheitsjobs im Hafen oder in der Gastronomie ohne eine Bleibeperspektive zu gewinnen.

Das Spektrum geht mit den Jahren auseinander: Die einen sind stolz auf ihr Ankommen in Deutschland, auf ihre Arbeit und können ihren Familien Geld schicken. Es ist immer eine wunderbare Begegnung, wenn einer unserer Jungs seine Freundin, seine Ehefrau oder sein Baby mit breitem Grinsen nach dem Gottesdienst präsentiert. Wenn einer von ihnen uns zeigt, wo damals auf dem abgescheuerten Kirchenboden sein Schlafplatz war, dann wirkt das wie eine unglaubliche ferne Geschichte, die wir gemeinsam erinnern.

Manche unserer Gäste verlieren wir aus den Augen, manche entziehen sich jedem Rat und jeder Hilfe. Von manchen wissen wir, dass sie voller Scham in Depressionen und Süchten versinken. Einige aus der Lampedusagruppe müssen wir in den folgenden Jahren zu Grabe tragen.

Im zeitlichen Abstand kommt mir die Frage: Wie konnte es

sein, dass 2013 dreihundert Geflüchtete die ganze Stadt über Monate polarisieren? 2015 kommen oft täglich Hunderte Geflüchtete nach Hamburg. Als das Wort „Willkommenskultur" in aller Munde war, ist die Stadt Hamburg stolz auf das breite bürgerliche Engagement in der Flüchtlingsarbeit. Dabei baute sie auf eine Basis von Engagierten, die sie noch zwei Jahre zuvor misstrauisch beäugt und in die Nähe zur „Beihilfe zum illegalen Aufenthalt" gestellt hatte. Gerade durch die Solidarisierung mit den Lampedusaflüchtlingen 2013 ist die Flüchtlingsarbeit in Hamburg breiter, selbstbewusster und belastbarer geworden.

Jahrelang haben wir unsere Notküche weiterbetrieben, täglich über Hundert Gestrandete mit Essen versorgt, in die Gesichter gesehen, nicht in die Papiere. Auch den Deutschunterricht haben wir fortgesetzt, nun mit Syrern und Afghanen.

Diese Kirche auf St. Pauli hatte in den Augen vieler das Unmögliche geschafft: Menschen, denen gesagt worden war, sie hätten keine Hoffnung, in Hamburg zu bleiben, Mut zu machen und eine Perspektive zu eröffnen. Dadurch waren aber auch die Erwartungen gestiegen. Die unzähligen Anfragen wegen Kirchenasyl in den folgenden Jahren mussten wir immer wieder enttäuschen. Manchmal stand eine ganze Familie vor meiner Tür, der ich ein Notquartier besorgen, aber keine Lösung ihrer aufenthaltsrechtlichen Probleme versprechen konnte.

Heute machen Gästeführer vor unserer Kirche Station und erzählen die Lampedusa-Geschichte, voller Fehler und zur Anekdote verkürzt. Dann geht es weiter zur nächsten Attraktion.

Für mich bleibt, dass ich das Wunder von St. Pauli erlebt habe. Hier ist mehr geschehen, als Menschen machen können. Das hört sich vielleicht überschwänglich an, aber ich erlaube mir mein Staunen, auch wenn ich weiß, wie schwer die Verantwortung manchmal auf uns lastete.

Das großartige war: Die in Europa Rumgeschubsten und bei uns Gestrandeten wurden nicht als Probleme gesehen, sondern als Menschen in ihrer Würde. Jeder Tag war sinnvoll, weil jemand satt wurde, was zum Anziehen hatte, die Nacht in Sicherheit verbrachte, lachen konnte, einfach Mensch sein durfte. Wir haben gespürt, wie stark wir sind, wenn Kirche und Stadtteil gemeinsam aufstehen.

Wenn ich heute die abgescheuerten Planken im Kirchenschiff anschaue, auf denen unsere Gäste übernachtet haben, dann ist da etwas vom Segen geblieben, der uns damals geschützt hat.

Regenbogenfamilie

Das Leben im Pastorat ist eine Lebensform für sich. Während heute viele Menschen Wert darauf legen, ihr Privatleben von der Arbeitswelt abzugrenzen, steht das Pastorat für das gegenteilige Modell: Arbeit und Privatleben berühren sich ständig. Das wird von vielen Kollegen und Kolleginnen heute als belastend empfunden. Abgesehen davon, dass ich wegen der Lautstärke und Unruhe vor unserem Pastorat manchmal Reißaus nehmen muss, habe ich diese Lebensform im Pastorat immer sehr geschätzt, zu der Offenheit und Gastfreundschaft dazu gehören. Im Erdgeschoss sind Büroräume, in der ersten Etage wohnen wir zu zweit, und viele Gäste gehen bei uns ein und aus.

Irgendwann im Frühjahr kam eine Seniorin ratlos zu mir. Ihr Lieblingsenkel würde aus Argentinien zu Besuch kommen. Sie zeigte mir ein Foto eines langhaarigen Blonden, der versonnen Klavier spielte. Das Problem sei, führte sie aus, dass sie in ihrem kleinen Appartement in der Seniorenwohnanlage niemanden beherbergen dürfe. Ob ich nicht bitte eine Familie finden könnte, die den 16-Jährigen für zwei oder drei Wochen aufnehmen würde. Ich wollte der alten Deutschargentinierin, die durch den Staatsbankrott des Landes in Armut geraten war, gerne helfen. Aber keine Familie war bereit, den jugendlichen Latino aufzunehmen. Vielen fehlt schlichtweg ein Gästezimmer. Oder waren auch Vorurteile im Spiel? Als mich die besorgte Großmutter wieder anrief – ich war wohl ihre einzige Hoffnung in dieser Sache – konnte ich ihr nicht absagen und bot unser eigenes Gästezimmer an. Eines Abends erwarteten wir mit Spannung unseren Gast aus Südamerika. Der Junge mit den langen blonden Haaren kam in Begleitung seiner Oma und seines Onkels Uli. Der hatte schon vor vielen Jahren entschieden, aus dem tropischen Urwald an der brasilianischen Grenze in die norddeutsche Tiefebene zu wechseln, in das Land seiner Väter, die einst voller Hoffnung in die neue Welt aufgebrochen waren. Uli war Türsteher in der Großen Freiheit gewesen, was mich tief beeindruckte.

Die Oma gab uns noch einige Tipps zur Pflege ihres Enkels: Der Junge müsse auf jeden Fall genug Schlaf haben. Abends trinke er gerne warme Milch vor dem Zubettgehen. Und der kleine angehende Musiker müsse am Klavier in der Kirche üben, mindestens dreimal pro Woche, um sein Talent nicht einzubüßen. Wir verstanden und nickten. Dann zogen Oma und Onkel ab.

Als erstes holte Cepi ein Päckchen Zigaretten hervor, das er in seinen Socken versteckt hatte, und fragte uns, ob man hier rauchen dürfe. Statt warme Milch zu trinken, fragte er nach einem Bier und genoß das Nachtleben St. Paulis in den drei Wochen in vollen Zügen.

Ronald und ich sprachen damals kein Wort Spanisch. Cepi war blond und blauäugig, hatte einen deutschen Pass, sprach aber nur ein paar Worte der Sprache seiner Vorfahren. Manchmal versuchte ich ein lateinisches Wort, manchmal sprachen wir Englisch oder eine Mischung aus allem. Schon am ersten Abend deutete Cepi auf unsere schmalen goldenen Ringe und wollte wissen, ob Ronald und ich ein Paar sind, was wir bejahten.

Nach einer Woche saßen wir abends am Tisch und der junge Mann war ganz aufgeregt, uns etwas zu erzählen. Er habe erstmal abwarten wollen, um uns etwas kennenzulernen und einschätzen zu können. Es sei nämlich so, dass er eine harte Zeit durchgemacht habe, in der er sich sehr einsam fühlte. Dort in seiner kleinen Heimatstadt im äußersten Norden Argentiniens hätte wohl kaum jemand Verständnis für ihn. Denn er sei auch so wie wir. Er würde sich nur in Jungs verlieben. Damit es anderen nicht auffalle, habe er mit einer Freundin verabredet, so zu tun, als seien sie zusammen. Mit 16 Jahren hätten doch alle Jungs eine Freundin. Sonst würde es Gerede geben. Aber hier in Deutschland, hier auf St. Pauli, da fühle er sich frei. Ja, jetzt sei es raus, er sei „gay". Tränen stehen ihm in den Augen. Wir können es nicht fassen und mussten erst einmal alle zusammen lachen. So ein Zufall! Oder doch nicht? Cepi erzählt auch noch, dass er zuerst zusammengezuckt sei, als Oma erwähnte, er solle zum Pastor ins Gästezimmer. Die katholische Kirche, mit der der Argentinier groß geworden ist, wusste Homosexualität zu verurteilen. Sein Vater sei sehr religiös und geweihter Diakon der katholischen Kirche. Von dieser Seite erwartete Cepi keine Unterstützung für sein Coming-out. Die Oma sei die einzige gewesen, der er sich anvertraut habe. Hatte ich kurz befürchtet, dass uns Oma und Onkel Vorwürfe machen könnten nach dem Motto, wir hätten den Jungen verführt, so wurde jetzt immer deutlicher, dass die Seniorin wohl überlegt ihren schwulen Enkel bei uns einquartiert hatte.

Drei Wochen hatten wir zusammen viel Zeit, miteinander zu reden und dem 16-Jährigen Mut zu machen, sich nicht zu verstecken und sein Leben zu leben.

Natürlich gab St. Pauli genug Gelegenheiten, sich als Jungschwuler auszuprobieren. Doch schweren Herzens ging es für Cepi wieder zurück in die argentinische Provinz, um das Abitur zu machen. „Du bist uns wieder herzlich willkommen nach dem Abi", hatten wir ihm beim Abschied gesagt. Und tatsächlich kam er im Frühjahr 2004 zurück nach Hamburg, gereifter und selbstsicherer. Wir haben seinen 18. Geburtstag bei uns gefeiert mit allen Familienmitgliedern und Freunden, die gerade in Deutschland waren. Seine Alibifreundin musste noch einmal für ihn da sein, um den Schein zu wahren.

Kurz nach seiner Volljährigkeit kam ein Brief vom Kreiswehrersatzamt – das war noch in Zeiten der allgemeinen Wehrpflicht. Cepi hatte sich bei uns mit Wohnsitz angemeldet, seine deutsche Staatsangehörigkeit war voll wirksam und er sollte zum Wehrdienst eingezogen werden. Daran hatte keiner gedacht. Aber der anfängliche Schrecken wich schnell einem Plan: Cepi verweigerte den Dienst mit der Waffe und leistete Zivildienst in einer Behindertenwohngruppe im Stadtteil. Nebenbei jobbte er an den Wochenenden in einer Kneipe und schleppte Kisten. An den Tresen ließ man den Latino nicht. Sein Deutsch sei zu schlecht, sagten sie, und das ärgerte ihn. Ein bezahlter Sprachkurs wurde von dem 18-Jährigen irgendwann nicht mehr besucht. Die Idee, sein Abitur anerkennen zu lassen und in Deutschland zu studieren, wurde von Cepi fallen gelassen. Dafür genoß er das freie Leben auf St. Pauli und manchmal standen morgens unbekannte Schuhe vor unserer Wohnungstür. Der Junge fühlte sich wohl und lebte sein Leben. Manches Mal saß er mit seinem Poncho im Park, trank seinen Yerba Mate mit einem Strohhalm und rauchte selbstgedrehte Zigaretten, während er mit vielen Nachbarn ins Gespräch kam. Auch die Latino-Nachbarschaft, die ich vorher gar nicht wahrgenommen hatte, fand über Cepi zusammen. Er verliebte sich unsterblich in einen Venezolaner, der genauso alt war. Und schon hatten wir zwei wilde Jungs im Haus. Nach dem Zivildienst arbeitete er als Hilfe im Haushalt. Frau König und Herr Christiansen mit seinem Papagei waren mehr als Kunden, sie waren mit all ihren Schrulligkeiten wie ein Teil der Familie. Mit Spannung erwarteten Ronald und ich den Besuch von Cepis Eltern in Hamburg. Was würden sie uns erzählen? Cepis Mutter habe ich gleich umarmt und sie hat uns das herzlichste Kompliment gemacht: „Ich habe alles für meinen Sohn getan, was ich tun konnte. Und ihr habt alles für ihn getan, was ihr tun konntet. Danke dafür!"

Cepis Vater habe ich sofort im Gewimmel eines Gottesdienstes auf dem Domplatz erkannt: Der Mann mit der argentinischen Fahne. Sieht aus wie Cepi in reiferem Alter. Ich gehe auf ihn zu und wir umarmen uns. Für uns ist bald klar, dass uns theologisch vieles verbindet. Die Befreiungstheologie und die Überzeugung, dass das Evangelium immer auch eine politische Dimension hat.

Cepi kommt mit auf einen deutsch-israelischen Jugendaustausch und erst im Gespräch über die schwierige Vergangenheit, die beide Länder verbindet, wird etwas von Cepis Familiengeschichte klar: Eine Seite der Familie sind die Nachfahren eines Kriegsdienstverweigerers des ersten Weltkriegs, der sich nach Paraguay gerettet hatte. Die andere Seite hat einen strammen Nazigefolgsmann zum Ahnherren, der sich vor weiterer Strafverfolgung in Sicherheit gebracht und eine Hazienda in Argentinien gekauft hatte.

Cepi möchte sich ausprobieren und die Geborgenheit unseres familiären Umfelds verlassen. Er zieht in eine studentische Wohngemeinschaft im Schanzenviertel und sammelt klassische Erfahrungen: Der Putzplan wird nicht eingehalten, und immer wieder ist das Klopapier alle. Nach einigen Monaten Spaghetti mit Tomatensoße kommt er wieder zu uns, arbeitet, legt Geld beiseite und reist alleine nach Thailand. Fasziniert vom Buddhismus ordnet er sich den strengen Lebensregeln eines Klosters unter. Nach einem Monat kommt er mit geschorenem Kopf und völlig abgemagert zurück und freut sich, endlich wieder zuhause zu sein auf dem Kiez. Wir haben so viele schöne Nächte in den Clubs durchgemacht, besonders im Golden Pudel Club, der ja nur ein paar Meter von unserem Haus entfernt liegt, sodass man sogar im Winter ohne Jacke schnell rüberlaufen kann. Und dann gehen wir nach durchtanzter Nacht im Morgengrauen auf den Fischmarkt, noch mit dem Beat in den Ohren, um das Gekreische der Möwen hören. Dann müde ins Bett fallen und nichts bereuen. Das ist „Zuhause" auf St. Pauli.

In der abgelegenen Provinz aufgewachsen, hat unser Argentinier erst in Hamburg den urbanen Tango kennengelernt bei einem Workshop, der in unserer Kirche stattfand.

Dann haben wir voneinander Abschied genommen. Cepi hat schließlich Psychologie in Cordoba/Argentinien studiert, einer quicklebendigen Studentenstadt. Und er hat in Buenos Aires seine große Liebe gefunden, Armando, mit dem er jetzt schon so viele Jahre zusammenlebt und arbeitet. Das Studio, in dem das kreative Team Werbekampagnen entwickelt, ist ihr ganzer Stolz.

Vier Reisen haben mich bisher nach Argentinien gebracht, und es war immer schön zu sehen, wie Cepi seinen Weg gefunden hat. Gemeinsam waren wir an den Wasserfällen von Iguazu und bei den Pinguinen Feuerlands. Dieser langhaarige Junge, den seine Oma bei uns abgegeben hatte, war der Grund, warum ich Spanisch gelernt habe. Mit Cepi fing es aber auch an, dass Ronald und ich ein Gefühl dafür bekamen, was es heißt, in Familie zu leben. Wir können das gut, für jemanden verlässlich da zu sein. Wir können einem jungen Menschen Geborgenheit anbieten und gleichzeitig Freiheit geben.

Warum machen wir das nicht weiterhin so? Eine Werbekampagne „Hamburg sucht Pflegeeltern" gab schließlich den Auslöser. Aber meinten die wirklich uns? Als der Werbetext ausdrücklich erwähnte, dass sich auch schwule und lesbische Paare bewerben mögen, meldeten wir uns bei einem Infoabend an. Dann folgte ein Pflegeelternkurs, der ein buntes Spektrum an Menschen versammelte. Da war eine Wohngemeinschaft, die ein Kind aufnehmen wollte, ein streng muslimisches Ehepaar, daneben ein lesbisches Paar, das schon eine Tochter hatte, sowie Eheleute, deren Kinder schon aus dem Haus waren.

Es sei ganz toll mit Pflegekindern, wurde uns gesagt, sie würden „Leben in das Leben bringen". Die Dozentinnen ermutigten uns angehende Pflegeeltern, räumten aber mit jeder romantischen Verklärung von Familie auf.

Pflegekinder seien anstrengend, weil sie ja aus keiner heilen Welt kämen, sondern erfahren hätten, dass Familiarität zerbrechen kann, dass erwachsene Menschen enttäuscht und versagt hätten. Uns wurde gleich gesagt, dass die beschädigte Herkunftsfamilie immer im Hintergrund des Kindes eine mächtige Rolle spielen würde. Das aufzufangen, könne schon undankbar sein. Einen Satz habe ich mir von diesen Abenden besonders gemerkt: Pflegekinder würden am Anfang oft angepasst sein. Erst wenn das Kind aus sich herauskommen würde und in den Konflikt mit den Pflegeeltern tritt, sei das der größte Vertrauensbeweis. Denn das Kind würde mit seiner Konfliktbereitschaft zeigen, dass es daran glaubt, dass diese Pflegeelternbeziehung das aushalten kann.

Nach unserem erfolgreichen Pflegeelternkurs geriet der Wunsch, ein Pflegekind aufzunehmen, erst mal in den Hintergrund. Wir hatten uns beide um so viele Menschen zu kümmern. Es gab ja schon längst Nachbarkinder, von deren familiärer Situation wir das eine oder das andere mitbekamen, was uns Anlass zur Sorge gab. Da liefen Kinder in kaputten und zu engen Schuhen herum, während ihre Mutter sich einen riesigen Tiger auf den Unterarm hatte tätowieren lassen. Da gab es Kinder, die im Winter immer noch keine Jacke hatten, und deren Ernährung darin bestand, im Gehen eine Packung asiatischer Trockennudeln in sich hineinzustopfen. Solche Kinder gingen in den Cafés umher und erbettelten von Gästen, ihnen eine Brause auszugeben.

Manche dieser Kinder kamen in unser Jugendhaus, einer Einrichtung, die eigentlich für junge Menschen ab 14 Jahren gedacht ist. 1980 gegründet, um der damals schreienden Not der Jugend auf St. Pauli zu begegnen, die in Bandenkriminalität abrutschte. Vieles hatte sich seitdem getan. Es gab ein reiches Angebot für junge Menschen auf St. Pauli. Und doch erlebten wir immer wieder, dass Kinder und Jugendliche offensichtlich verwahrlosten, weil ihnen ihre Familie nicht das gab, was sie brauchten.

Schon in unserem ersten Jahr im Pastorat war mir ein freundlicher türkischer Jungen aufgefallen, der vor unserem Haus spielte. Auch wenn die anderen Kinder schon zuhause waren, weil es regnete oder es Zeit für das Abendbrot war, sah ich ihn alleine auf der Straße. Ich erfuhr, dass Osi sechs Jahre alt war und seine kleinere Schwester in unsere Kita ging. Die Geschwister lebten bei ihrer Mutter. An manchem Abend winkten die Kinder vom benachbarten Balkon ihrer Wohnung zu uns herüber ins Wohnzimmer des Pastorats. Osi erzählte mir später als Zehnjähriger, er selbst habe seinen Vater als kleiner Junge mit einem Stock aus dem Haus gejag, und ich habe mich über diese Geschichte gewundert. Irgendwann kam Osi mit seinen besten Freunden Chris und Danny zu uns an den Frühstückstisch, den Ronald jeden Samstag reich deckt. Die drei sind manchmal Nervbacken, aber wir mögen diese Nachbarskinder an unserem Tisch.

Osi liebt seine Mama. „Ich muss auf Mama aufpassen," hat er mir einmal gesagt, und ich habe nur gedacht, dass sich die Rollen hier wohl vertauscht haben. Denn eigentlich sollte Mama auf ihre Kinder aufpassen. Er ist 11 Jahre alt, als er seine bewusstlose Mutter findet und die Nachbarn bittet, den Notarzt zu rufen.

Während des Klinikaufenthalts der Mutter wird Osis Schwester bei Verwandten untergebracht. Aber diesen anstrengenden Jungen will keiner im Haus haben.

Er tut mir leid und damit er nicht in irgendeinem Kinderheim untergebracht wird, wo ihn keiner kennt, biete ich dem Jugendamt an, ihn für ein paar Wochen aufzunehmen. So zieht der mittlerweile ziemlich stämmige elfjährige Junge mit den roten Wangen bei uns ein. Er und seine Freunde bringen Leben ins Haus. Er ist ein dankbarer Esser an unserem Tisch, nur müssen wir aufpassen, dass er sich von uns nicht nur bedienen lässt. Osi ist der geborene Pascha.

Nach ein paar Wochen wird die Mutter aus der Klinik entlassen und die Kinder kehren zurück zu ihr und wir bleiben in guter Nachbarschaft. In der Adventszeit backen wir Kekse mit Osi, Danny und Chris und zu Weihnachten stehen wir um den Tannenbaum herum, reichen uns die Hände und singen „Oh Tannenbaum", so wie wir es alle Jahre mit all den Menschen machen, die bei uns wohnen und die unsere Wahlfamilie sind.

Ein Jahr, nachdem Osi wie ein Ferienkind ein paar Wochen bei uns gewohnt hatte, soll sich das Leben des mittlerweile Zwölfjährigen verändern: Die Mutter will in die Türkei ziehen, dort ein neues Leben mit einem Mann beginnen, den sie bisher nur durch das Internet kennt. Die Großeltern haben ein Haus am Schwarzen Meer, dort ist eine Wohnung frei und die Chance ist gegeben, ein neues, hoffentlich glückliches Kapitel des Lebens aufzuschlagen. Wir verabschieden uns voneinander. Doch Monate später kommt eine SMS von Osis Mutter: „Pastor, ich weiß nicht mehr weiter. Osi kommt hier nicht klar. Entweder er bringt mich um oder ich ihn. Kannst du ihn aufnehmen?"

Ich berate mich mit Ronald und wir stimmen zu. Osi kennt die Türkei nur von Ferienbesuchen. Und ob sein Türkisch ausreicht für den Schulbesuch? Dieser Junge ist ein St. Paulianer und hat hier alle seine Wurzeln. Er hat alles verloren. Kein Wunder, dass der Junge nicht klarkommt in der Türkei.

Eine Woche vor Weihnachten sitzen wir auf dem Jugendamt Altona mit Osi und seiner Mutter. Auch die drei Onkeln und eine Tante sitzen am Tisch. Sie haben alle Familien mit Kindern und es wäre an ihnen, den Zwölfjährigen aufzunehmen. Sie spüren diese moralische Verpflichtung, können ihr aber nicht entsprechen. Wie ich merke, ist das allen etwas peinlich. Doch keiner will den Jungen, weil sie fürchten, er könnte das Gleichgewicht ihrer Familien stören. Als das Kind das hört, laufen dicke Tränen die roten Wangen herunter. Er tut mir so leid. Dann erklären wir der Runde, dass wir Osi gerne aufnehmen, aber die Unterstützung der Familie dafür einfordern. Damit keiner sagen kann, er habe es nicht gewusst: Erstens sind wir Christen, ich bin Pastor. Das muss von allen akzeptiert werden. Wenn Osi zur Moschee gehen will, kann er gerne von den Verwandten abgeholt werden, und selbstverständlich werden wir die muslimischen Feiertage respektieren und dem Kind kein Schweinefleisch vorsetzen.

Zweitens sind wir, Ronald und ich, ein Paar. Auch daran darf sich bitte keiner aus der Familie stoßen. Wir brauchen den Respekt der Herkunftsfamilie. Sonst hätten wir einen Dauerkonflikt und den können wir alle nicht brauchen. Die Familienrunde hört aufmerksam zu. Dann stimmen alle zu und danken uns, dass wir Osi aufnehmen. Sie sind erleichtert und versprechen, sich weiterhin um ihren Neffen zu kümmern. Das Jugendamt stimmt einer Inobhutnahme zu und am 24. Dezember um 11 Uhr früh steht der Junge in seiner türkischen Schuluniform mit seiner Mutter bei uns vor der Tür. Als ich ihn sehe, denke ich nur: Das Christkind kommt! Ein Koffer voller Kleidung ist alles, was er dabei hat. Ein unvergesslicher Heiligabend wird das. Zuerst ist der Junge tapfer und lässt sich nichts anmerken, als wir gemeinsam mit seinen Freunden um den Tannenbaum stehen. Das ferngesteuerte Auto, das er Geschenk bekommt, lenkt ihn erstmal von schweren Gedanken ab. Aber irgendwann bricht es aus dem Jungen hervor und er heult Rotz und Wasser.

Er weiß, dass seine Mutter am kommenden Morgen zurück in die Türkei fliegen wird, ohne ihn. Doch die Schwester darf bei Mama leben. Das kränkt Osi tief, er war es doch, der all die Jahre auf Mama aufgepasst hat und jetzt braucht sie ihn nicht mehr? Plötzlich läuft der Junge weg. Ich muss den Nachtgottesdienst halten, während Ronald die Mutter anruft, die wiederum die türkische Familie alarmiert und eine Suchaktion startet. Ich bete diese Nacht viele Stoßgebete, während wir Lieder wie „Stille Nacht, heilige Nacht" in der St.-Pauli-Kirche singen. Als ich nach Hause komme, ist das Haus voller Menschen. Osi sitzt verheult unter seiner versammelten Verwandtschaft am Tisch. An der Reeperbahn haben sie ihn gefunden. Die Kerzen am Tannenbaum verbreiten Geborgenheit und der heiße Tee wärmt die ausgekühlten Körper. Osi beruhigt sich und wir bringen das müde Kind zu Bett. „Stille Nacht, heilige Nacht".

Im Januar stellt sich der Familienalltag ein. Unser Kind muss ja zur Schule, hat einiges nachzuholen. Glücklicherweise darf er wieder in seine alte Klasse. Die Damen vom Jugendamt, die uns jetzt begleiten, meinen, dass es gerade jetzt wichtig ist, dass er nicht auch noch seine sozialen Kontakte verliert. Früher hat man Kinder einfach aus schwierigem Milieu entnommen, alle Verwurzelung gekappt und in eine bürgerliche Familie verpflanzt. Das tat keinem gut. Heute gilt die milieunahe Unterbringung als der richtige Weg. Und doch bleiben Zweifel: ist St. Pauli gut, um hier groß zu werden?

Doch wir haben ganz andere alltägliche Probleme, an denen wir arbeiten. Osi soll sich waschen. Will er aber nicht. Er lässt das Wasser laufen, bleibt aber trocken. Das Zähneputzen machen wir gemeinsam, damit es gründlich wird. Am Tisch zu sitzen und gemeinsame Mahlzeiten mit Tischmanieren einzunehmen, will erst gelernt sein. Ozis T-Shirts sind voller Essensreste, aber es wird besser. Irgendwann wird uns klar, dass der Junge sich sprachlich im Niemandsland befindet. Sein Deutsch ist schlecht, sein Türkisch auch. Wir bringen ihm unsere Sprache bei und er wird sie bald hervorragend sprechen.

Den Rhythmus des Familienlebens genießt der Junge bald. Zwei Papas sind keine Konkurrenz zur Mama und das ist gut so. Mama lebt Tausende von Kilometern entfernt und kann keine Fehler mehr machen, sie wird zur Heiligen.

Mit ihr regelmäßig zu telefonieren, ist fest verabredet. Aber es kostet den Jungen Kraft, die er nicht immer hat.

Während Ronald schon bei der Arbeit ist, wecke ich unseren türkischen Prinzen und mache das Frühstück. Da geht er die wenigen Schritte bis zur St.-Pauli-Schule. Am schönsten ist es, dass er sich auf dem Weg immer umdreht und mir zuwinkt, während ich aus dem Fenster schaue.

In der Schule hat Osi keinen guten Stand. Aber die Lehrer sind Kummer gewohnt. In manchen Jahrgängen schaffen weniger als die Hälfte der Schüler einen Hauptschulabschluss. Ronald und ich besuchen einen Elternabend und sind die ersten in dem Klassenzimmer. Eltern, die mit Verspätung nach uns eintreffen, halten uns zuerst für die Lehrer. Ja, wo ist die Lehrerin eigentlich? Sie kommt abgehetzt zwanzig Minuten zu spät, aber sie wird nicht die letzte sein, die eintrifft. Manche Eltern sind in Begleitung jüngerer Kinder, die für sie übersetzen sollen. Die einzigen deutschen Eltern außer uns kommen sichtlich angetrunken kurz vor Ende des Elternabends.

Osi genießt es, wie wir für ihn sorgen. Aber er hat dann und wann Wutausbrüche, die es in sich haben. Der Junge ist sehr kontaktfreudig und herzlich, er kennt bald jeden im Stadtteil. Manchmal ist er zu vertrauensselig. Einmal lässt er einen Typen ins Haus, der den Motor unseres Rasenmähers ausbaut und mitnimmt, warum auch immer. Wir versuchen, Osis Bildung mit allen Mitteln zu fördern. Vor der Nachhilfelehrerin versteckt er sich einmal unter dem Tisch. Heute verstehe ich besser, dass er einfach damit beschäftigt war, die Trennung von seiner Mutter zu überleben. Da war zu wenig Platz für die Bildung. Irgendwann habe ich gemerkt, dass der Junge raucht. Da gestand er, dass er schon mit 9 Jahren von seiner Mutter Zigaretten geklaut habe. Besonders schmerzhaft ist es für Ronald und mich, als wir feststellen, dass irgendwann Geld fehlt. Mal ein paar Münzen, mal ein Zehner, mal ein Zwanziger. Irgendwann wird er auf frischer Tat erwischt. Warum tut er uns das an, nach all dem, was wir für ihn getan haben?

Sein wöchentliches Taschengeld ist am ersten Tag ausgegeben. Dabei ist er immer großzügig, auch mit dem geklauten Geld lädt er alle Freunde ein. Von denen lernen wir viele kennen, manche übernachten bei uns und wollen gar nicht wieder nach Hause. Ja, es stimmt schon: Pflegekinder bringen Leben ins Leben. Doch die Probleme nehmen mit der Pubertät zu.

Bald kommen täglich Anrufe von den Lehrerinnen, und auch Beschwerden von Nachbarn häufen sich. Die St.-Pauli-Nachbarschaft hat viele Augen und viele Ohren. Osi wird immer respektloser und beginnt, andere Kinder zu bedrohen, zu schlagen und abzuziehen. Es ist sehr peinlich, ihn einmal bei der Polizei abholen zu müssen, als er bei einem Ladendiebstahl erwischt wird.

Aber erleben das nicht auch andere Eltern mit ihren pubertierenden Kindern?

Als er 14 war, kam die unheimliche Entdeckung, dass unser Sohn kifft. Das Gras wird überall vor unserer Haustür angeboten. Aber wer hat das den Kindern verkauft? Ich war entsetzt. Als ich Osi eines Morgens auf dem Schulweg nachging und ihn mit mir unbekannten Jugendlichen sah, wie sie um 8.30 Uhr einen Joint miteinander teilten, da hatte ich Tränen in den Augen und rief die Polizei. Noch in derselben Stunde flog ein ganzer Händlerring auf, der Osi und seine Freunde als Drogenkuriere eingespannt hatte. In der Schulklasse wurden Drogen und Geld sichergestellt. Unsere Nerven lagen blank. Natürlich aktivierten wir das gesamte Programm therapeutischer Hilfen für unser Pflegekind. Eine Reittherapie sollte Abhilfe schaffen.

Fragte ich unser Kind selbst, warum er sich denn bekiffen würde, antwortete er sehr offen: „Da ist ein großes tiefes schwarzes Loch in mir. Und ich will das für einen Moment vergessen. Das Rauchen hilft mir dabei, dass ich ruhig werde. Sonst habe ich Angst vor mir selbst."

Von Monat zu Monat wurde es schwieriger. Der junge Mann war nicht mehr erreichbar und ging schon lange nicht mehr zur Schule. Gegen Mittag konnte ich ihn wecken. Dann reichten wir uns die Hände, wie wir es immer getan hatten und wünschten uns „Gesegnete Mahlzeit, guten Appetit". Unser Tischgespräch war immer freundlich, und er entschuldigte sich auch dafür, dass er uns Sorgen machen würde. Doch nach dem Essen wurde er unruhig und drängte zum Aufbruch. Freunde treffen. Was für Freunde? Als es soweit war, dass Ronald abends auf die Straßen St. Paulis ging, um Osi zu suchen, und sich dann Diskussionen mit Dealern gefallen lassen musste, dass der 14-Jährige noch seine Arbeit tun müsse, war für uns Schluss. Das Jugendamt hatten wir von der Entwicklung schon informiert. Osi sollte eine Entgiftung machen und fern von Hamburg einen Neuanfang ohne Drogen machen. Als der Tag des Abschieds kommt, heult er wie ein kleines Kind. Wir heulen alle drei. Die Erzieherin vom Therapiehof trägt ihn wie ein Baby aus dem Haus.

Ich habe eine abgründige Seite von St. Pauli kennengelernt. Ein Geschäft mit der Sucht, die vor Kindern nicht halt macht. Ein bisschen kiffen, was ist denn schon dabei? Wie oft habe ich das gehört und auch einmal so gedacht. Jetzt habe ich den Sog in die Sucht im eigenen Haus erlebt bei einem Kind, für das wir Verantwortung übernommen haben.

Haben wir als Pflegeeltern versagt? Oder müssen wir einfach einsehen, dass die ganze Vorgeschichte eine Macht hat, die wir nicht überwinden konnten durch noch so viel Fürsorge? In den folgenden Jahren sehen wir Osi alle paar Monate. Aus der ersten Einrichtung, einem Pferdehof, fliegt er nach einem Jahr raus. In der Folgeeinrichtung erholt er sich sichtlich bei der Arbeit im Wald. Der Kinderspeck ist gewichen, wir haben einen gesunden jungen Mann vor uns, der kurz davor ist, seinen Hauptschulabschluss zu machen. Doch mit 18 Jahren hat er in der hessischen Provinz wieder falsche Freunde kennengelernt. Als drei Wochen hintereinander der Drogentest positiv ist, fliegt er aus der Einrichtung raus. So richtig freuen kann ich mich nicht darüber, das Osi wieder auf seinem Kiez unterwegs ist. Bei der Verwandtschaft ist er nicht mehr gerne gesehen, schläft bei einem Kumpel. Um ihn vor der Obdachlosigkeit zu bewahren, schaffe ich es noch, ihm eine Jugendwohnung über das Jugendamt zu besorgen. Aber auch dort bricht er alle Hausregeln. Als er uns erzählt, dass er auf dem Spielplatz in dem Innenhof übernachtet habe, wo er als Kind gespielt hat, tut mir das sehr weh und es fällt schwer, ihn nicht aufzunehmen. Aber der Verstand muss dem Herzen diesmal überlegen sein. Die Zeiten, als der Dealer an der Tür des Pastorats häufiger nachgefragt wurde als der Pastor, dürfen sich nicht wiederholen. Heiligabend ist er bei uns und wirkt wie ein Getriebener. Es liegt nahe, dass er wieder im Drogengeschäft mitmischt. Ständig klingelt das Handy, dann muss er raus in die Nacht, während die Kerzen am Tannenbaum noch nicht runtergebrannt sind. Osi hat uns lieb, immer wieder bedankt er sich bei uns. „Gott hat es gut mit mir gemeint. Mein Vater hat sich nicht um mich gekümmert. Dafür hat mir Gott jetzt zwei Väter gegeben", so sagt er und das ist rührend. Tut aber auch weh, denn wir konnten unser Pflegekind nicht auffangen. Als er 23 Jahre alt ist, wird er von der Polizei beim Drogenverkauf gestellt. „Mit einer nicht unerheblichen Menge harter Drogen", wie es in dem Haftbefehl heißt. Das Untersuchungsgefängnis liegt in unserem Stadtteil. Eine Kamera beäugt mich am Eingang, dann öffnet sich die schwere Stahltür automatisch. Wir sind auf St. Pauli und doch ist das hier eine Welt für sich. Mein Kollege Uwe ist hier Gefängnisseelsorger und holt mich ab. Durch fünf Stahltüren werden wir geschleust, auf den Gängen sind Männerstimmen aus den Zellen zu hören. Diese Mischung aus Reinigungsmitteln, Schweiß und kaltem Zigarettenqualm riecht nicht gut. Ich denke zurück an den Sechsjährigen, der vor unserem Haus gespielt hat, mit 12 Jahren unser Pflegekind wurde und nun ein schwerer Junge geworden ist. Endlich haben wir Zeit zu reden über all das, was in den letzten Jahren schief gelaufen ist. „In der Zelle habe ich viel Zeit zum Nachdenken", sagt er. „Aber oft dreht sich alles an Gedanken, auch in der Nacht komme ich kaum zur Ruhe." Mein Blick geht aus dem vergitterten Fenster des Besuchsraums hinaus auf den Innenhof. Eine Stunde Freigang täglich hinter doppelter Mauer und Stacheldraht. Ich sehe, wie die Männer im Kreis laufen.

Vor mir sitzt mein Kiezjunge und stützt seine Stirn mit den Händen: „Wie soll es weitergehen? Wann ist mein Prozess, noch vor Weihnachten? Ob ich mit einer Bewährungsstrafe davonkomme? Ich schwöre, wenn ich wieder draußen bin, werde ich ein anderes Leben führen." Noch zehn Minuten, dann ist meine Besuchszeit abgelaufen. Osi will, dass ich für ihn bete. Als ich mit dem „Vaterunser" schließe, höre ich selbst das vertraute Gebet ganz anders, hier hinter den Gefängnismauern. So beten wir gemeinsam: „... und vergib uns unsere Schuld, wie auch wir vergeben unseren Schuldigern. Und führe uns nicht in Versuchung, sondern erlöse uns von dem Bösen ..." Beide beten wir so zu dem Gott, den wir Vater nennen dürfen – ganz gleich, ob wir uns für gut und vorbildlich halten oder für schuldig und gescheitert halten – wir brauchen alle Gottes Barmherzigkeit. Der „Vaterunser" sieht uns mit Liebe an. Das ist die frohe Botschaft, die wir auch in die harte Welt der Gefängnisse tragen.

Als ich nach meinem Besuch im Knast draußen wieder frische Luft atme, denke ich: Was für eine wertvolle Arbeit leisten die Gefängnisseelsorger! Sie geben der Seele Zeit und Raum zu atmen.

Einige Wochen vor Weihnachten atme ich auf, als Osi auf Bewährung frei kommt. Wie alle Jahre stehen wir um den Tannenbaum, reichen uns die Hände und singen „O Tannenbaum".

Doch ich weiß, das Osi auf dem Kiez wieder rückfällig wird. Am besten, er verlässt die Stadt. Einsicht dazu hat er manchmal. Aber dann siegt anscheinend die Trägheit und er steht wieder unter dem Einfluss der alten Freunde. Völlig aufgewühlt kommt er eines Tages zu uns. Schon wieder ist er erwischt worden und gefährdet seine Bewährung. Aber noch mehr Furcht als vor Polizei und Gericht hat Osi vor seinen sogenannten Freunden, die ihm eins aufs Auge gegeben haben. „Osi, jetzt ist es ernst. Du musst hier raus. Am besten, du gehst zu Mama in die Türkei. Dort kannst du ein neues Leben anfangen."

Vor elf Jahren stand ein kleiner Junge in einer türkischen Schuluniform vor der Tür unseres Pastorats und zog ein. Daran muss ich denken, als ich mich jetzt auf den vollgestopften Hartschalenkoffer setzen muss, damit Osi den Reisverschluss zubekommt. Wir umarmen uns, dann geht es zum Flughafen.

Nicht nur Pflegekinder haben bei uns gewohnt, auch mit anderen haben wir Familie auf Zeit gelebt in der besonderen Lebensform Pastorat. Ein halbes Jahr wohnte Oskar bei uns, der ein Buch schrieb, eine Abrechnung mit der Londoner Finanzszene. Einmal hatten wir einen Kiezkellner bei uns aufgenommen, der von seiner Frau auf die Straße gesetzt worden war. Und dann zog Ole ein, dem die benachbarte St.-Pauli-Schule die Chance gegeben hatte, es noch einmal mit dem Abitur zu versuchen. Das fanden wir ein gutes Ziel, das wir gerne unterstützen wollten. Wohlbehütet und bürgerlich aufgewachsen, suchte Ole den Abstand von seinen Eltern bei uns. An schlechten Tagen verließ er sein Zimmer nicht. An guten Tagen kochten wir zusammen und lachten viel. Es war der vierte Adventssonntag, als Ole einen verzweifelten Anruf von einer Freundin erhielt.

Irla, die ich flüchtig kannte, hatte die Nacht mit zwei Koffern auf dem Hauptbahnhof verbracht und war mit den Nerven am Ende. Die 17-jährige Schülerin kam zuhause nicht mehr klar. Mit 12 Jahren war sie von ihrer Mutter aus Brasilien nach Hamburg geholt worden. Sie sollte auf ihre jüngeren Geschwister aufpassen, drei Jungs, die Irlas Mutter mit einem deutschen Mann hatte. Doch das Mädchen wollte nicht nur das Aschenputtel ihrer Familie sein, sondern auch Deutsch lernen und die Schule besuchen.

War eines der Kinder krank, durfte Irla nicht zur Schule. Haushaltsarbeit ging vor, dann erst war für die Schule Zeit. Irla hatte versucht, sich anzupassen. Sie hatte gelernt, ihre Bedürfnisse zurückzustellen, und sie liebte ihre kleinen Brüder. „Eigentlich war ich die Mutter für die Jungs", sagt sie heute im Rückblick. „Aber irgendwann ging es nicht mehr." Im Streit hatte sie ihre Sachen gepackt und war weggelaufen. Ole holte sie vom Bahnhof ab und ich sagte sofort zu, dass Irla bei uns bleiben könne, bis die Situation geklärt ist. Erstmal musste sich das Mädchen ausschlafen. Abends saßen wir am Tisch und berieten uns. Ich fand es notwendig, dass Irla ihrer Mutter Bescheid gibt, dass ihre Tochter in Sicherheit ist. Wir warteten angespannt das Telefonat ab. Mutter schrie ins Telefon und drohte, die Polizei einzuschalten, doch Irla nannte ihr nicht die Adresse, wo sie sich befand. Am Montag zeigten wir dem Jugendamt gegenüber eine Inobhutnahme an. Irla blieb erstmal zum Überwintern bei uns. Weihnachten war das Haus voll. Irla brachte ihren Gleb mit, Sohn einer jüdisch-russischen Familie. Osi war zu Besuch und brachte seinen Lieblingscousin Deniz mit. So sammeln wir die Kinder Abrahams unter dem Tannenbaum.

Zwei Schüler im Haus mit Problemen. Ich komme durchgefroren vom Friedhof nach Hause, habe Hunger – und die beiden sitzen vor dem Fernseher und schauen den Kinderkanal. Und die Küche sieht aus! Da muss ich mal eine Ansage machen. Aber ich verstehe ja, dass unser Haus das Refugium ist, wo die Kinder endlich mal die Seele baumeln lassen können.

Als es Frühjahr wird, bricht Ole die Schule ab und versucht sein Glück in der Gastronomie auf Sylt. Und Irla wechselt in eine Jugendwohngruppe.

Mit allen Kindern, die in unserem Haus waren, haben wir nach unseren Kräften alles getan, um in Kontakt zu bleiben. Es ist ebenso wichtig, alle Kinder wieder loslassen zu können. Aufnehmen, annehmen und loslassen. Dann kommen sie vielleicht wieder und wir erinnern mit ihnen unsere alten Geschichten und teilen miteinander unsere neuen Geschichten.

Als Irla ihr Fachabitur geschafft hatte, war ich zur feierlichen Zeugnisübergabe eingeladen und saß neben ihrer Mutter, der Frau, die mir einst gedroht hatte, die Polizei zu rufen, als wir ihre Tochter in Obhut genommen hatten. Anfangs war das Gespräch sehr mühsam miteinander.

Irla haben wir eine Zeit lang aus den Augen verloren, als sie mit ihrer damaligen Liebe nach Österreich ging. Schwer enttäuscht kehrte sie zurück. Sie hatte gelernt, jetzt ihr eigenes Leben aufzubauen und sich von niemandem abhängig zu machen. Immer noch teilen wir miteinander das Auf und Ab des Lebens, und ich bin stolz darauf, wie aus dem schüchternen Mädchen mit der Zopffrisur eine selbstbewusste Frau geworden ist.

Mit einem Herzenswunsch hat mich Irla überrascht: Sie möchte getauft werden. In Brasilien zwar katholisch aufgewachsen, hat die Familie immer wieder die Taufe des Kindes verschoben und schließlich vergessen. Nun wird sie eben evangelisch getauft in der St.-Pauli-Kirche, ihre Mutter und ihre Geschwister sind dabei und haben sich festlich gekleidet. Auf dem Tauffoto sind neben ihrer Herkunftsfamilie auch ihre „beiden Papas", wie Irla es ausdrückt. Alle anderen Kinder unseres Hauses haben immer Sieghard und Ronald gesagt oder Siegi und Ronny. Irla sagt als einzige: „Meine lieben Papas". Ich fand das immer eine große Ehre, vielleicht sogar zu groß. Lebte sie doch nur einige Monate bei uns und wir haben sie nicht von Kindheit an bei uns gehabt. Aber ich habe verstanden, dass Irla es braucht, dass dieser „Papa-Posten" besetzt ist, jetzt gleich mit uns doppelt besetzt. Ihren leiblichen Vater kennt Irla nicht, sie weiß nicht, ob er noch lebt. Aber sie ahnt, dass alle Nachforschungen schmerzhaft für sie wären.

So sitzen wir an unserem Tisch, reichen uns die Hände und sagen „gesegnete Mahlzeit, guten Appetit". Ich habe schwarze Bohnen gemacht und polnische Wurst reingeschnitten, das wird meiner Brasilianerin schmecken.

Irla war gerade mit ihrem aktuellen Freund in Brasilien und zeigt wunderbare Fotos mit blauem Himmel, Strand und Palmen. Ein wenig leicht bekleidet sei sie schon, bemerke ich, und sie antwortet: „Du weißt doch, wir Brasilianerinnen zeigen gerne, was wir haben", und wir lachen. Familie kann so schön sein.

Ronald und ich hatten ja schon einige spannende Jahre als Pflegeeltern hinter uns und standen immer noch in Kontakt mit Osi und Irla. Ein Anruf des Jugendamtes kam dann doch überraschend: Ob wir einen Zwölfjährigen aufnehmen würden. Der Junge sei ganz verzweifelt im Kinderheim und der letzte Versuch, ihn in einer Pflegefamilie unterzubringen, sei gescheitert. Zwölfjährige sind einfach schwer vermittelbar. Wer lässt sich auf ein frühpubertäres Kind ein?

Schließlich saßen Ronald und ich eines Nachmittags im Besprechungszimmer des Kinderheims und Dutzende Kinderaugen schauten uns beobachtend durch eine Glasscheibe an. Dann wurde Alex gerufen, der sich in sein Zimmer verkrochen hatte. Wir gingen miteinander Burger essen und Kakao trinken. Der Junge sprach am Anfang wenig, dann überschlugen sich seine halben Sätze. Er hatte Mühe, sich auszudrücken, aber er wollte unbedingt verstanden werden und forderte unsere Aufmerksamkeit ein. Von seiner Geschichte hatten wir bald verstanden: Er hatte selbst seinen Koffer gepackt, ein paar Kleidungsstücke und seine liebsten Kuscheltiere und war dann zur Polizei gegangen. Dort erklärte er, dass er auf keinen Fall mehr zurück zu seinem Vater und seinen Geschwistern wolle. Er würde es nicht mehr aushalten. Schläge, Essensentzug und Einsperren schienen dem Vater nach Alex Schilderung geeignete Erziehungsmittel zu sein. Ein offensichtlich überforderter Lkw-Fahrer, der tagelang unterwegs war und dessen Kinder irgendwie alleine klarkommen mussten. Alex hatte an seine Mutter keine Erinnerung mehr. Als er zwei Jahre alt war, habe sie die Familie verlassen, so wurde ihm erzählt. Damals kam das Kleinkind ins Krankenhaus wegen Unterernährung. Bei der Einschulung wurde eine Entwicklungsverzögerung festgestellt, auf einer Sprachheilschule sollte ihm geholfen werden. Alex hatte als Zwölfjähriger schon lange gelernt, auf sich selbst gestellt zu sein, und zog wie ein Sammler und Jäger durch die Straßen. Bald wusste er, wie aus Pfandflaschen Geld zu machen war. Dem Jungen, der selbst kaum lesen und schreiben konnte, wurden für ein paar Euro von Erwachsenen aus Erbarmen alte Bücher abgekauft, die er zuvor aus einer „Umsonstkiste" der Buchhandlung geholt hatte. Ein entwurzeltes Kind, dessen Geschichte uns zu Herzen ging.

Bei unserem zweiten Besuch im Kinderheim sahen wir Alex wie verwandelt: Mit verschmitztem Lächeln und seiner schiefen

Brille auf der Nase tauchte er in einem rosa Kleid auf, inklusive rosa Tasche am Handgelenk. Wir mussten lachen und ließen uns auf den Spaß ein. Ich dachte nur: Das passt ja ideal. Ein schwules Paar mit einem Jungen in einem rosa Kleid! So gehen wir gemeinsam durch die Fußgängerzone. Es ist ja Faschingszeit. Jahre später habe ich ihn gefragt, warum er das eigentlich gemacht habe. „Um euch zu testen, wie ihr reagiert."

Im Kinderheim eskalierte schließlich die Situation. Aus nichtigem Anlass gab es Streit, die Nerven lagen blank und der Junge hatte mehrfach damit gedroht, aus dem Fenster zu springen. Höchste Zeit für einen Ortswechsel. Als der Schnee schmilzt, zieht Alex bei uns ein, doch der Junge kommt nicht zur Ruhe. Da sind noch seine beiden kleinen Halbgeschwister, die er vermisst, da ist noch sein Vater, gegen den er vor Gericht aussagen will wegen Kindswohlgefährdung und Körperverletzung. Und dann taucht auch noch die leibliche Mutter auf, eine fremde Person für den Jungen, die aber alte Sehnsüchte danach weckt, es möge endlich alles heil werden. Und die ihn dann doch wieder tief enttäuscht. Seinen dreizehnten Geburtstag feiern wir im Pastorat mit einem Dutzend Kindern aus dem Kinderheim. Nur seine Mutter, die wir am Telefon haben, will Alex nicht zum Geburtstag gratulieren.

Was für ein Druck muss auf ihm liegen. In der Schule sprengt er jeden Unterricht und wird in einen grün gestrichenen extra Raum gesetzt, um runterzukommen. Er droht auch uns, aus dem Fenster zu springen. Dieses Verhaltensmuster bei Stress ist tief eingespielt. Manchmal gelingt es uns, ihn abzulenken, etwa mit „Jetzt gibt es erstmal Spaghetti mit Tomatensoße. Über alles andere können wir ja später sprechen". Alex hasst seine Schule. Als wir aber eine neue Schule finden, die ihn ideal fördern würde, verweigert er sich. Er will auf gar keine Schule mehr gehen. Irgendwann telefoniert er mit seinem Vater, der ihm ein neues Handy verspricht. Dafür wird Alex nicht mehr vor Gericht gegen ihn aussagen.

Es ist ein trauriger Tag, als der Junge, der unser Leben so aufgewühlt hat, nach wenigen Wochen wieder auszieht. Unsere Geschichte miteinander, die hier eigentlich hätte enden können, fängt danach erst richtig an. Für Alex werden wir zum Notausgang seines Lebens. Er versucht immer wieder, es mit seiner Herkunftsfamilie auszuhalten, aber diese Versuche scheitern. Ich kann die vielen sozialen Einrichtungen nicht alle aufzählen, die Alex in den folgenden Jahren durchlaufen hat. Hier ein paar Wochen, dort ein paar Monate Aufenthalt, dann gab es einen Konflikt und er musste weiterziehen mit ein paar Plastiktüten voller Kleidung. Und immer wieder haben wir ihn aufgenommen, für Tage oder Wochen, bis das Jugendamt ihn wieder untergebracht hat.

Mehrmals war er in der Notaufnahme des Kinder- und Jugendnotdienstes gelandet, der letzten und traurigsten Adresse für obdachlose und haltlose Kinder und Jugendliche. Ein umzäuntes Gelände, das damals voller minderjähriger unbegleiteter Flüchtlinge war. Der Geruch von Cannabis lag in der Luft. Schon mit den Nerven völlig am Ende, war das für den Teenager Alex keine erholsame Adresse. Dann stand er wieder vor unserer Tür. Eine Portion Nudeln oder Würstchen gab es, und die Welt war wenigstens für diesen Moment in Ordnung, wenn Alex ein heißes Wannenbad nahm und Lieder vor sich hin trällerte.

Ein weiterer heiler und vielleicht heilender Moment war Alex Taufe. Der 14-Jährige durfte nun über sich selbst entscheiden und wollte getauft werden. Bei allem unsicheren Zusammenhalt der Herkunftsfamilie wollte er zur Familie Gottes sicher dazugehören. Alex hat immer gesagt, dass er kein Vertrauen zu Erwachsenen habe, und ich kann ihn aus seiner Erfahrung heraus gut verstehen. Seine Lebensleistung, für die er als Kind all seine Kraft aufwenden musste, war es, seine Eltern irgendwie zu überstehen.

Natürlich hat es viele Versuche des Jugendamtes gegeben, den Jungen zu beschulen. Auch an therapeutischen Angeboten hat es nicht gemangelt. Aber die Umsetzung scheiterte immer wieder an seiner Angst, sich darauf einzulassen. Es fehlte das Vertrauen, dass es andere wirklich gut mit ihm meinen.

Es gibt vieles, womit es Alex schwer hat. Zahlen und Buchstaben sind bis heute nicht seine Freunde. Aber der Junge hat auch seine Stärken. Er hält niemals die Hand auf und erwartet die Fürsorge anderer. Er hat früh gelernt, für sich selbst zu sorgen. Er ist ein Kämpfer und will mit seinen Händen anpacken und arbeiten. Er hat eine Offenheit und einen Humor, der ihn noch weit bringen wird, und er ist krisenerfahren und weiß, dass es doch immer irgendwie weitergeht.

Kaum volljährig, zieht er der Liebe wegen an den Bodensee. Die Frauen mögen den Alex. Der träumt von heiler Welt mit Beziehung und Familie. Alles soll jetzt kommen, was er als Kind so vermisst hat. Die Namen seiner geliebten Halbgeschwister, die er jahrelang nicht sah, hat er sich auf die Unterarme tätowieren lassen.

In seiner Pubertät fand ich ihn anstrengend wie eine Flipperkugel, die hin- und herspringt. „Ich bin doch schon viel ruhiger geworden", hat er als 20jähriger zu mir gesagt. Dann kann er aber auch wieder ganz verzweifelt und wund sein, wenn es im Leben nicht so läuft. Einmal die Woche telefonieren wir, meistens mittwochs. Dann werde ich immer auf den neuesten Stand gebracht. Alex lässt einfach alles ungefiltert raus, was ihm durch den Kopf geht. Das kann dann auch etwas grob werden, aber ich weiß immer, woran ich bin.

Nun sind einige Abenteuer der Liebe wegen und Lehrjahre des Lebens am Bodensee und in Berlin schon wieder Geschichte. Alex kommt immer irgendwie durch, da bin ich sicher. Er lebt jetzt wieder vor den Toren Hamburgs, ist mit den Schaustellern unterwegs und freut sich, in unserer Nähe zu sein, wie er sagt. Danke für das Vertrauen! Alex, du hast es zwar am Kürzesten ausgehalten bei uns, aber du bist immer noch in unserem Leben.

Die Synode tagt

Als Student war ich Ende der 1990er-Jahre dabei, wie die Nordelbische Synode sich heiße Kontroversen um die Anerkennung gleichgeschlechtlicher Lebensformen lieferte. Erst 1996 erklärte sie: „Die jahrhundertelange Verdammung weiblicher und männlicher Homosexualität durch Theologie und Praxis der Kirche hat zur Diskriminierung, Verfolgung und Ermordung homosexueller Frauen und Männer entscheidend beigetragen. Die Synode erkennt dies als Schuld. Sie bittet Gott und die Betroffenen um Vergebung." 1996 war es auch, dass die EKD ihre Orientierungshilfe „Mit Spannungen leben – zum Umgang mit Homosexualität" vorlegte. Darin anerkannte sie Homosexuelle, stellte deren Partnerschaften aber keineswegs den heterosexuellen gleich. Mir wurde klar, dass meine Kirche mehr um ihre Einheit fürchtete als um uns: Schwule und Lesben selbst waren es, die in ihren Kirchen „mit Spannungen leben" mussten.

Seit 2012 ist die Nordelbische Kirche mit der Mecklenburgischen und Pommerschen Landeskirche fusioniert zur Nordkirche. 2019 kommt das Thema „Familienformen und Beziehungsweisen" auf die Tagesordnung.

September im Ostseebad Travemünde. Die 156 Mitglieder der Landessynode aus Schleswig-Holstein, Hamburg und Mecklenburg-Vorpommern werden kaum dazu kommen, die Sonnenstrahlen an der Strandpromenade zu genießen. Wir sitzen im Tagungssaal eines Hotels, dessen Licht trotz unzähliger Lampen im 70er-Jahre-Stil immer gedämpft ist. Die Tagesordnung zwingt zur Disziplin, eine neue Kirchenleitung wird gewählt. Am Freitag wird ganztägig eine Themensynode abgehalten, die ein Ausschuss unter meinem Vorsitz über zwei Jahre vorbereitet hat. Das hat Freude gemacht, war aber auch mühsam. Wie viele Samstage haben wir mit einem Dutzend Haupt- und Ehrenamtlichen stundenlang zusammengesessen und diskutiert, geplant und strukturiert. Das uns von der Synode aufgegebene Themenfeld ist weit: „Familienformen, Beziehungsweisen: Vielfalt sehen und fördern – Menschen stärken". Mit diesem Thema hat unsere Kirche nachzuholen.

Die Pluralisierung der Familienformen und Lebensweisen in unserer Gesellschaft wird in Deutschland und Europa in den letzten 40 Jahren wahrgenommen und diskutiert. Jedes dritte Kind wird heute außerhalb der Ehe geboren, der Anteil der Alleinerziehenden hat sich in den vergangenen Jahrzehnten ständig erhöht. Besonders in den Großstädten ist der Anteil der Singlehaushalte gewachsen. Einsam möchte aber keiner sein. Die demographische Entwicklung stellt die alternde Gesellschaft vor erhebliche Herausforderungen und fragt nach neuen Formen der Familiarität. Die Akzeptanz gleichgeschlechtlich Liebender mit und ohne Kinder hat nach jahrzehntelangem Emanzipationskampf zumindest in Westeuropa zugenommen, auch intersexuelle und transidente Menschen werden zunehmend wahrgenommen und akzeptiert.

Die Zuwanderung von Geflüchteten hat eine weitere Pluralisierung in unsere Gesellschaft gebracht. Es gibt ermutigende Beispiele von Familiarität mit Geflüchteten.

Zu lange haben die Kirchen gezögert, die Pluralisierung von Familienformen und Lebensweisen zum Thema zu machen. Familie haben wir alle, in Beziehungen leben wir alle. Unsere Herkunftsfamilien konnten wir uns nicht aussuchen. Wohl aber entscheiden wir, wie wir Familie leben und Beziehungen gestalten. Welche ethischen Grundsätze brauchen wir? Aber auch die

Evangelische Kirche selbst sucht nach einer ethischen Haltung, wie mit der Pluralisierung umzugehen sei und wie Menschen gestärkt werden können.

Der Evangelischen Kirche haftet immer noch der Ruf an, eine normierende Institution zu sein, die das ideal der klassischen bürgerlichen Ehe hochhält. Die Aufgabe stellt sich für die Kirche heute: Wie können wir die „klassische Ehe", die es in dieser Form mit dem Anspruch der Liebesheirat übrigens auch erst 200 Jahre gibt, würdigen, ohne andere Formen von Beziehungsweisen und familiärem Zusammenleben zu diskriminieren? Wie fördern wir ein positives Bewusstsein für die Vielfalt von Lebensformen? Und wie können wir dazu beitragen, dass diese Vielfalt nicht als Verlust und Auflösungserscheinung, sondern als Segen und Reichtum verstanden wird, als Schatz unter dem Regenbogen unseres segnenden Schöpfers? Darüber muss sich eine Landeskirche mit sich selbst verständigen. Denn es gibt einiges aufzuräumen. Wie oft habe ich Äußerungen in der Kirche gehört: „Wo diskriminieren wir denn als Kirche? Es können doch alle zu uns kommen." Mehrheiten fällt es schwer, sich in die Situation von Minderheiten hineinzuversetzen und Diskriminierungen aufzuspüren.

Einige Beispiele, die ich so in meiner Gemeinde erlebt oder von Kollegen gehört habe:

Gesa ist Single und engagiert sich in ihrer Gemeinde. In der Sonntagspredigt nimmt der Pastor gerne Beispiele aus seinem Familienleben. Am liebsten erzählt er vom kindlichen Vertrauen seiner vierjährigen Tochter. Als Single lebende Menschen kommen in den Predigten des Pastors nie vor.

Blanda und Emilia wollen ihre 9-jährige Tochter taufen lassen. Sie haben das immer wieder verschoben, weil sie eine Gemeinde suchen, in der sie sicher sein können, dass es keine komischen Blicke geben wird.

Frau Heinrich ist alleinerziehend mit zwei Kindern. Nach einem Konflikt in der evangelischen Kita meint die Erzieherin:

„Da fehlt wohl der Papa im Haus!" Frau Heinrich ist nicht schlagfertig genug und bleibt auf ihrem Ärger sitzen.

Herr Dr. Neumeier und sein Partner möchten eine kirchliche Trauung in einer romantischen pommerschen Dorfkirche, sind sich aber unsicher, ob die Gemeinde sie willkommen heißen wird.

Frau Vahl und Herr Arnold, beide verwitwet, leben im Alter zusammen, wollen aber aus Versorgungsgründen nicht heiraten. Regelmäßig kommen sie zum Seniorentreff der Gemeinde. Sie würden als Paar gerne einen Dank- und Segnungsgottesdienst feiern. Geht das überhaupt ohne Trauschein?

Kay hätte Lust, im Kirchenchor zu singen. Die Transidente ist sich aber unsicher, ob sie dort willkommen ist.

Diskriminierung geschieht nicht nur durch theologische oder soziale Abwertung der Anderen, wie sie in der Vergangenheit durch die Kirche geschah und immer noch geschieht, sondern auch durch Nichtnennung und Nichtwahrnehmung. Das muss als Schuldgeschichte aufgearbeitet werden. Nun könnte die Kirche in der Selbsteinbildung leben, sie hätte vielleicht ein paar Minderheiten verprellt, aber die bürgerliche Mehrheit sei ihr immer noch sicher. Das ist ein Denkfehler: Wenn eine einzelne Person Ausgrenzung und Abwertung durch die Kirche erfahren hat, dann zieht das weite Kreise in Familien und unter Freunden, auch bis in bürgerliche Kreise hinein.

Der erste Schritt ist also, die Wahrnehmung zu schulen für die Vielfalt, die vorhanden ist, und denen zuzuhören, die bisher am Rand standen. Die Landessynode hat „Lebensexpertinnen" zugehört, auch deren Verletzungsgeschichten, und wollte wissen, was heute die Erwartungen an die Kirche sind von Menschen im ganzen Spektrum der Diversität.

Es geht für viele Synodale auch darum, überhaupt einen Wortschatz zu finden. Transident, Transgender, Intersexuell – was ist das? Und was sind eine Co-Mutter und ein Co-Vater? Nur wer als Entscheidungsträgerin sich sicher in den Themen zu bewegen weiß und sprachfähig wird, verliert hemmende Angst vor Fremdheit.

Über Jahrhunderte haben die Kirchen durch das Schlüsselloch in die Schlafzimmer gucken wollen. Es erscheint fast so, als sei Sexualität das Lieblingsthema des Klerus gewesen. Ich denke, dass der Blick durch das Schlüsselloch entwürdigend für beide Seiten war: Für die Menschen, die zu Objekten moralischer Exkurse wurden ebenso wie für diejenigen, die sich zu Spitzeln der sexuellen Norm gemacht haben.

Es ist heute an der Zeit, nicht in die Betten zu schauen, sondern an die Tische: Wer teilt mit wem das Leben und wie kann das gelingen? Der Tisch wird für unsere Themensynode zum Leitbild.

Mit der Themensynode haben wir also nicht nach Normierung gesucht, die anderes abnorm nennt und Minderheiten als Minderes abwertet, sondern nach ethischer Orientierung in der Pluralität gefragt. Eine Wertschätzung der Vielfalt von Familiarität versucht die Orientierungsschrift „Zwischen Autonomie und Angewiesenheit. Familie als verlässliche Gemeinschaft stärken" der EKD von 2013. Sie definiert: „Wo Menschen Verantwortung füreinander übernehmen, da ist Familie." In diese Richtung ging auch die Diskussion der Landessynode unserer Nordkirche.

In den letzten Jahren haben viele Landeskirchen synodal zum Themenkomplex Familie gearbeitet und Orientierung gegeben. Gleichgeschlechtliche Lebensformen oder Wahlfamilien kamen dabei eher am Rande vor.

Synoden haben im vergangenen Jahrzehnt ebenfalls über die Vielfalt von Beziehungsweisen gearbeitet, insbesondere zur Akzeptanz von gleichgeschlechtlich Liebenden. In vielen Kirchen können Schwule und Lesben sich in ihren Beziehungen segnen lassen, einige Landeskirchen haben eine weitreichende Gleichstellung beschlossen. Darin spiegelt sich auch die rechtliche Entwicklung, denn nach Kriminalisierung und Diskriminierung durch den Staat, sind mit der „Ehe für alle" 2018 fast alle Rechtsungleichheiten in der staatlichen Gesetzgebung aufgehoben. Die Landeskirchen haben meistens zeitverzögert auf die gesellschaftlichen Emanzipationsschritte reagiert, selten waren sie an erster Stelle.

Die Nordkirche hat es unternommen, mit einer einzigen Themensynode das weite Spektrum abzudecken: Familienformen, Beziehungsweisen: Vielfalt sehen und fördern – Menschen stärken. Vorbereitet wurde das Thema schon seit Jahren durch ein fachkompetentes „Bündnis Lebensformen", deren Vorlage ich als Synodaler auf der Septembersynode 2016 eingebracht habe. Damals wurde bereits beschlossen, dass gleichgeschlechtlich Liebende ihre Beziehung segnen lassen können.

Beschlossen wurde auch, das Thema Familienformen und Beziehungsweisen umfassend weiter zu bearbeiten.

Und was sagt die Bibel dazu? Immer wieder bemühen konservative Kreise einschlägige Bibelstellen um zu belegen, dass die Heilige Schrift Homosexualität verurteile. Zu dieser Schlussfolgerung kann allerdings nur der kommen, der die Texte wie ein Steinbruch benutzt und sie aus ihren Kontexten herauslöst. Doch wer die Schriften der hebräischen Bibel und des Neuen Testaments genau studiert, macht erstaunliche Beobachtungen:

Am Anfang war die Vielfalt, sie ist des Schöpfers Handschrift. „Und Gott sah an alles, was er gemacht hatte, und siehe, es war sehr gut" (1. Mose 1,31). Über Familienformen und Lebensweisen berichtet die Bibel in großer Vielfalt. In 1. Mose 2 steht der Satz, der heute bei Trauungen gesagt wird: „Darum wird ein Mann seinen Vater und seine Mutter verlassen und seiner Frau anhangen, und sie werden sein *ein* Fleisch". Da steht kein Wort von Ehe und der Mann verläßt seine Herkunftsfamilie und wechselt zur Familie der Frau. Erstaunlich genug. Das Wort „anhangen" wird im Buch Ruth dann auch zwischen Ruth und Naomi verwendet, zwei Frauen unterschiedlicher

Generationen, nicht blutsverwandt. Die Abrahams- und Jakobsgeschichte setzt den patriarchalen Großfamilienverband und die Vielehe voraus und erzählt mit Selbstverständlichkeit von Sarahs Sklavin Hagar als Leihmutter. Niemand würde heute auf den Gedanken kommen, daraus ein christliches Familienbild herzuleiten. Die vielen Frauen König Davids und der Harem seines Sohnes Salomo befremden uns heute und scheinen wenig hilfreich bei der ethischen Orientierung. Die Bibel beschreibt, was im Zeithorizont als Familienformen und Lebensweisen faktisch vorliegt, eine Ehetheologie lässt sich nicht aus ihr herleiten.

Im Neuen Testament bricht der Ruf in die Nachfolge mit allen Familienbanden. Petrus war verheiratet, Paulus hielt nicht viel von der Ehe (1. Korinther 7). Schon Jesus hatte Familiarität und Beziehung in Abgrenzung zu seiner Herkunftsfamilie neu definiert: „Wer den Willen tut meines Vaters im Himmel, der ist mir Bruder und Schwester und Mutter" (Matthäus 12,50).

Maria und Martha lebten eine Hausgemeinschaft mit Lazarus, die Apostelgeschichte berichtet über die Purpurhändlerin Lydia, die einem großen Haushalt vorstand. Die „Philadelphia", die Geschwisterlichkeit wird zum Kennzeichen der jungen Gemeinden, in denen Verantwortung für Witwen und Waisen übernommen wird. Diese Familiarität hat das Christentum in den ersten Jahrhunderten attraktiv gemacht. Die Orientierung auf Christus ist das Entscheidende, das alle Statusunterschiede überbietet: „Hier ist nicht Jude noch Grieche, hier ist nicht Sklave noch Freier, hier ist nicht Mann noch Frau; denn ihr seid allesamt einer in Christus Jesus" (Galater 3,28).

Im Geist des Jesus von Nazareth werden Beziehungen gestiftet, die Vielfalt nicht als Trennendes sieht, sondern als Reichtum. Es sind Beziehungen, in denen Personen und Gruppen sich gegenseitig anerkennen, feststellen, dass sie verschieden sind und dennoch zusammengehören und aneinander teilhaben lassen wollen, denn „wenn ein Glied leidet, so leiden alle Glieder mit und wenn ein Glied geehrt wird, so freuen sich alle Glieder mit" (1. Korinther 12,26). Mit Herzklopfen habe ich die Diskussion auf der Themensynode erwartet. Denn es ist für mich schon etwas anderes, ob ich über das neue Kollektengesetz oder den Jahreshaushalt berate oder eben über ein Thema, das mich so unmittelbar selbst betrifft. Seit über 25 Jahren lebe ich mit Ronald zusammen und meine Kirche hat es uns nicht immer leicht gemacht. Unsere Regenbogenfamilie mit wechselnden Pflegekindern war zwar gesellschaftlich willkommen, seitens der Kirche gab es dazu aber kein Wort. Schauten wir in die übrige kirchliche Landschaft, so konnten wir noch froh und dankbar sein. Machen wir uns nichts vor: Im weltweiten Christentum sind Menschen wie wir nicht überall geduldet.

Der Verlauf von Landessynoden ist immer unberechenbar. Würden Fragen gestellt werden, die diskriminierende Botschaften enthalten? Oder Gegenanträge, die alles kippen würden? Befürchtungen und Zuversicht wechselten sich im Vorfeld der Themensynode in meinem Inneren ab. Ich bin froh, dass schließlich alle vom Vorbereitungsausschuss gestellten Anträge mit großer Mehrheit angenommen worden sind.

Wird eines Tages in allen Kirchen ein Regenbogensonntag gefeiert, mit Texten und Liedern, die von der Vielfalt erzählen? Werden Verunsicherte sofort auf der Homepage der Nordkirche fündig und erfahren, dass auch sie dazugehören und ein willkommener Teil der Kirche in Vielfalt sind? Welche gelungenen Projekte des Zusammenlebens sollen sich herumsprechen und anderen Mut machen? Es gibt noch viel zu tun.

Nach einem langen Tag der Themensynode und einem wirklich schönen Open-Air-Gottesdienst spüre ich eine tiefe Erschöpfung. Alle erwarten von mir, dass ich mich freue über unseren Erfolg und wollen mit mir in der Hotelbar anstoßen. Als ich endlich im Bett liege, bin ich wie gelähmt und eine Wut steigt in mir auf. Ich kann mit diesen Gefühlen zuerst nichts anfangen.

Ja, ich schäme mich für meine Wut. Das passt mir jetzt nicht, was ist nur mit mir los? Wir haben doch so viel erreicht: Die Trauung für alle von St. Pauli bis Pasewalk. Und meine Kirche hat mit einem zeitgemäßen Familienbegriff einen klaren Kurs gegeben. Über 20 Jahre habe ich mich für die Emanzipation eingesetzt. Über zwei Jahre diese Themensynode vorbereitet und nun haben wir Geschichte geschrieben. Woher kommt dann diese Wut in mir? Eben dass dieser Kampf so lange gedauert hat, immer als Minderheit taktierend zwischen Anpassung und Widerstand. Wir selbst mussten es sein, die für unsere Rechte und unsere Würde einstehen, die anderen so selbstverständlich gegeben sind, dass es ihnen gar nicht auffällt.

Und ich erinnere mich daran, dass ich auch einmal zu denen gehörte, die gegen die „Schwulenlobby" waren, „die unsere Kirche unterwandert", wie ich in meiner Jugend dachte. Konservativ sozialisiert wie ich war, kann ich es nur als Gottes Humor bezeichnen, dass ausgerechnet ich ein Coming-out hatte.

Für Ronald und mich hat die von der Landessynode beschlossene „Trauung für alle" eine ironische Pointe: 21 Jahre nachdem wir vor dem Altar gesegnet wurden, dürfen wir nun eine Trauungsurkunde bei der evangelische Kirche anfordern und endlich wissen wir jetzt kirchenoffiziell, dass wir Familie sind.

Trauerfeier für Florent

An diesem Tisch in unserem Wohnzimmer saß er, an dem ich jetzt über ihn schreibe. Mein Blick aus dem Pastorat geht hinaus zur benachbarten Kirche. Dort war er als Kind. Auf Gemeindefesten hat Florent mit Begeisterung am Kletterspaß teilgenommen, den Kirchturm rauf ... und runter ließ er sich abseilen. Fotos zeigen sein strahlendes Lachen dabei. Ein mutiger 11-Jähriger war er damals und gerade mit seiner Mutter und den Geschwistern aus der brandenburgischen Provinz nach Hamburg gezogen. Erinnerungen an Kamerun, wo er geboren war, hatte er kaum noch, wie er mir am Tisch erzählte. Und ich erzählte ihm von meiner Studentenzeit in Ghana. Unser Pflegesohn Osi hatte Florent von der Schule einfach mitgebracht und der Junge, den ich am Tisch ausfragte, hatte einen gesegneten Appetit. Nein, sein Vater sei nicht in Deutschland, sondern irgendwo in Kamerun. Aber er wisse nicht wo. Auf Osis Geburtstagsparty war der Junge der lauteste, der wildeste und der, der alle zum Lachen bringen konnte. Manchmal saß er hier an diesem Tisch, einige Male hat er bei Osi im Kinderzimmer übernachtet.

Das Jugendhaus neben der Kirche hat er regelmäßig besucht, er war ein guter, durchtrainierter Sportler, zu dem die anderen aufblickten. Am Handgelenk trug er schon als Kind ein Armband, das sich aus Holzplättchen zusammensetzte, auf denen Heilige abgebildet waren. Das hatte er von seiner Mutter, die gerne in die afrikanische Kirche ging und an den stundenlangen

Gottesdiensten teilnahm, bis sie sich die Sorgen von der Seele gesungen hatte.

Sein Schulweg führte ihn, wie viele andere Schüler, an Sexshops und Bars vorbei, an Diskotheken, vor denen Obdachlose und Dealer standen. Auf St. Pauli zeigt sich die Widersprüchlichkeit unserer Gesellschaft wie nirgendwo sonst. Was tut das mit jungen Menschen?

Irgendwann habe ich Florent aus dem Blick verloren, im Jugendhaus war er nicht mehr zu sehen. Und dann: Ist das wirklich Florent? Ich musste in der Einkaufsmeile am Hauptbahnhof zweimal hinsehen. Hier war ein Stand aufgebaut, an dem ich schon öfter vorbeigegangen war. Irgendeine missionierende Organisation verteilte kostenfreie Koranausgaben.

Das war Florent, einer unter den jungen Männern, die auf Passanten zugingen und den „edlen Koran" anboten. Er trug eine weiße Mütze, wie ich sie sonst nur von älteren muslimischen Männern kenne. Dazu ein langes weißes Gewand und Pluderhosen. Nur der Turnschuhmarke, die er immer trug, war er treu geblieben.

Sein unverkennbares frisches Lächeln, als er mir die Hand reichte. Doch als ich ihn mit „Florent" ansprach, korrigierte er mich. Er hieße jetzt Bilal, nach dem treuen Gefährten des Propheten, einem Afrikaner, der gesagt habe: „Ich werde bis zum Tode kämpfen." Ich war nachdenklich und fragte, ob ich ihn nicht weiterhin Florent nennen dürfe, so würde ihn doch seine Mutter rufen. Er überspielte diese Frage mit einem Lächeln. Wie ich später erfuhr, hatten ihn Mitschüler während der großen Pause zur benachbarten Moschee mitgenommen. Mit 14 Jahren war er zum Islam konvertiert und folgte einer salafistischen Mission. Die Glaubensbrüder, die er dort fand, hatten ihm gleich verboten, in unser Jugendhaus zu gehen. Nun mochte er 16 sein. Die wenigen Barthaare trug er mit Stolz. Einige Male habe ich ihn dann noch zufällig getroffen. Niemals alleine, immer unter Glaubensbrüdern.

Ich habe gedacht, dieser Junge sucht Anerkennung durch väterliche Autorität. Der treibt auf dem Kiez, dem fehlt Halt, da muss man aufpassen. Lehrern ist aufgefallen, wie Bilal in den auffallenden weißen Gewändern sie im Unterricht mit abstrusen Verschwörungstheorien konfrontierte. Dabei waren immer die Juden an allem Schuld. Der auffällige Jugendliche war zum Schülersprecher gewählt worden. Die Schule hatte reagiert, einen runden Tisch zum Thema Radikalisierung gebildet und Lehrer fortgebildet. In Bilals Klasse fanden Unterrichtseinheiten zum Thema „Religion und Identität" statt. Da wurde der sonst so offene Junge ganz schweigsam und mied schließlich den Unterricht. Das Erschreckende ist, dass die Radikalisierung schon von vielen Seiten wahrgenommen wurde, doch niemand Bilal aufhalten konnte.

Fern von St. Pauli, in Buenos Aires, erfahre ich im Frühjahr 2015 über die sozialen Netzwerke, dass es Gerüchte um Florent gibt. Der 17-Jährige sei irgendwann verschwunden. Einige Posts loben ihn als „mutigen Löwen". Andere Posts sehen wie verzweifelte Nachrufe aus. Zurück in Deutschland erfahre ich über Lehrer der benachbarten Schule, dass der Junge vermutlich über Istanbul weiter in den Osten der Türkei gereist ist. Dort habe er die Grenze nach Syrien passiert und sei in das sogenannte „Kalifat" eingereist, den Terrorstaat der Islamisten. Die gefälschten Papiere, die ihn volljährig machten, und die Reise, alles wurde von seinen Glaubensbrüdern organisiert und finanziert.

Und nun soll er tot sein. Ich kann es nicht fassen. Wie schwer muss das für seine Familie sein? Einen Leichnam gibt es ja nicht, den seine Mutter betrauern könnte. Niemand weiß, wo Florent sein Grab hat oder ob er überhaupt ein Grab hat. Die Art und Weise der Übermittlung der Todesnachricht durch den IS an die Mutter legt nahe, dass er aus Sicht der radikalen Islamisten einen unehrenhaften Tod fand. Die sonst üblichen Verherrlichungen des Märtyrers durch Koransuren fehlen. Der Verfassungsschutz hatte einige Audiodateien abgefangen und eine davon ins Netz gestellt. Dies geschah in der Absicht, andere Jugendliche, die mit dem Salafismus sympathisierten, zu warnen. In dieser Audiodatei erzählt Bilal, dass er im „Haus der Europäer" sei und bisher nicht zum Einsatz gekommen sei. Dann kritisiert er den Islamischen Staat und bezichtigt ihn der Lüge. Er warnt seine Glaubensbrüder in Deutschland, ihm in das Kampfgebiet zu folgen. Dies sollte seine letzte Sprachnachricht sein. Ist Bilal vom IS selbst exekutiert worden, weil er die Gefolgschaft verweigerte? Es wird vermutlich niemals abschließende Antworten darauf geben.

Erst ein Jahr nach seinem Tod hat sich die Mutter von Florent hilfesuchend an mich gewandt. Nach einem Jahr voller Ungewissheit für Mutter, Geschwister und Freunde, in dem der Tod des 17-Jährigen so unbegreiflich und unwirklich war, dass immer wieder irrationale Hoffnung aufflammte, er sei doch nicht tot, es sei eine Verwechslung, er würde sich irgendwann melden, trat nun nach erschöpftem Hoffen und Bangen eine andere Phase der Trauer ein. Die Mutter konnte den Tod ihres Sohnes jetzt annehmen und wollte sich, ihrer Familie und den Freunden und Mitschülern die Möglichkeit geben, sich in Würde verabschieden zu können. Eine Hilfsorganisation, die den Familien von Radikalisierten beisteht, hielt diesen Schritt der Trauerarbeit für notwendig und heilsam. Sollte ich diese Bitte ablehnen? Ich hatte schlaflose Nächte, weil ich ahnte, dass es keine kleine Trauerfeier im engsten Kreis geben würde, sondern eine große Öffentlichkeit allein dadurch, dass es ja viele Freunde und Mitschüler gab, die seit einem Jahr mit ihrer Trauer alleine geblieben waren. In der Öffentlichkeit, die nun zu erwarten war, würde die Trauerfeier kontrovers diskutiert, und ich war bereit, dafür einzustehen. Denn ich war überzeugt, dass diese Trauerarbeit an Familie und Stadtteil von mir als Pastor nicht abgelehnt werden darf. Tote zu betrauern gehört seit der alten Kirche zu den sieben Werken der Barmherzigkeit. Gilt das auch für einen Salafisten? So hat man mich später oft gefragt.

Ich wünsche keiner Pastorin und keinem Pastor diese Situation. Aber wir suchen uns unsere Toten nicht aus. Ich war überzeugt: Diese Geschichte ist traurig und verstörend. Aber sie muss erzählt werden in einer Trauerfeier, die an erster Stelle ein Gottesdienst ist, bei dem das Wort Gottes im Mittelpunkt steht, neben der Biographie des Verstorbenen. Wie oft haben wir als St.-Pauli-Pastoren schon Trauerfeiern gehalten, bei denen die Verstorbenen einen zweifelhaften Ruf, eine widersprüchliche Lebensgeschichte oder eine Vergangenheit als Täter hatten? Oder wir hatten einen tragischen Tod, eine Selbsttötung, einen Tod durch Alkoholismus oder Drogenkonsum. Da stellt sich die Frage: Wie gut muss man denn Zeit Lebens gewesen sein, um sich eine Trauerfeier zu verdienen? Die Antwort heißt, dass jeder Mensch eine Würde hat, die er nicht verlieren kann, so sehr er auch vielleicht in die Irre gegangen ist. Bei jeder Trauerfeier geht es um den Dienst an den Trauernden. Gerade bei schwierigen Fällen fragen wir nach Zuspruch und Trost im Angesicht Gottes. Wenn wir als St.-Pauli-Pastoren um eine Trauerfeier gebeten werden, sind wir da. Das ist unser Grundsatz. Natürlich bin ich da auch schon an Grenzen gekommen, etwa bei einer Hochbetagten, die bis zuletzt überzeugte Nationalsozialistin war und das afrikanische Pflegepersonal rassistisch beschimpft hat. Das fand ich unerträglich, aber ich habe auch diese Dame mit Würde unter die Erde gebracht. Ich muß bei keiner Trauerrede den oder die Verstorbene verklären. Ich darf Widersprüche und offene Fragen benennen. Ich bin überzeugt: Wenn ich mich zum Richter über Verstorbene machen würde, dann wäre das anmaßend. Wir Menschen sprechen wohl Urteile über andere Menschen, so sind wir. Aber wir dürfen uns niemals anmaßen, letzte Urteile zu sprechen. Die stehen alleine Gott zu.

Menschen geben anderen Menschen Ehre. Und diese Ehre kann aus irgendwelchen Gründen wiederum abgesprochen werden. Ehre ist eine menschliche Angelegenheit nach menschlichem Ermessen. Gottes Angelegenheit ist die Würde des Menschen. Die bleibt bestehen und misst sich eben nicht an dem Verhalten. Florent ist in die Irre gelaufen. Aber er hat kurz vor seinem Tod andere junge Menschen aufgefordert, sich vom Salafismus abzuwenden und nicht in den Terror zu ziehen. Diese Trauerfeier wird für mich zur Aufklärungsarbeit. Wenn auch nur einer der verführten Freunde von Florent aus dem Dunstkreis des Salafismus durch diese Stunde in der St.-Pauli-Kirche nachdenklich wird und mit den Verführern bricht, dann hat es sich gelohnt. Dafür bin ich bereit, auch öffentliche Kritik einzustecken.

An diesem Tag im Mai 2016 zähle ich ein Dutzend Kamerateams vor meiner Kirche, darunter ein russischer Sender, Al Jazeera und CNN. Wir improvisieren eine Pressekonferenz unter freiem Himmel.

Immer wieder diese Frage: „Pastor Wilm, sie machen eine Trauerfeier für jemanden, der nach Syrien gereist ist, um Menschen zu töten. Darf es eine Trauerfeier für einen IS-Kämpfer geben? Ist das nicht ein Unmensch, ein Monster, ein Schlächter, der seine Würde verspielt hat?"

Meine Antwort: „Das ist der bedauerliche Irrweg von Florent, der sich später Bilal nannte. Wir machen diese Trauerfeier, weil wir der Familie und den Freunden weiterhelfen wollen in ihrer Trauer. Das muss bearbeitet werden. Wir machen aber auch diese Trauerfeier, weil es junge Menschen warnen wird, diesen Weg nicht zu gehen. Ich gestalte diesen Gottesdienst zusammen mit einem Imam. Und das ist ein starkes Signal, das Jugendliche nicht unbeeindruckt lassen wird."

Die etwa hundert Trauergäste begrüße ich mit den Worten: „Danke, dass ihr da seid. Es gehört Mut dazu, zu einer Trauerfeier zu gehen. Denn es tut weh, die Trauer zuzulassen. Aber es ist heilsam."

Um auch den letzten Verdacht auszuräumen, wir würden hier einen Terroristen verherrlichen, steht am Anfang des Gottesdienstes eine Schweigeminute: „Als allererstes möchte ich alle bitten, sich zu erheben. Wir gedenken gemeinsam aller Opfer von Krieg und Vertreibung, von Terror und Gewalt auf unserer Erde."

Unter den über hundert Trauernden sind viele Mitschüler und Lehrer der benachbarten Schule. Auch unser Pflegesohn Osi ist da und weint, als wir uns umarmen. Die Jungs in schwarzen Anzügen und mit ihren Sonnenbrillen, die verbergen sollen, dass sie mit den Tränen kämpfen, kommen zu spät und setzen sich in die letzten Reihe. Aber sie sollen wissen, dass sie gesehen werden und ich begrüße sie extra: „Danke, dass ihr da seid." Das sind Bilals Freunde, die zu ihm aufgeblickt haben. Vielleicht sind einige dabei, die sich vom Salafismus angezogen fühlten? Keinen dieser jungen Menschen will ich verloren geben.

Die musikalische Gestaltung dieser Trauerfeier war so schwer zu organisieren. Ich erhielt viele Absagen von Musikern – das war ihnen zu heikel. Schließlich gelingt es mir, einen kleinen Gospelchor zu gewinnen. Wir hören:

Sometimes I feel like a motherless child,
A long way from home....

Dort, wo sonst ein Sarg oder eine Urne stehen, ist ein großes Bild von Florent aufgestellt, umrahmt von seinen Lieblingsblumen, orangefarbenen Gerbera. Sein rotes Käppi aus Schülertagen und seine ausgetretenen grauen Lieblingsschuhe, die er nicht mit in den Terrorstaat genommen hat, wurden von der Mutter vor das Bild gelegt.

Ich predige mit einem Bekenntnis Dietrich Bonhoeffers: „Ich glaube, dass Gott aus allem, auch aus dem Bösesten, Gutes entstehen lassen kann und will", und frage die Trauernden: „Wer hat Florent sein Lachen gestohlen? Niemand darf unseren Kindern das Lachen stehlen. Niemand darf uns mit Hass und Gewalt unsere Liebe nehmen." „Gott ist Liebe; und wer in der Liebe bleibt, der bleibt in Gott und Gott in ihm" (1. Johannes 4,16 b).

Der Imam findet in seiner anschließenden Predigt deutliche Worte gegen die Gewalt und den Missbrauch des Gottesnamens durch Gewalttäter.

Danach nimmt die Mutter all ihre Kraft zusammen und spricht zu der Trauergemeinde ein paar Worte. Sie hofft inständig, dass Florent mit seiner Audiobotschaft viele gewarnt hat, die von der konspirativen Aura des Salafismus angezogen oder schon auf dem Weg in den Terrorstaat waren.

Alle sind bewegt und auch die jungen Männer mit ihren coolen Sonnenbrillen in den hinteren Reihen können keine Fassade mehr aufrechterhalten.

In einem Moment stehe ich mit dem Imam vor dem Altar und sehe, dass er genauso erschüttert ist wie ich. Wir schauen uns einen Moment an und müssen uns einfach umarmen. Die Totenglocke läutet zum Auszug, im Jugendhaus neben der Kirche warten schon afrikanisches Essen und Softdrinks. So will es die Tradition aus Kamerun, die Trauernden sollen gestärkt werden.

Im Internet werde ich beschimpft. Der „linksgrün versiffte Pfaffe" würde jetzt auch noch einen Terroristen ehren. Ich hätte das christliche Abendland verraten und die Kirche entweiht, weil ein Moslem darin gepredigt habe. Eines Morgens muß ich Kot von meiner Tür entfernen. Ein Unbekannter geht vorbei und macht in meine Richtung mit der Hand in Halshöhe eine „Kopf ab"-Geste. Das setzt mir schon zu. Aber „Gott hat uns nicht gegeben den Geist der Furcht, sondern der Kraft und der Liebe und der Besonnenheit" (2. Timotheus 1,7). Ich beuge mich nicht der Feindschaft, sondern mache mich gerade: Die Familie, die Schulgemeinschaft und die Nachbarschaft haben diese Trauerfeier dringend gebraucht. In den folgenden Wochen melden sich einige Menschen bei mir, die selbst als Angehörige und Freunde mit dem gewaltbereiten Salafismus in Kontakt gekommen sind. Wie groß ist die einsame Last dieser Menschen, mit denen keiner trauern will. Denn wer erzählt schon herum: Mein Sohn, meine Tochter, mein Freund hat sich dem Terrorstaat angeschlossen? Die Mutter von Florent dankt mir mit ihrer Familie sehr für die Trauerfeier. Sie hat noch eine Bitte. Ein Grab, an dem sie trauern kann, gibt es nicht. So pflanzen wir an einem Frühlingstag gemeinsam eine Rose auf St. Pauli.

G20 – Welcome to Heaven

Im Juli 2017 kommt die Welt zum G20 nach Hamburg. Das Wort von der hanseatischen Metropole an der Elbe als „Tor zur Welt" wird mit einem gewissen Bürgerstolz erzählt und dieser Stolz könnte sich geschmeichelt fühlen mit diesem internationalen Gipfeltreffen. Doch die Entscheidung, das Treffen der führenden Industrienationen nach Hamburg zu holen und ausgerechnet im Messezentrum stattfinden zu lassen, erntete schon im Vorfeld starke Kritik. G20 kam nach St. Pauli, mitten in unser Gemeindegebiet. Die höchste Sicherheitsstufe sollte mitten in der Wiege der linken Protestkultur durchgesetzt werden, das verstanden viele als Provokation.

Es war das 500. Jahr der protestantischen Reformation, 2017 wird aber auch als Jahr des Protests in Erinnerung bleiben. Für etwas aufzustehen und öffentlich einzustehen gehört zum protestantischen Erbe und Selbstverständnis meiner Kirche, die den G20-Gipfel erstmal als Chance wahrnimmt. Das ökumenische Bündnis „Global gerecht gestalten" wird gegründet und zeigt mit über 50 anspruchsvollen Veranstaltungen um die Themen Weltwirtschaft und Gerechtigkeit eine klare Haltung und Kritik an dem herrschenden Neoliberalismus und Populismus.

Das fand ich konstruktiv und wir haben uns am Bündnis beteiligt. Doch vor Ort spürte ich, dass sich da im Stadtteil etwas zusammenbraut an Ärger auf die Mächte, die sich da versammeln wollen. Denen geht es wohl kaum um Gerechtigkeit und Frieden, sondern um eine Pokerrunde der Macht.

Dafür wird so viel Geld ausgegeben und unser Stadtteil gerät in eine Art Besetzungszustand? Das empört das kampferprobte St. Pauli. Manche Stimmen beschwichtigen das Gipfeltreffen: „Es ist doch gut, dass sich alle an einen Tisch setzen. Miteinander reden ist in politisch schwierigen Zeiten doch besser, als es nicht zu tun." Gekontert wird: „Aber wer wird denn an einem Tisch mit Merkel sitzen? Trump, Putin und Erdogan, chinesische Kader und saudische Prinzen. Viele Badboys, die unsere Welt unter sich aufteilen. Und das sollen wir gutheißen?"

Unter großem öffentlichen Interesse findet die Pressekonferenz aller Organisationen, die Demonstrationen angemeldet haben, in der St.-Pauli-Kirche statt, dabei sind Aktivisten des autonomen Kulturzentrums Roten Flora, die eine Großdemo unter dem Namen „Welcome to Hell" angemeldet haben. Einige linke Organisationen sind auf dem Radar des Verfassungsschutzes, der ihnen Gewaltbereitschaft unterstellt.

Als St.-Pauli-Pastor habe ich dazu eine klare Meinung: Protest muss friedlich sein, ohne jede Leisetreterei. Sie muss nicht nur gegen Mächte und Verhältnisse sein, sondern für eine Haltung stehen: Den gerechten Frieden auf Erden zu fordern, den Schalom Gottes. Wer Fahrzeuge anzündet, dem fehlen die Argumente. Ja, schlimmer noch: Die Gewalt einiger weniger verdirbt jeden breiten Protest.

Im Countdown auf den Gipfel sehe ich von Tag zu Tag, wie sich der Stadtteil verändert. Eine Sicherheitszone wird um das Messegelände angelegt, die Straßen sind voll mit Polizei, Natodraht wird ausgerollt.

In meinen Gesprächen mit den Nachbarn wird deutlich, dass die Angst wächst, dass St. Pauli zur Bühne einer großen Schlacht wird. Viele entscheiden, den Stadtteil an den Gipfeltagen zu verlassen, besonders Familien mit Kindern wollen sich die drohenden Chaostage nicht zumuten. Wegen der vielen angesagten Demos in unmittelbarer Nähe unserer Kirche entschieden wir, zwei Klohäuschen aufzustellen, als kleine Geste der Gastfreundschaft und um Schlimmeres zu verhindern.

Als erste G20-Gegner in Hamburg anreisen, gibt es Streit um ein Protestcamp auf der Elbinsel Entenwerder. Als dort die ersten Zelte aufgebaut werden, räumt die Polizei und es kommt zu hässlichen Szenen. Langsam dämmert es mir, dass diese harte politische Haltung Auswirkungen auf meinen Stadtteil haben wird.

Denn es ist sicher, dass Tausende von Demonstranten aus ganz Europa kommen werden und sich unwahrscheinlich in den Hotels der Stadt einquartieren. Irgendwo werden sie ihr Lager aufschlagen. Und dafür ist den Protestlern der Rückhalt im linken St. Pauli sicher. Also werden sie zu uns kommen.

Kaum hatte ich das begriffen, da wurden schon die ersten Anfragen gestellt, ob wir nicht in unserem Kirchgarten ein Protestcamp erlauben würden. Mit meinem Kollegen Martin habe ich das lange diskutiert. So oder so gingen wir davon aus, dass unser Kirchgarten zum Campieren genutzt würde, weil wir in Nähe der Hafenstraße sind. Von dort wird der massive Widerstand organisiert. Sagen wir die Anfragen ab, dann werden die G20-Gegner auf keine Einladung warten und dennoch kommen. Eine Räumung des Kirchengeländes durch die Polizei zu veranlassen, kommt in diesem Fall für uns nicht in Frage. Sagen wir aber eine Duldung zu, dann können wir uns wenigstens aussuchen, wer in den Kirchgarten zieht, in dem kaum 30 Personen kampieren können.

In informellen Kontakten zur Polizei wird uns zugestimmt, dass dieser Weg zur Deeskalation beitragen kann. Doch von dem Polizeisprecher ist offiziell zu hören, dass alle Protestcamps „Rückzugsräume für militante Gipfelgegner" seien.

Hubschrauber kreisen am 3. Juli über St. Pauli. Die ganze Woche wird uns das auf die Ohren und auf die Nerven gehen. Wir entscheiden, dass wir eine Flüchtlingsinitiative aus Lübeck mit ihrem Protestcamp dulden werden. Jugendliche und junge Erwachsene, die unser Vertrauen genießen. Ihre Präsenz wird uns vor anderen schützen, mit denen wir keine Absprachen werden treffen können. G20 wollen wir nicht nur als Schrecken sehen, vor dem wir uns ducken. Mit einer eigenen einfachen Aktion setzen wir einen Kontrapunkt. An fünf Abenden laden wir an eine große Tafel unter dem Motto „Alle an einem Tisch" unter freiem Himmel. Die Wetterprognose ist gut. Die Kinder unserer Kita malen ein Transparent, auf dem „Welcome to Heaven" draufsteht, wir hängen es zwischen die Lindenbäume. Der Schriftzug ist in ironischer Anspielung auf die Demo „Welcome to Hell" gewählt, die sich in einigen Tagen mit Tausenden Protestlern unten am Fischmarkt formieren wird. Mit frommer Frechheit wollen wir als Kirche in dieser Woche einen Ort jenseits der Fronten schaffen. Denn ein Ort, an dem Menschen in Frieden und Gerechtigkeit zusammenleben, ist der Himmel auf Erden. Der Kirchgarten soll in den kommenden Tagen ein Symbol dafür sein. Am Morgen des 4. Juli findet eine öffentliche Pressekonferenz der G20-Kritiker auf der Reesendammbrücke statt. Ich mache bei dieser Gelegenheit öffentlich, dass wir ein Protestcamp dulden werden.

Das Pröpsteteam meines Kirchenkreises gibt im Laufe des Tages eine Presseerklärung ab, in der es heißt: „Die Verweigerung von Übernachtungscamps ist geeignet, in einer ohnehin angespannten Situation zusätzlich zu eskalieren. Daher halten wir es für notwendig, dass die Stadt all denen, die anlässlich des G20-Treffens ihren Protest friedlich zum Ausdruck bringen wollen, die Möglichkeit gibt, auf geeigneten öffentlichen Plätzen Übernachtungscamps aufzubauen. Diese deeskalierende Maßnahme würde dazu beitragen, dass sich der vielfältige angekündigte Protest gewaltfrei entfalten kann und würde zeigen, dass die Stadt Hamburg ihrer Aufgabe als Gastgeberin gerecht wird."

Am Nachmittag kommen die ersten Gäste in den Kirchgarten und richten sich ein. Wir hören, dass auch um benachbarte

Kirchen Protestcamps entstehen. Unsere Gäste empfangen wir herzlich mit Getränken, machen aber auch ganz klar, dass wir Gewaltfreiheit erwarten. Alle verstehen, dass wir unter Beobachtung sind. Am Abend findet das erste Mal unsere offene Tafel „Alle an einem Tisch" statt. Es gibt Falafel, Fladenbrot, Salate. Unsere Gäste aus dem Protestcamp und Nachbarn kommen zusammen: Senioren, Punks, Familien, Transsexuelle, Geflüchtete. Ein Sozialarbeiter berichtet der Runde, wie belastend sich G20 auf die Obdachlosen in der Stadt auswirkt. Ein guter Auftakt unserer Aktion.

Eine ganz andere Szene entwickelt sich später am Abend am Neuen Pferdemarkt. Dort treffen sich seit einigen Jahren junge Leute beim Feierabendbier. Was die einen als „Cornern" bezeichnen, nervt umliegende Gastronomen und Nachbarn. An diesem Abend wird zu einem „Massencornern gegen G20" aufgerufen. Tausende kommen und besetzen die Straßenkreuzung, es herrscht Partystimmung. Dann rückt die Polizei mit Wasserwerfern an. Die Menge brüllt: „Haut ab, haut ab!" Die Polizei räumt. Ein erstes Kräftemessen, das die Stimmung im Stadtteil weiter anheizt.

Konvois mit dicken schwarzen Limousinen und abgedunkelten Scheiben werden am 5. Juli von der Polizei über die Straßen eskortiert. Das sind also die offiziellen Gäste, für die der ganze Aufwand betrieben wird. Wir werden sie nie zu Gesicht bekommen. Besorgte Eltern fragen bei den Sicherheitsbehörden nach, ob die benachbarte Schule evakuiert wird. Nein, das sei nicht vorgesehen, alles normal. Und der Kita-Betrieb? Die Stadt erwartet, dass alles weiterläuft. Bedenken werden zerstreut. Der Bürgermeister sprach doch davon, dass G20 nur ein größerer Hafengeburtstag sei. Währenddessen schützen Ladenbesitzer ihre Fensterscheiben mit Spanholzplatten.

An den Landungsbrücken treffen sich abends 20.000 Menschen zum Demo-Rave „Lieber tanz ich als G20". Viele sind phantasievoll kostümiert, alle tanzen auf der Straße und zeigen Selbstbewusstsein. So macht Protest auch mir Spaß und ich tanze mit auf den Straßen meiner Nachbarschaft. Wird doch noch alles friedlich? Der Demo-Rave wird von einer großen Anzahl an Polizisten in schwerer Montur begleitet, der vielen kein Sicherheitsgefühl vermittelt, sondern Angst macht.

Für den späten Nachmittag des 6. Juli erwarten wir die Demonstration „Welcome to Hell" direkt vor unserer Haustür auf dem Fischmarkt. Die Menschen strömen durch unsere Straßen, da braut sich was zusammen. Nach wenigen hundert Metern wird der Protestzug von der Polizei gestoppt, weil ein schwarzer Block Vermummter sich formiert. Ein Meer von Stimmen und Böllerschüssen sind zu hören. Dann eskaliert die Situation und wird unübersichtlich. Ich sehe, wie sich viele Teilnehmer aus der Veranstaltung retten wollen, es kommt zu Panikreaktionen. Schlagstöcke, Wasserwerfer und CS-Reizgas werden eingesetzt. Dann kommt die Hölle in unseren himmlischen Garten mit einer Schwade Reizgas. Plötzlich muss ich husten und die Augen tränen. Schnell bringen wir Eltern mit kleinen Kindern in unser Gotteshaus.

Völlig verstörte Menschen retten sich auf unser Gelände, das von der Polizei nicht angerührt wird. Später wird uns von Sicherheitskräften zum Vorwurf gemacht: Militante Gipfelgegner hätten in unserem Kirchgarten ihre Kleidung von Schwarz auf Bunt gewechselt. Wir hätten Gewalttätern einen Schutzraum geboten. Ich halte entgegen: Der Kirchgarten ist offen für alle, es gibt keine Einlasskontrolle. Wir sind beschäftigt, brennende Augen auszuwaschen, Wunden zu verarzten, Weinenden zuzuhören, die auf den Grabplatten in sich zusammengesackt sind. Unser Küster bringt einen Schwerverletzten mit dem Kirchenbus ins Krankenhaus. Dass er durch alle Sicherheitssperren durchkommt, grenzt an ein Wunder.

Noch mit dem Schrecken in den Gliedern setzen wir uns an die lange Tafel, teilen Essen und Getränke, und wir teilen

Hoffnung mit den Menschen. Vor dem Hoftor steht noch eine Polizeieinheit in schwerer Montur. Irgendwann muss einer Pipi und pinkelt gegen unser Gemeindehaus. Das findet der Küster nicht lustig, der mit Bart und Mähne so aussieht, wie man sich einen linken St. Paulianer vorstellt: Irgendwo zwischen einem biblischen Propheten und Karl Marx. Wie aber mit Polizisten reden in so einer angespannten Lage? Die martialische Verpackung erschwert den zwischenmenschlichen Kontakt doch sehr. Aber irgendwie schafft es unser Küster. Vielleicht weil er erzählt, dass er Sohn eines Polizisten ist. Höflich werden unsere Klocontainer angeboten, um wenigstens in dieser Sache die Lage zu entspannen. Das wäre es doch jetzt: Die Polizisten setzen sich an unseren gedeckten Tisch! Dürfen sie leider nicht. Aber gekühlte Getränke nehmen sie schließlich von unserem Küster an. Dann werden die Helme von der thüringischen Sondereinheit abgenommen und es wird Klönschnack gehalten. Oder wie nennen das die Thüringer? Ein Himmel mitten in der Hölle, weil alle Grenzen für einen Moment überwunden sind. Hier gilt nur der Mensch. Unser Küster denkt daran, dass er sich als Polizistensohn immer gewünscht hatte, sein Vater würde ihm etwas mitbringen, wenn er ermüdet nach langem Einsatz nach Hause kam. Er gibt an die Sondereinheit unser Klebetattoo „Glaube, Liebe, Hoffnung" aus. In der folgenden Woche kommt der Dank aus Thüringen und ein Foto: Die Polizistentochter trägt stolz das Tattoo aus St. Pauli und Papa ist ein Held.

St. Pauli erlebt eine unruhige Nacht: In der Schanze gerät die Lage außer Kontrolle. Militante Demonstranten und Polizei liefern sich eine Schlacht. Rauchschwaden ziehen über den Stadtteil. Ich bin als Seelsorger gefordert: Bewohner stehen unter Schock, weil sie zwischen die Fronten geraten sind.

Am Abend wird die ganze Schanze von den Sicherheitskräften preisgegeben. Die Straßen brennen, Plünderungen finden statt in Geschäften, die zum Alltag aller Bewohner gehören. Die kleine Sparkasse an der Ecke wird komplett zerstört.

Am Morgen des 7. Juli erreichen uns verstörende Bilder aus den Nachrichten. An der Elbchaussee und im benachbarten Altona hatten Vermummte ein Dutzend Fahrzeuge angezündet. Die Bilder der Rauchfahnen werden später im öffentlichen Gedächtnis bleiben. Hamburg gleicht einer Geisterstadt. Die Straßen sind leer, nur hin und wieder rauscht ein eskortierter Konvoi über den Asphalt. Mit dem Auto kommt keiner mehr durch. Der öffentliche Nahverkehr wird immer wieder unterbrochen. Es gibt keinen Plan für diesen Ausnahmezustand, der den Hamburgern zugemutet wird, obwohl das doch absehbar war. Wie die Presse berichtet, verpasst Melania Trump durch massive Proteste und Blockaden in der Stadt eine Hafenrundfahrt. Sorgen macht mir mehr, dass Eltern ihre Kinder nicht rechtzeitig von der Kita abholen können und die Pflegekräfte nicht zu ihren Patienten kommen. Läden schließen, weil das Personal nicht durchkommt, Kirschen verfaulen, weil es keine Kunden gibt. Abends wird den Gipfelteilnehmern stolz die Elbphilharmonie gezeigt. Während im Konzertsaal „Freude schöner Götterfunken" zu hören ist, ist draußen Tatütata und Hubschraubereinsatz.

Die Glocken der St.-Pauli-Kirche rufen zum Friedensgebet, als die Auseinandersetzungen zwischen Hunderten von Demonstranten und Polizisten unmittelbar vor unserem Kirchgarten eskalieren. An der Kirchentür empfange ich Gottesdienstbesucher, die husten und Tränen in den Augen haben. Auch mich erwischt eine Schwade CS-Reizgas, das die Polizei in den Straßen einsetzt.

So beten und singen wir und spüren in unserer Ohnmacht dem Glauben nach, während der Lärm von Kampfhandlungen in das Gotteshaus dringt. „Herr, erbarme dich". Ist unsere offene Tafel unter diesen Umständen durchführbar? Jetzt erst recht. Eine Musikerin spielt die Harfe unter freiem Himmel, während der Hubschrauber über uns rüttelt. Im Gras des Kirchgartens liegen müde Demonstranten, ich würde mich gerne dazulegen.

Nachts ist der ganze Stadtteil in Blaulicht getaucht. So viele Polizeiwagen habe ich noch niemals gesehen. In der Hafenstraße werden immer wieder von Vermummten Barrikaden aufgebaut und angezündet. Während die Flammen meterhoch schlagen, sitze ich gleich nebenan beim Feierabendbier in der Brauerei Überquell mit Freunden. Schlafen kann ich jetzt ohnehin nicht. Räumpanzer knirschen über das zerschlagene Glas auf der Hafenstraße.

Am 8. Juli werde ich von Hubschraubern geweckt. Wir sind wie eine Insel im Auge des Hurricans und trösten uns damit, dass dieser bald weiterziehen wird. Heute müssen wir den Kaffee schwarz trinken, weil der Supermarkt aus Angst vor Plünderungen geschlossen hat. Im Moment zittern die St. Paulianer noch unter der Wucht der Eindrücke. Der Polizei werden bittere Vorwürfe gemacht: Für Trump sind die Hundertschaften da, nicht aber dafür, die Bürgerinnen Hamburgs zu schützen.

Eine Mutter zeigt mir die Zeichnungen ihrer Achtjährigen: Brennende Straßen und Autos, Vermummte und Polizisten in schwerer Montur, am Himmel Helikopter. Wir sind traumatisiert und die Heilung wird dauern. Mich ärgert, dass der ganze friedliche Protest, der an diesem letzten Gipfeltag auf die Straße geht, durch die Gewalt in den Schatten gestellt wird, über die jetzt alle sprechen. Die Sonne scheint an diesem Sommertag so schmerzlich schön über Sünder und Gerechte. Wir sitzen ein letztes Mal an der gedeckten Tafel unter freiem Himmel und erleben den heilsamen Gegenentwurf zu all der Gewalt auf den Straßen.

Noch lange wird kontrovers in der Stadt über G20 diskutiert. Ich spreche mit Nachbarn, Geschäftsleuten, Polizisten, Rotfloristen, mit Senioren und mit Kindern. Jeder hat seine persönliche Geschichte zu erzählen und die ist sehr unterschiedlich. Der G20 polarisiert bis heute die Hamburger. Wir haben das Beste aus einer Situation gemacht, die wir uns nicht ausgesucht haben. Der G20 ist gekommen und gegangen, wir haben mit der Aktion

„Alle an einem Tisch" unsere Nachbarschaft gestärkt.Bis heute will mir der Sinn dieses Gipfels nicht einleuchten, der unsere Stadt gespalten hat. Kaum einer fragt noch danach, aber: Das Ergebnisprotokoll des G20 Gipfels in Hamburg fällt mager aus.

Freiheit eines Himmelskomikers

Für Millionen von Kiezgängern steht St. Pauli für ein Lebensgefühl der Freiheit. Neben der Reeperbahn, der „Sündigen Meile", dürfte die bekannteste Straße die „Große Freiheit" sein mit ihren Stripclubs, Bars und Diskotheken. Es ist naheliegend, dass „Freiheit" in diesem Amüsierviertel verstanden wird als Freizügigkeit, Druckabbau, Enthemmung.

Nur historisch Interessierte wissen, dass die „Große Freiheit" eigentlich schon nicht mehr zu St. Pauli gehört, sondern die erste Straße der ehemals unabhängigen Stadt Altona war. Unter dem Privileg des Dänischen Königs herrschte Ende des 17. Jahrhunderts Gewerbe- und Religionsfreiheit, moderne Freiheiten, die es im Hamburger Stadtstaat so nicht gab. An der „Großen Freiheit" siedelten sich Kirchen an, sogar die Katholiken durften hier im protestantischen Norden ihr Gotteshaus errichten und bedanken sich seitdem mit dem schönsten Carillon der Stadt dafür, dessen Glocken den Kiezgängern eine unerwartete Andacht beschert.

Zwischen Reeperbahn und Fischmarkt unterwegs sein, die Davidstraße oder Herbertstraße durchstreifen, auf der Großen Freiheit oder am Hamburger Berg feiern, das heißt: Einmal die Zügel locker lassen, wo der Bürger sonst doch eingespannt ist in eine Arbeitswelt und Gesellschaft, in der er zu funktionieren hat. Einen draufmachen, die Sau rauslassen – das sind Ausdrücke, die beschreiben, wie sehr dieser Stadtteil in seiner

Ventilfunktion verstanden wird, die als „St. Lustig" und „St. Liederlich" seit Jahrhunderten geschätzt werden.

Mögen alle St. Pauli verachten oder bewundern, moralisch verwerfen oder idealisieren, solche Ausnahmezonen braucht wohl jede Gesellschaft als Ventil, um nicht zu explodieren.

Es sind jede Nacht mehr Männer unterwegs als Frauen. Grölen gehört zum Rudelverhalten und Testosteron liegt in der Luft der Großen Freiheit. Vor dem Männerstripclub kichern die Kegelschwestern aus der Kleinstadt. Travestiekünstlerin Olivia Jones überragt alle und sorgt für Stimmung. Den Tabubruch einmal begehen, dann wollen sie zuhause alle wieder brav sein.

Ich gönne allen Kiezgängern ihren Spaß bei dem nächtlichen Treiben auf den Amüsiermeilen St. Paulis und ich weiß, wie wichtig dieses Freiheitsgefühl ist. Ich bin überzeugt, dass hier nur jemand Pastorin oder Pastor sein kann, der etwas von der Magie der Nacht auf dem Kiez erlebt hat. Ich habe das genossen in langen durchtanzten Nächten, die bei Morgengrauen auf dem Fischmarkt endeten. Die Ohren noch voll mit dem Beat der Nacht und die stickige Brutwärme des Golden Pudel Clubs noch in der Nase, genieße ich den frischen Wind, der von Westen über die Elbe weht und das Krabbenbrötchen schmeckt besonders gut. Heute gönne ich mir dieses Gefühl, durch die dunklen Stunden der Nacht zu schwimmen, immer noch. Ja, tatsächlich, es gibt die Clubs, in denen auch über 50-Jährige noch tanzen dürfen, ohne peinlich zu wirken. Ich gebe zu, solche Nächte sind bei mir seltener und maßvoller geworden.

Und ich habe erlebt, wie dicht Höhenflüge und Abstürze aufeinander folgen. Alkohol und Drogen sind sehr treue Freunde, aber auch sehr falsche Freunde. Was sind das für Freiheiten, die nur in einer vernebelten Welt des Vergessens existieren können? Neben all den lachenden und feiernden Menschen habe ich auch viele unerlöste, angstgetriebene, verspannte und aggressive Menschen auf dem Kiez erlebt, sodass ich dem Freiheitsgefühl und Spaß manchmal nicht mehr trauen kann.

Die Bewohner St. Paulis haben ganz eigenwillige Ausdrücke gefunden, die einen Blick auf das Leben geben, das sich am Spott weidet. Die „Bordsteinschwalbe" und die „Puffmutter" dürften noch allgemein bekannt sein. In einem Stadtteil, in dem sich Tag und Nacht viele zum Narren machen, bin ich als Pastor gewiss der „Himmelskomiker". Das ist im Kiezjargon die spöttische Bezeichnung für einen Pastor, einen Pfarrer, einen Priester.

Ich stehe in einer Ahnenkette von über dreißig Pastoren an der St.-Pauli-Kirche seit 1682. Ich trage als Amtstracht im Gottesdienst ein knöchellanges schwarzes Wollgewand und eine Halskrause aus zwei Lagen gestärktem Leinenstoff von 9 Zentimetern Breite. So haben es meine Vorgänger im Amte auch getan. Diese Aufmachung entspricht spanischer Mode der Renaissance und war vor 500 Jahren bei den Hanseaten top-aktuell. Die Hamburger Senatoren haben Ähnliches bis zum Ende des Kaiserreichs getragen.

Unser Hamburger Ornat ist ein echter Kontrapunkt in einem Stadtteil, der sich ständig neu erfindet, wo ein Trend den nächsten jagt. Nur der Clown und der Harlekin tragen sonst noch Halskrause. Natürlich kann das komisch wirken, aber es hat einen tieferen Sinn. Himmelskomiker? Bei diesem Spottwort lache ich gerne mit!

Manchmal schaue ich mir die goldgerahmten Ölbilder meiner Vorgänger an, Pfarrherren mit ihren Halskrausen und schwarzen Gewändern, die mit Hochwürden angesprochen wurden. Sie galten zu ihrer Zeit als unhinterfragte Autoritäten. Diese Obrigkeitsgläubigkeit, an der die Pfarrherren Anteil hatten, wünsche ich mir nicht zurück. Und der längst abgeschafften Tradition, dass die Pastoren in Ölbildern porträtiert wurden, trauere ich nicht nach. Ich habe es manchmal ganz gerne, dieses Hinterfragen und Spotten, das zur Widerstandskultur St. Paulis gehört. Manchmal ist es aber einfach eine Übellaunigkeit, die es sich zwischen Spätpubertät und Altersstarrsinn gemütlich eingerichtet hat. Wer sich dann als links und widerständig produziert und auch noch sagt, dass früher alles besser war, ist für mich unglaubwürdig. Sorry, Leute, so gewinnt man keine Revolution, da fehlt mir der Geist der Freiheit.

In meiner Pastorenrolle bin ich weltabständig und das ist gut so. Der Hirte hat sein Amt nicht verstanden, wenn er mit den Schafen blökt. Lasst alle Narren sein, ich bin euer „Himmelkomiker", aber ich mache euch nicht den Clown.

Als Pastor stehe ich für Glaube, Liebe und Hoffnung – und das sind schon große und ernste Themen, denen seichte Unterhaltung nicht gerecht wird. Entertainment haben wir nun wirklich reichlich auf dem Kiez. Neben dem Fußballspiel im „Freudenhaus am Millerntor" des FC St. Pauli und der Theaterlandschaft und Clubszene am Spielbudenplatz und darüber hinaus, ist die St.-Pauli-Kirche eine Spielstätte des Heiligen, an die zurecht bestimmte Erwartungen gestellt werden. Bei allem Wechsel soll hier ein Ort der Beständigkeit und Treue sein. In einem Stadtteil, der so laut ist, ist die Sehnsucht nach Stille groß, sodass die Seele aufatmen kann. Statt Oberflächlichkeit wird im Gottesdienst nach Tiefe gesucht. Wir nehmen das Leben so ernst, dass wir keinen Sünder in die Verzweiflung predigen. Über Sünde zu reden macht für mich nur dann Sinn, wenn es um Befreiung geht. So hat es Paulus gemacht, der Apostel, der das Evangelium nach Europa brachte, die befreiende Botschaft von dem liebenden Gott. Der Namenspatron von Kirche und Stadtteil nannte sich selbst einmal den „Vornehmsten aller Sünder". Über die großen Themen des Lebens zu sprechen, darf bei aller Ernsthaftigkeit niemals steif sein, nicht streng, nicht verbohrt, nicht belehrend von oben herab. Immer muss es möglich sein, dass sich im Gottesdienst alles in der Ironie brechen lassen kann. Wenn gelacht wird auch über das Ernsteste, dann ist es erst erträglich. Ich bin gewiss, dass Gott als Liebhaber des Lebens mehr Humor hat, als viele ihm zutrauen.

Ich verdanke St. Pauli meine Freiheit, so leben und lieben zu dürfen, wie ich will. Ich bin einer von so vielen, die ihren Weg aus zu engen und unfreien Verhältnissen herausgefunden haben, die sich frei gemacht haben von den Ängsten der inneren Richter und den Urteilen anderer und für die St. Pauli ihre Heimat geworden ist, weil hier ein freies Lüftchen weht.

Als Hirte von St. Pauli bin ich ganz zuhause in meinem Kiez, dem ich so viel verdanke, aber ich bleibe auch immer etwas fremd. Und das muss so sein, weil ich mir nur so die „Freiheit eines Himmelskomikers" bewahre. Ich kenne meine St. Paulianer so gut, dass ich verstanden habe, wie Spott und Respekt kein Widerspruch sein müssen, sondern gut zusammen gehen können. Oft habe ich erlebt: Wer mich „Himmelskomiker" nennt, wer auch sonst sagt, er sei kein Kirchgänger und habe keinen Draht zum lieben Gott, der wendet sich später wie selbstverständlich an mich, wenn ich gebraucht werde. Vielleicht sagt das Spöttische sogar: Wir vertrauen uns.

Früher trug das Amt des Pastors die Person. Über persönliche Schwächen des Amtsträgers wurde großzügig hinweggesehen, er blieb als Hochwürden angesehen, war aber auch auf diese Rolle festgelegt. Heute muss der Pastor mit dem Einsatz seiner ganzen Persönlichkeit die Menschen überzeugen, dass dieses Amt sinnvoll und zum Segen aller ist. Ich weiß nach 18 Jahren auf St. Pauli, dass ich diesen Beweis nicht nur einmal, sondern immer wieder erbringen muss. Der Einsatz meiner ganzen Persönlichkeit ist gefragt, aber da will ich ganz ehrlich bleiben und echt und mich nicht in eine Rolle hineinproduzieren, von der ich meine, sie würde erwartet. Denn was ich auch immer tue, die Pastorenrolle ist geeignet für alle positiven und negativen Projektionen. Da bleiben Enttäuschungen nicht aus.

In einem Stadtteil, der Milieus anzieht, die Institutionen gegenüber kritisch sind, wird die Kirche immer wieder bezichtigt, eine zu große Nähe zum Staat zu haben. Diese Kritik halte ich manchmal für berechtigt. Als Pastor muss ich meine Freiheit auch gegenüber dem Staat und seinen Institutionen bewahren, aber auch gegenüber den politischen Kräften innerhalb des

Stadtteils, die sehr lautstark sind. Ich denke sogar, dass ich dem Gemeinwesen am besten diene, wenn ich frei von aller Vereinnahmung bleibe. Diese „Freiheit eines Himmelskomikers" setzt sich mit frecher Frömmigkeit zwischen alle Stühle, aber immer an die Seite der Ohnmächtigen, die Hunger und Durst haben nach Würde, Gerechtigkeit und Frieden. Ich kann mit den Autonomen reden und mit dem Innensenator, mit dem Flaschensammler, mit Immobilienbesitzern und Obdachlosen, mit Dealern und Polizisten, mit Kindern und mit Hochbetagten, mit Geflüchteten und mit Urgesteinen. Für sie alle kann ich da sein. Das fühlt sich für mich nach Freiheit an.

Mich hat immer die Freiheit der Propheten Israels beeindruckt, die den Mächtigen ihrer Zeit trotzten und sich an die Seite der Schwachen stellten: „Tu deinen Mund auf für die Stummen und für die Sache aller, die verlassen sind" (Sprüche 31,8).

Jesus von Nazareth ist für mich der freieste Mensch gewesen. Weil er ganz eins mit Gott war, war er frei für alle Menschen. Wenn er den einfachen Fischern zugerufen hat: „Kommt, folgt mir nach!", dann war das der Ruf zur Freiheit.

Paulus warnt die junge Christengemeinde „Zur Freiheit hat uns Christus befreit! So steht nun fest und lasst euch nicht wieder das Joch der Knechtschaft auflegen!" (Galater 5,1). Frei von Angst stellt er sich auf den Marktplatz der Meinungen, dem Areopag in Athen und sagt in das Stimmengewirr hinein: „Niemandem von euch ist Gott fern." Mit diesem Satz gehe ich oft durch die Straßen St. Paulis. Und auch das Wort des Apostels „Wir sind Narren um Christi willen" (1. Korinther 4,10) verstehe ich sofort. Die Gottesnarren der Ostkirche sind ohne Furcht, den Mächtigen die Wahrheit zu sagen. Die Freiheit eines Franz von Assisi hat mich beeindruckt, der allen materiellen Reichtum loslässt, um wahrhaft reich zu werden und einen Seelenschatz sammelt. Und natürlich komme ich nicht an Martin Luther vorbei, wenn es um Freiheit geht: Für ihn sind Christinnen und Christen niemandes Knecht, dienen aber allen.

Seit meiner Studienzeit hat mich Dietrich Bonhoeffer fasziniert, der Theologe und Widerständler im Dritten Reich. Noch
aus der Gefängniszelle und mit seiner drohenden Hinrichtung
vor Augen kann er andere trösten: „Von guten Mächten wunderbar geborgen, erwarten wir getrost, was kommen mag. Gott ist
mit uns am Abend und am Morgen. Und ganz gewiß an jedem
neuen Tag." Was für eine innere Freiheit! Bonhoeffer hat immer
wieder betont, dass sich die Freiheit am Nächsten verwirklicht.
Ich bin frei, für andere da zu sein, für Menschen, die ich sympathisch finde und interessant und auch für Menschen, die mir
in die Quere kommen, die ich mir nicht ausgesucht habe und
die mir fremd bleiben. Gott wird schon wissen, warum er sie
mir geschickt hat.

Die meisten der etwa 22.000 Menschen, die auf St. Pauli leben, gehören keiner Religion an und haben individuell Nähe
oder Distanz zu ihren kulturell-religiösen Wurzeln entwickelt.
Das bedeutet etwa, dass von den 70 bis 100 Teilnehmerinnen
unseres Projektchores nur etwa die Hälfte unsere Mitglieder
sind. Das kann man bedauern. Aber es zeigt auch, dass Menschen Vertrauen zu uns haben, die sonst in der Kirche nicht
mehr vorkommen. Als organisierte Religionsgemeinschaft sind
wir nach den Muslimen die zweitgrößte Gruppe mit aktuell
4.700 Mitgliedern. Zu der Kirche, die dem Stadtteil St. Pauli
1833 ihren Namen gab, gehört noch jede Fünfte. Das ist mehr,
als manche in diesem seinem Ruf nach vermeintlich gottlosen
Stadtteil annehmen.

Wir wissen, dass etwa nur die Hälfte unserer Mitglieder Kir-
chensteuer zahlt. Die andere Hälfte hat geringe oder keine Ein-
künfte. Für mich erschreckend ist, dass gerade bei den höheren
Einkommensklassen die Austrittsbereitschaft am höchsten ist.
Aus vielen Gesprächen weiß ich, dass der kostbare Solidarge-
danke des Kirchensteuersystems nicht mehr verstanden werden
will. Die Frage der Noch-Mitglieder ist dann: „Was habe ich
jetzt von der Kirche?" Als handle es sich um ein Abonnement bei

der Staatsoper. Schaffe ich es nicht, dieses Abo wahrzunehmen oder interessiert der Spielplan nicht – dann wird das Abo eben gekündigt. Die Frage des Noch-Mitglieds ist nicht mehr: „Was leistet die Kirche für das Allgemeinwohl, für die Kinder, für die Mühseligen und Beladenen, für die Alten? Was leistet die Kirche für Klima und Umwelt, zur Integration von Geflüchteten, für die Inklusion, für den gesellschaftlichen Zusammenhalt?" Wenn das alles aus dem Blick geraten ist und der Steuerberater dann noch erzählt, dass man das eine Mal zu Weihnachten in die Kirche gehen könne, ohne Mitglied zu sein, der grüßende Pastor wird es an der Tür schon nicht merken – dann werden aus den Noch-Mitgliedern eben Ex-Mitglieder.

Wenn die Armen nichts geben können und die, die etwas haben, nichts abgeben wollen, dann sieht es nicht gut aus. Unsere Mitgliederzahlen und Finanzen entwickeln sich rückläufig. Der Standort St.-Pauli-Kirche kann nur durch die Solidarkasse der Nordkirche gehalten werden, da machen wir uns nichts vor.

Ich habe in den letzten Jahren aber immer wieder gelernt, dass es keinen Sinn macht, sich von der Angst um die Zukunft der Kirche lähmen zu lassen. Diese Gemeinde war schon in den 1990er-Jahren am toten Punkt und ist dann wieder aufgelebt in den letzten Jahrzehnten.

Ging es meinen Vorgängern anders als mir? Manchmal halte ich Zwiesprache vor den alten Ölbildern der St.-Pauli-Pastoren. Was würde mir Kollege Heidritter erzählen, der Letzte von uns, der noch eine gepuderte Perücke auf seinem Kopf trug? Über 50 Jahre hat er der Gemeinde gedient und musste im hohen Alter erleben, wie seine Kirche 1814 von den Franzosen abgebrannt wurde. Allerdings erlebte er auch noch den Aufbau der neuen St.-Pauli-Kirche 1819/20. Wie ist er mit seinen Erfahrungen von Vergeblichkeit und dem Bangen um die Zukunft umgegangen?

Wenn ich Kinder taufe, dann erzähle ich immer davon, dass wir uns die Sache mit dem Glauben ja nicht ausgedacht haben.

Wir sind nicht die ersten, die mit dem Glauben und dem Zweifel unterwegs sind, das waren schon die ersten Jüngerinnen und Jünger. Das tröstet mich. Jesus selbst hat den Auftrag zur Taufe gegeben und wir sind mit allen unterwegs, die in einer langen Kette der Generationen diesen Auftrag weitergegeben haben und die Getauften mit hineinnehmen in die Hoffnungsgemeinschaft der Gotteskinder. Und meine Zuversicht ist, dass wir nicht die letzten sein werden. Meine Zuversicht baut nicht auf Zahlen, dennoch müssen wir als Kirche genau rechnen: Der Küster und die Kantorin müssen bezahlt werden, der Kirchraum geheizt und der Turm saniert werden und auch die Jugendsozialarbeit kostet Geld. Aber im letzten Sinne bauen wir nicht auf Sicherheit, sondern auf Zuversicht. Wir hoffen, dass die Kirche auf St. Pauli und anderswo mehr ist als Menschenmühe und mehr ist als eine Organisationsleistung und mehr ist als eine Finanzierungsaufgabe. Ich glaube, dass die Kirche vor allem Gottes Sache ist, an der ich mit Zuversicht und Freiheit mitarbeiten darf.

Das ist meine „Freiheit eines Himmelskomikers" im aufregendsten Stadtteil Deutschlands.

Wie schaffe ich das alles? Wie schöpfe ich Kraft für meine Arbeit auf St. Pauli, wo mir täglich Menschen begegnen, die frech oder herzlich, laut oder verstummt, erfrischend oder anstrengend sein können? Einen Teil meiner Kraft ziehe ich aus der Arbeit selbst, weil ich sie als sinnvoll erlebe. Und trotzdem brauche ich einen Ausgleich, muss mich befreien von der bedrängenden Not anderer, von Konflikten und Gewalt in allen Formen. Es ist wichtig, dass ich mich nicht nur in meiner Rolle bewege, sondern auch außerhalb davon. Es ist wichtig, dass ich nicht von einer Aufgabe zur nächsten eile, sondern immer wieder die Seele baumeln lasse. Mein Mann Ronald sagt, dass es mich oft gerettet hat, dass ich selbst das Leben genießen kann. Auf St. Pauli habe ich so viel Spaß gehabt, bei Tag und bei Nacht im Golden Pudel, im Silbersack, im Picadilly, in der Uwe Christiansen Cocktailbar. Ich lache einfach gerne mit den Menschen und an Komik bietet der Stadtteil täglich viel, manchmal schmerzhaft nahe am Tragischen.

Wir kochen gerne und laden Gäste in unser Pastorat an die große Tafel. Am liebsten kaufe ich Fisch bei der einzigen Fischhandlung, die es noch auf St. Pauli gibt. Christiane und das Team von H. D. Petersen haben einfach den besten Fisch und meine Gäste wissen das zu schätzen. Wir lieben das Tischgespräch über Gott und die Welt, pflegen den Kontakt mit unseren Kindern und alte Freundschaften und lernen gerne neue Menschen kennen.

Der Genuss der guten Tage stärkt für die Zeiten, in denen es hart kommt. Erfahrungen von Gewalt gehören für mich zu den größten Herausforderungen. Wie mit dem Schrecken in den Gliedern umgehen? Wie mit Ohnmacht, wie mit Ärger? Alles Schwere im Gebet vor Gott bringen, es aus den eigenen Händen in Gottes Hände zu legen – ja, so gut und so richtig. Aber ich habe auch gelernt, dass ich mich körperlich ausagieren muss, um manches loszuwerden, was mir zu nahe gekommen ist. Viele Morgen habe ich mit einer Joggingrunde begonnen, vorbei an Verstrahlten, denen nach durchgefeierter Nacht das Licht in den Augen schmerzt. Die Glasscherben unter den Joggingschuhen und den Pissecken ausweichend laufe ich meinen Weg bis zum Hafen, spüre meinen Atem und meinen Herzschlag, genieße die Kühle und den Wind: „Danke, Gott." Ich bete mit meinen Füßen und ich bete mit dem Schweiß auf meiner Stirn. Manchmal wird mir alles zu viel und alles Treiben vor dem Haus ist viel zu laut. Dann tut es mir gut, die Elbe entlangzuwandern, ins Museum zu gehen oder Freunde zu besuchen.

Mein Mann Ronald ist für mich der Kulturverführer: Er kennt sich bei Kino, Theater und Oper so gut aus, wie kein anderer. Und es tut mir gut, mit den Stücken einen gesunden Abstand zum eigenen Film im Kopf, zum eigenen Theater des Lebens zu gewinnen, bei dem ich als „Himmelskomiker" auf der Bühne stehe.

Für mich ist der kleine Garten neben dem 200-jährigen Backsteinhaus, das wir bewohnen, ein großes Glück. Die Liebe zu den Pflanzen habe ich von meinem Vater.

Am liebsten bin ich dort am Morgen, wenn der letzte harte Kern der Nachtschwärmer vor dem Gartenzaun schon abgezogen ist und bevor die Gewohnheitstrinker wieder ihre Position auf den Bänken vor meinem Garten bezogen haben. Bei jedem Wetter bin ich morgens im Garten, oft nach einem Lauf an der Elbe, dann gehe ich barfuß über das Gras und erde mich. Die Existenz des Gartens ist schon subversiv, mitten in der Großstadt, umgeben von fünfstöckigen Häusern, Straßen und betonierten Flächen ist da ein Stück Erde, den der urbane Nutzungszwang vergessen hat. Hier bete ich am liebsten, mit dem Gesicht in den Sonnenaufgang nach Osten, vor mir ein riesiger Kastanienbaum, der mich dazu bringt, meine Arme noch weiter auszubreiten und den neuen Tag willkommen zu heißen.

Der Baum selbst hat seine Geschichte: Wie viele Rosskastanien war auch er von der Miniermotte befallen, die ihm schon heftig zugesetzt hatte. Es gibt nur eine Möglichkeit der Rettung: In jedem Herbst muss das Laub zusammengefegt und verbrannt werden, in dem sich die Larven der Motte befinden. Das hat mein Kollege Martin hingebungsvoll getan, Jahr für Jahr. Die Rosskastanie hat sich prächtig erholt. Mit Geduld und Gelassenheit dranbleiben, das ist das Hirtenamt.

In meinem ersten Gartenjahr habe ich eine komplette Matratze, durch die das Gras wuchs, drei Fahrradleichen, einen Kotflügel und unendlich viele Glasflaschen und Glasscherben aus dem Stückchen Gartenland geholt.

Wenige Meter hinter dem Gartenzaun ist der Kiez zu hören und zu riechen. Viel zu laute, grobe Worte muss ich ertragen. Musik, die ich nicht bestellt habe, wabert aus den Boxen. Der süßliche Geruch von Hasch steigt mir in die Nase. Manchmal ist mir das alles zu viel. Aber der Garten wächst und blüht. Im

Garten lerne ich so viel Weisheit über das Leben und so viel über die Gemeinde.

Ich lerne über Geduld und Widerstand. Ich lerne über Tun und Lassen. Ich habe im Garten gelernt, wie wahr der Satz ist: „Gottes Garten ist bunt." Vielfalt muss das Ziel einer jeden Gemeinde sein. Möglichst viele verschiedene Menschen nach Herkunft und Geschichte, nach Temperament und Talent. Wenn das gelingt, alle in einer Gemeinde heimisch werden zu lassen, dann ist es gesund. Ein vielfältiger Garten ist das Glück des Gärtners. Ich lasse mich jedes Jahr überraschen, was denn da wachsen will, aber ich treffe auch Entscheidungen und wage Experimente. Alles braucht Geduld. Dafür werde ich oft belohnt. Der Klatschmohn hat sich zwischen dem Lavendel selbst ausgesät. Er darf wachsen. Wenn er aber den Lavendel zu ersticken droht, dann muss ich eingreifen. Ich denke, ein guter Pastor ist wie ein guter Gärtner. Ich muss meine Gemeinde nicht „im Griff" haben. Dominante Pfarrherren mit Kontrollzwang finde ich fürchterlich. Das entspräche einem Garten, in dem das Gras zwischen den Steinen mit dem Flammenwerfer vernichtet würde und der Rasen millimetergenau getrimmt wäre. Mein Garten darf sich entwickeln, wie die Sache Gottes sich entwickelt. Aber ich muss auch wach sein, wenn es dran ist, einzugreifen und zu gestalten, für Luft und Licht zu sorgen, Überwucherndes zurückzuschneiden und Freiheit zu schaffen. Das ist eine Kunst, im Garten wie in der Gemeinde. Es gibt kein Richtig oder Falsch. Es ist ein Ausprobieren und Suchen mit Zuversicht. Nicht jede Saat geht auf. Was mit Mühe umhegt wurde, kann auch verkümmern. Das weiß ich als Pastor und auch als Gärtner. Dafür gedeiht anderes und darf mich überraschen.

Wenn ich richtig schlechte Laune habe, dann reagiere ich mich im Garten ab. Dornen und Brennnesseln habe ich extra dafür geschont, um in solchen Momenten hinzuhalten. Ja, auch ich verfüge über zerstörerische Energie, die irgendwo hin muss. Dann hacke und reiße ich, jäte und wühle in der Erde, hole auch gerne schweres Gerät, um mein Werk zu vollbringen. Ich kämpfe mit Spaten und Hacke, als würde es um mein Leben gehen. Ja, es geht um mein Leben und die Erde kühlt meine Wut, lindert meinen Schmerz, beruhigt meine Sinne. Dann hat meine Seele wieder Luft, sich unter dem Himmel von St. Pauli zu freuen. Ich mache immer neue Entdeckungen auf diesen wenigen Quadratmetern: Die ersten Krokusse und Narzissen im Schnee, die verschwenderische Kirschblüte, der Duft des Thymians, der wilde Mohn, dessen Blüte nur einen Tag dauert. Die Sonnenblumen im Sonnenwind, das Netz einer Spinne, in dem sich der Tau gefangen hat, der Geschmack der reifen Feige, ein später Schmetterling in der gnädigen Herbstsonne, die letzte Novemberrose im Raureif, eine Taubenfeder unter dunklem Winterhimmel.

Ich kann einen ganz schlechten Tag haben, aber die Hummeln machen mich glücklich in ihrer gemütlichen Unverdrossenheit. Über einhundert verschiedene Pflanzenarten habe ich in meinem Biotop „Hafenkante, Südlage". Über alles, was da wächst und gedeiht, meditiere ich täglich und danke Gott. Denn für den Jungen vom Land ist der Pastorengarten sein Lieblingsort. Mitten auf St. Pauli, wo es oft so laut ist, sind hier die leisen Botschaften. Ein Lauschen, Sehen und Staunen. Ein Lesen in dem großen Buch des Lebens, Gottes Schöpfung, und eine Ahnung von Paradies. Mein Kraftort mitten in der Großstadt.

Manchmal muss ich noch mehr Abstand gewinnen von meinem geliebten St. Pauli, das mir auch richtig auf die Nerven gehen kann. An Urlaubstage zuhause, Sonnenbad und Lesespaß im Garten ist nicht zu denken. Zu dicht sitzen die Menschen mit allem, was sie so mitbringen, vor dem Pastorat.

Ich genieße es, seit vielen Jahren für zwei Wochen mit Rucksack und Zelt in die Berge zu gehen. In der landschaftlichen Weite von Norwegen, Island, Schottland oder in den Pyrenäen. Ich suche die Einsamkeit mit Gott und habe immer wieder erfahren, wie klärend und reinigend das für mich ist. Mit jedem Schritt lasse ich etwas zurück, betrete Neuland. Ich weiß morgens nicht, wo ich abends schlafen werde, und es fühlt sich gut an, wenn die Zuversicht wächst. Mein Blick schult sich schnell für den richtigen Ort, um das Zelt aufzuschlagen und sich für eine Nacht anzuvertrauen. Auf einem Granitfelsen liegen und den Wolken nachschauen, die Sonne und den Regen auf der Haut spüren, das kristallklare Wasser schmecken und im erfrischenden Bergsee baden. Völlig zwecklos sein und zutiefst Sinnvolles erleben, das erholt mich. Die intensiven Träume im Hotel der tausend Sterne. Das ist mein Kloster auf Zeit, dort spüre ich mich Gott ganz nahe. Hier in der Einsamkeit über den Wolken verdaut meine Seele vieles aus den vergangenen Monaten und ich bete für alle Menschen, die mir am Herzen liegen. Ich bete für alle, denen ich begegnet bin in der Vergangenheit, und für alle, die noch kommen werden. Alles, was aus dem Inneren aufsteigt, hat in der Einsamkeit Zeit und Raum, sich zu zeigen und angeschaut zu werden. Und wenn mir danach ist, dann weine ich auch. Tränen waschen mir die Seele sauber.

Im vergangenen Sommer war ich erstmals mit Rucksack und Zelt in Schottland wandern. Mein Weg führte mich an der Westküste bis zur legendären Insel Iona. Der irische Mönch Columban gründete im 6. Jahrhundert ein Kloster auf der Insel und brachte so den christlichen Glauben nach Schottland. Iona gilt den Schotten als heilige Insel. Beim Anblick der sanften Landschaft und der uralten grauen Gemäuer der Abbey spüren die aufmerksamen Besucher immer noch etwas von dieser spirituellen Aura.

Die Sonne stand schon tief, als ich mit der Fähre auf das kleine Eiland übersetzte und abseits vom Touristenstrom die Einsamkeit suchte. Mein Ziel war die St. Columba's Bay, dort, wo der Legende nach der heilige Mönch als erstes mit dem Schiff an Land gegangen war.

Ich hatte von einer Wanderin erfahren, dass in dieser Bucht auch ein besonderer grüner Stein zu finden war, den die Einheimischen „St. Columba's tears", die Tränen des Heiligen, nannten. Es handelt sich um Serpentin, einen Heilstein des Mittelalters, dem entgiftende Wirkung zugeschrieben wurde. Mein kindlicher Findergeist wurde wach. Ich musste diesen Stein unbedingt finden!

Kein Schild wies den Weg zur legendären Bucht, ich lief über einen riesigen Golfplatz, bestieg einen Hügel auf einer matschigen Trasse und war ganz allein unter Schafen. Dann weitete sich der Blick auf die Bucht. Eine Frau kam mir entgegen. Große goldene Ohrringe, bunter Rock, ein freundliches Gesicht. Wir grüßten uns, wie es Wanderer in abgelegenen Gegenden tun und sie bestätigte mir, dass dies „Columba's Bay" sei. „I will tell you a secret," sagte sie und ich war ganz Ohr: Einem alten Brauch nach sammeln Pilger zwei Steine am Strand. Einen Stein, auf den sie alles Schwere, Belastende und Dunkle legen. Alles, was du loswerden willst, sollst du auf diesen Stein legen, und dann sollst du ihn weit weg werfen, so weit du kannst. Den anderen Stein, den du wählst, wähle mit Bedacht. Wähle einen heiligen Stein, eine Träne des Columban. Und auf diesen Stein lege alles, was du liebst, alles, was du bewahren willst. Küsse diesen Stein und bewahre ihn gut. Ich bedanke mich bei der Wanderin und stehe wenige Minuten später im letzten Abendlicht ganz allein am Meer und spüre die Kraft des Ortes. Ich folge dem Brauch, ich finde einen häßlichen grauen Stein, den ich weit von mir werfe. Und ich finde die Träne des Heiligen und küsse den grünen Stein, den Serpentin, den Schlangenstein, der entgiften soll. Ich werde ihn auf St. Pauli brauchen.

Danksagung

Der Regen und der Sturm, der vor St. Pauli über den Hafen zog, sind meine Verbündeten. Dann ist es endlich ruhig vor dem alten Pastorat an der Elbe, dann kann ich endlich schreiben. Sonst nur mit schweren Kopfhörern neuester Technik, die den Lärm aktiv unterdrücken. Eine notwendige Anschaffung, um dieses Buch fertigzustellen. Ich bin zum Schreiben bis auf die einsame Insel El Hierro am Rande Europas gereist, mit jeder Welle am Vulkanstrand kam die Erinnerung zurück an verschüttete Zeiten. An heißen Sommertagen habe ich mich in die öffentliche Bücherhallen Hamburgs geflüchtet, wo ich neben Studentinnen saß, die ihre Examensarbeiten schrieben. Im wilden Garten meines Freundes Bertold in Berlin habe ich über das nachgedacht, was wirklich zählt nach 18 Jahren als Kiezpastor. In Kopenhagen und in Wien bin der Frage nachgegangen, was Freiheit für mich bedeutet.

Aber meine Sätze sind gereift in den Straßen St. Paulis, diesem heiligen Stadtteil mitten im Lärm. Das Straßenpflaster und die Ecken sind Zeugen von meinem Leben auf dem Kiez mit allen schmerzhaften Wunden und allen erstaunlichen Wundern, die ich erlebt habe. Dort habe ich mehr Theologie gelernt als in den Hörsälen der Universitäten.

Als Pastor muss ich besser zuhören können als reden und schreiben. Das gilt auf St. Pauli noch mehr als woanders. Als Seelsorger bin ich dem Beichtgeheimnis und dem Seelsorgegeheimnis verpflichtet. Wer zu mir kommt, der und die soll wissen, dass alles zwischen vier Augen und vier Ohren bleibt. Das will ich nicht verletzen. Manches kann ich deshalb nicht erzählen. Aber vieles darf und muss erzählt werden, um nicht unerhört zu bleiben.

Ich danke meinem Mann Ronald für über 25 Jahre gemeinsamen Weg über Höhen und Tiefen mit seiner Güte und Nachsicht, auch in der heißen Phase meines Schreibens.

Ich danke allen, mit denen wir das Leben im Pastorat geteilt haben sowie meinen Freunden und Wegbegleitern für ihre Treue. Ihr habt mir Mut gemacht, den Kurs der Freiheit immer wieder zu steuern.

Ich danke meinem Kollegen Martin für so viele Jahre im Pastorenteam. Ich danke meinem Kirchengemeinderat und den haupt- und ehrenamtlichen Mitarbeitern für faires Teamplay.

Ich danke meiner Freundin Tania Kibermanis für ihren klaren Blick und Rat als meine Erstleserin und dem Claudius Verlag und meinem Lektor Martin Scherer sowie Miriam Kurz für die vertrauensvolle Begleitung sowie CP Krenkler für die Umschlagfotos.

Hamburg – St. Pauli, den 24.11.2019

Pastor Sieghard Wilm